Dr. Reiner Klimke

Reiten
im Urlaub

Freizeit auf Deutschlands
schönen Reiterhöfen

mit Texten von Dagmar Schindler
und Zeichnungen von Ortrud Stahl

Landschriften-Verlag
Bonn

Der Herausgeber:

Dr. Reiner Klimke wurde 1936 in Münster (Westfalen) geboren. Seine reiterliche Laufbahn begann er mit 13 Jahren, lernte in Warendorf die Grundbegriffe der Military, erste größere Erfolge hatte er allerdings in der Dressur zu verzeichnen. In den Jahren 1954/55 wurde er Zweiter im Deutschen Dressurchampionat, als Ersatzmann fuhr er 1956 zu den Olympischen Reiterspielen nach Stockholm. In den darauffolgenden 4 Jahren widmete sich Dr. Klimke ausschließlich der Military, wurde zweimal Vizemeister, 1959 Mannschafts-Europameister und 1960 Deutscher Meister. Seither hat er sich der Dressur verschrieben, in der er in den nunmehr über 30 Jahren erfolgreich wie kein zweiter Reiter war. Mehrfach wurde er Deutscher Meister, davon allein mit dem Ausnahmepferd „Ahlerich" sechsmal. Weiterhin ist Dr. Reiner Klimke mehrfacher Europa- und Weltmeister sowie Goldmedaillen-Gewinner bei Olympischen Spielen. Stets hat dieser Meister des Reitsports Pferde selbst ausgebildet und viele von ihnen selber oder durch seine Schüler, wozu auch seine Kinder zählen, zum Erfolg gebracht. So verfügt er über ausgezeichnete Kenntnisse und Fähigkeiten in der Ausbildung von Pferden und Reitern, weiß um die Startschwierigkeiten eines jeden und hat davon ausgehend auch in diesem Büchlein wichtige Hinweise zum Start ins Reiterleben gegeben.

Printed in Germany ISBN 3-87457-020-7

Vor Ihnen liegt die erste Ausgabe eines vielgewünschten Reiseführers zu fast 100 ausgewählten Reiterhöfen in Deutschland, die sich auf Gäste jeden Alters eingerichtet haben.

Nach den Vorgaben der Reiterhof-Inhaber haben wir zu jedem Betrieb eine ausführliche Beschreibung zusammengestellt und eine Federzeichnung angefertigt.

Darüber hinaus haben wir die wichtigsten Angaben zum Reitbetrieb in einer Symbolleiste zusammengefaßt. Die Erläuterung der Symbole finden Sie auf Seite 8.

Aus technischen Gründen mußten die Angaben, für die die Gastgeber allein verantwortlich sind, im Mai 1991 vorliegen.

Exklusiv für Sie hat der Herausgeber in „Dr. Klimkes Reitstunde" wichtige Hinweise für die Planung und Durchführung eines Urlaubs auf dem Reiterhof zusammengestellt.

Zu Ihrer Orientierung sei gesagt, daß die Reitbetriebe in diesem Buch nach Bundesländern gegliedert sind. Natürlich entwickeln sich auch in den sogenannten „neuen" Bundesländern attraktive Angebote für den Reiturlaub. Aus technischen Gründen konnten wir sie in dieser Ausgabe leider noch nicht vorstellen.

Natürlich sind wir bestrebt, die hohe Qualität des Angebotes fortzuentwickeln. Dabei können Sie uns helfen. Teilen Sie uns mit, was Ihnen gefallen und was Ihnen nicht gefallen hat. Zur Erleichterung haben wir auf der letzten Seite ein Beurteilungsformular abgedruckt.

Im Anhang des Buches finden Sie einen Bestellschein, mit welchem Sie zusätzliche Literatur bei der Zentrale für den Landurlaub anfordern können.

Auf den Reiterhöfen freuen sich Mensch und Tier auf Ihren Besuch. Vielerorts werden sogenannte „Schnupper-Wochenenden" angeboten. Und schließlich gibt es oft sogar spezielle Angebote für die Beherbergung und die Bewirtung von Gruppen/Vereinen.

Und nun viel Spaß beim Durchblättern des Büchleins und bei Ihrem Aufenthalt auf den schönsten Reiterhöfen Deutschlands.

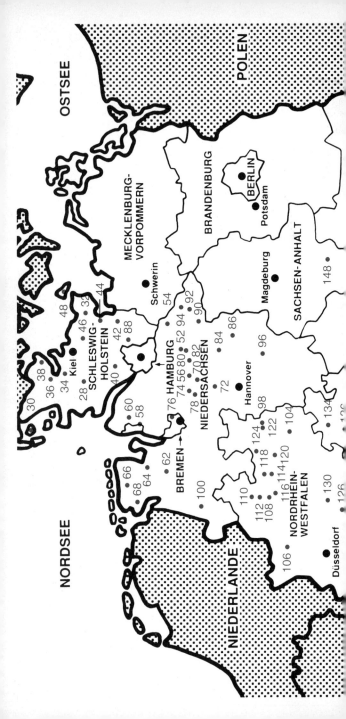

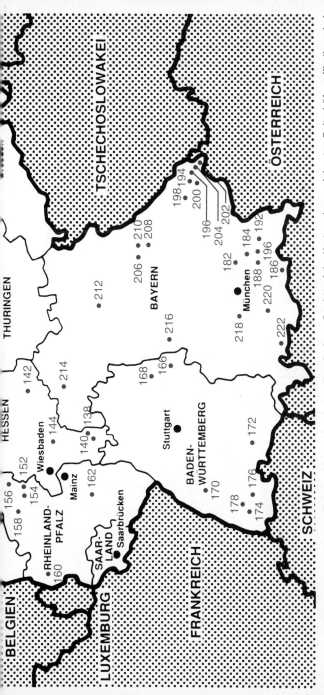

Angegebene Ziffern entsprechen den Seitenzahlen, unter denen die mit einem Punkt auf der Karte gekennzeichneten Reiterhöfe auffindbar sind.

Zeichenerklärung

Anzahl der Schulpferde;
( ) davon Ponys und Kleinpferde

Anzahl der zu vermietenden Boxen;
( ) Preis/Tag

Weidegang möglich; ( ) Preis/Tag

Maße der Reithalle

Maße Dressurplatz außen; (S) Sand; (G) Gras

Maße Außenplatz/Parcours

Reitgelände mit/ohne Kilometerangabe

Inhaltsverzeichnis

Seite

Vorwort 5

Übersichtskarte 6

Symbol-Erklärungen 8

Dr. Klimkes Reitstunde 10

Schleswig-Holstein 27

Niedersachsen 51

Nordrhein-Westfalen 102

Hessen 133

Sachsen-Anhalt 147

Rheinland-Pfalz 151

Baden-Württemberg 165

Bayern 181

Literatur 224

Beurteilungsformular 225

Lehrreiches für Freizeitreiter

Lieber Pferdefreund, die Zeit des Urlaubs naht. Du hast den Wunsch, Ferien auf dem Reiterhof zu verbringen. Du möchtest aus dem täglichen Streß entfliehen und hast Sehnsucht nach Erholung mit Pferden in schöner Umgebung.

Darauf solltest Du Dich vorbereiten. Es beginnt mit der Suche nach dem für Dich geeigneten Reiterhof. Wir haben in diesem Buch für Dein Ferienangebot nach einem von uns entwickelten Erhebungsbogen 100 Reiterhöfe aufgenommen. Aus diesem Angebot kannst Du das für Dich in Frage kommende aussuchen. Du solltest zunächst eine Vorauswahl treffen und Dich nicht scheuen, mit den Betriebsinhabern Kontakt aufzunehmen, sei es telefonisch oder durch einen kurzen Besuch. Dabei lassen sich ergänzende Fragen klären, die Deine Entscheidung erleichtern helfen.

Wenn Du Dich entschieden hast, solltest Du Dir vor Antritt der Reise die Zeit nehmen, Dein theoretisches Rüstzeug für den Umgang mit dem Pferd ein wenig aufzubessern. Die Deutsche Reiterliche Vereinigung hat eine Reiter-Paß-Fibel herausgegeben, in der alles Wissenswerte aufgeführt ist, was für die Reiter-Paß-Prüfung verlangt wird. Wer Ferien auf einem Reiterhof verbringen möchte, sollte sich deshalb die Reiter-Paß-Fibel anschaffen.

Tips für den Umgang mit dem Pferd

Die Pferde auf Reiterhöfen sind im Umgang mit fremden Menschen meistens nicht unerfahren. Sie wollen aber gleichwohl richtig angesprochen werden, wenn man Freude an ihnen haben will.

Tip 1: Pferde können schreckhaft sein. Deshalb vermeide hastige Bewegungen, wenn Du Dich ihnen näherst.

Tip 2: Gehe nach Möglichkeit von vorn auf ein Pferd zu oder an ihm vorbei.

Tip 3: Wenn Du Dich einem Pferd von hinten (z. B. auf der Stallgasse oder im Stall) nähern mußt, sprich es laut an und mach durch einen lauten Zuruf auf Dich aufmerksam. Sprich das Pferd mit seinem Namen an oder mit Worten wie „Ho-la" oder „Ho-ho".

Tip 4: Sei nicht zaghaft; sonst nimmt das Pferd Dich von Anfang an nicht ernst. Deshalb gib ihm einen herzhaften Klaps auf die Kruppe und veranlasse es, etwas nach rechts zu treten, wenn Du Dich ihm von hinten auf der Stallgasse oder im Ständer nähern willst.

Tip 5: Beobachte stets das Mienenspiel, insbesondere die Ohren des Pferdes; denn sie verraten Dir seine Gemütsverfassung.

Das Einmaleins der Pferdepflege

Wenn Du ein eigenes Pferd besitzt, wirst Du auch gelernt haben, wie es gepflegt sein will. Anders ist dies bei denen, die kein eigenes Pferd besitzen. Auf Reiterhöfen ist es häufig üblich, daß Reitgästen, die dies wünschen, Schulpferde zur Pflege anvertraut werden. Du hast einen viel näheren Kontakt zu Deinem Pferd, wenn Du ein solches Angebot annimmst.

Die Pflege des Pferdes ist eine wichtige Voraussetzung für seine Gesundheit und Leistungsfähigkeit. Wenn Du morgens in den Stall kommst, schau zunächst in die Futterkrippe, ob sie leer gefressen ist. Dann richte Deinen prüfenden Blick auf das Pferd. Eine leere Krippe, ein klares Auge und ein glattes Fell bezeugen die Gesundheit des Pferdes.

Die Reinigung des Stalles obliegt dem Feriengast normalerweise nicht. Deshalb will ich darauf auch nicht näher eingehen und nur bemerken, daß Sauberkeit im Stall die Visitenkarte des Betriebsinhabers prägt.

Was muß ich wissen und tun, wenn mir ein Schulpferd zum Putzen zugeteilt worden ist? − Das Putzen dient nicht nur zur Sauberhaltung des Pferdes; es ist zugleich eine Massage, die den Kreislauf anregt und damit das Wohlbefinden des Pferdes fördert. Zum Putzen benötigst Du: Kardätsche, Striegel, Wurzelbürste, Hufkratzer, einige Lappen aus Wolle oder Leinen, eventuell einen Mähnenkamm sowie einen Eimer mit sauberem Wasser.

Am besten putzt Du Dein Pflegerpferd im Freien, sonst auf der Stallgasse. Dazu bindest Du das Pferd mit einer nicht zu langen Kette entweder draußen an dem dafür vorgesehenen Ring oder aber auf der Stallgasse, hier, wenn es geht, mit zwei Stricken rechts und links, an, damit es ruhiger stehenbleibt. Sprich mit dem Pferd. Verlange aber Disziplin und lasse es nicht hin und her tanzen.

Mit dem Putzen beginnst Du immer auf der linken Seite. Geputzt wird von vorne nach hinten. Mit dem Striegel in der rechten Hand striegelst Du die verschmutzten und verklebten Stellen leicht auf. Danach putzt Du mit der Kardätsche in der linken Hand mit langen Strichen (nicht gegen die Haare) durch. Bei kitzeligen Pferden sollte der weichere Gummistriegel verwendet werden. An den empfindlichen Stellen wie Kopf, Innenseite der Beine und Bauch sei bitte vorsichtig. Die Kardätsche streifst Du nach jedem Strich am Striegel ab und klopfst diesen dann aus.

Richtiges Putzen erfordert Geschicklichkeit und Kraft, damit es für das Pferd auch zur Massage wird. Der lange Strich mit der Kardätsche wirkt beruhigend, begleitet ab und zu von ein paar lobenden Worten. Hier wird die Grundlage für das Vertrauensverhältnis zwischen Mensch und Tier hergestellt.

Nach dem Bürsten wischt Du mit einem Lappen nach. Anschließend reinigst Du mit einem Schwamm Nüstern und Maul, mit dem anderen After und Schlauch.

Für die Mähne benutzt Du den Mähnenkamm. Die Schweifhaare werden allerdings nur mit der Hand verlesen. Am Schweif darfst Du nicht herumbürsten, weil die Schweifhaare dadurch abbrechen oder ausgerissen würden. Ein verdünnter Schweif verunstaltet das Pferd.

In Zeitabständen solltest Du neben der täglichen Pflege Mähne und Schweif mit warmen Wasser und einem milden Shampoo waschen.

Auf manchen Reiterhöfen werden elektrisch betriebene Putzmaschinen verwendet. Daran müssen sich die Pferde erst gewöhnen, da sie anfangs durch die summenden Geräusche beunruhigt sind. Bei einigen Putzmaschinen mit rotierenden Bürsten mußt Du darauf achten, daß keine Langhaare erfaßt und ausgerissen werden.

Zum Schluß kratzt Du die Hufe aus. Du kontrollierst, ob alle Eisen noch festsitzen und das Pferd sich nicht über Nacht einen Fremdkörper in den Huf eingetreten hat. Den Pferdebeinen tut es im übrigen gut, wenn sie im Sommer abgespritzt werden. Unabhängig davon werden schmutzige Hufe stets abgewaschen und anschließend mit säurefreiem Huffett eingefettet. Das Einfetten dient nicht nur der Schönheit, sondern soll die Feuchtigkeit im Huf erhalten. Bei Pferden mit schlechtem Strahl werden Strahl und Furchen mit Holzteer behandelt. Dies überläßt Du besser dem Stallmeister oder dem ständigen Stallpfleger.

Ein Sprichwort sagt: Putze Dein Pferd selbst, und Du weißt immer, wie es um Deinen Kameraden bestellt ist.

Aufzäumen und Satteln

Nach dem Putzen wird das Pferd zum Reiten fertiggemacht. Auch dies geschieht in den meisten Reiterhöfen durch die Reiter selbst, allerdings unter Aufsicht des Reitlehrers. Was mußt Du hierzu wissen, und wie gehst Du vor?

Jedes Pferd hat sein bestimmtes Zaumzeug. Trotzdem kann es vorkommen, daß dieses verwechselt wird, weil der Vorreiter es versehentlich an einer falschen Stelle aufgehängt hat.

Der Trensenzaum besteht aus einem Trensengebiß und dem Reithalfter. Das Trensengebiß wird auch Wassertrense genannt. Es soll am Maulwinkel eine Dicke von 16 mm haben. Je dicker das Gebiß ist, desto angenehmer wird es vom Pferd empfunden. Der Trensenzaum soll so verpaßt sein, daß das Gebiß an den Maulwinkeln anliegt, ohne diese hochzuziehen. Das Stirnband muß so weit sein, daß es die Ohren nicht einzwängt oder scheuert. Der Kehlriemen ist so weit zu schnallen, daß der Reiter mit der flachen Hand senkrecht zwischen Kehlgang und Kehlriemen greifen kann. Der Nasenriemen des Reithalfters darf an den Nüstern die Atmung nicht stören. Es gibt mehrere Grundtypen von Reithalftern: das hannoversche Reithalfter, das kombinierte Reithalfter, das mexikanische Reithalfter und das englische Reithalfter. Ich persönlich bevorzuge das hannoversche Reithalfter, weil es lediglich aus einem Nasenriemen besteht, der den Zweck hat, das Maul des Pferdes geschlossen zu halten, aber ihm noch genügend Möglichkeit gibt zu kauen. Dies ist gewährleistet, wenn Du mit zwei Fingern zwischen Nasenriemen und Nasenrücken durchfahren kannst.

Zum Auftrensen trittst Du links an das Pferd heran. Du machst das Pferd mit ein paar freundlichen Worten auf Dich aufmerksam. Nach dem Abhalftern legst Du ihm die Zügel über den Hals und sorgst so dafür, daß es nicht davonlaufen kann. Dann faßt Du mit der rechten Hand das Zaumzeug in der Mitte und hältst es über den Nasenrücken oder die Stirn des Pferdes, so daß Du mit der linken Hand das Trensengebiß ins Maul schieben kannst. Wenn das Pferd das Maul nicht öffnet, so steckst Du den Daumen in die zahnlose Maulspalte und drückst leicht auf die Laden.

Als nächstes streichst Du mit der rechten Hand das Kopfstück über die Ohren, erst über das rechte, dann über das linke Ohr. Anschließend ziehst Du mit der linken Hand den Schopf unter dem Stirnband hervor und schnallst den Kehlriemen sowie den Nasenriemen zu. Der Kehlriemen ist richtig verschnallt, wenn Du mit der flachen Hand senkrecht zwischen Kehlgang und Kehlriemen greifen kannst.

Das Auftrensen des Pferdes erfordert gewisse Übung. Es muß Dir flott von der Hand gehen, sonst dreht das Pferd den Kopf weg und widersetzt sich.

Auftrensen. Die Zügel sind über den Hals gelegt, damit das Pferd nicht wegläuft.

Ob man ein Pferd zuerst auftrenst oder sattelt, darüber gehen die Ansichten auseinander. Nach der eingangs erwähnten Reiter-Paß-Fibel soll mit dem Auftrensen begonnen werden, wenn das Pferd von der Weide geholt wird oder unangebunden in einer Box läuft. Steht das Pferd aber angebunden in einem Ständer oder auf der Stallgasse, sollte erst der Sattel aufgelegt werden.

In meinem Stall machen wir es so, daß wir jedem Pferd zunächst in der Boxe sein Stallhalfter auflegen, es damit auf die Stallgasse führen und dort rechts und links anbinden. Anschließend wird das Pferd zuerst gesattelt und danach aufgetrenst.

Wie soll gesattelt werden?

Prüfe zuerst, ob Du den Sattel hast, der zu Deinem Pferd gehört. Wir unterscheiden im wesentlichen drei Sättel: den Dressursattel, den Springsattel und den Vielseitigkeitssattel, neuerdings auch Mehrzwecksattel genannt. Dieser Sattel wird normalerweise auf Reiterhöfen verwendet, weil er die Merkmale des Dressur- wie des Springsattels vereint und sich besonders für das Reiten im Gelände eignet.

Zum Satteln trittst Du wiederum gegebenenfalls nach Zuruf von links an das Pferd heran. Du legst den Sattel weich über den Widerrist auf das

13

Lehrreiches für Freizeitreiter

Pferd und schiebst ihn dann von vorne nach hinten in seine richtige Lage. Der tiefste Punkt der Sitzfläche sollte in der Mitte liegen. Zwischen Sattelgurt und Ellenbogenhöcker soll eine Handbreit Zwischenraum bleiben. Danach ziehst Du die Satteldecke gewissenhaft in die Sattelkammer und prüfst, ob die Decke auf beiden Seiten ohne Falten liegt. Hierzu gehst Du einmal kurz vor dem Pferd her auf die andere Seite. Erst danach nimmst Du den Sattelgurt und gurtest vorsichtig an. Wenn Du den Sattelgurt gleich festziehen würdest, kann das zu unberechenbaren Reaktionen des Pferdes führen. Manche Pferde haben von falschem Angurten Sattelzwang. Sie blasen sich auf oder werfen sich sogar hin, wenn Du den Sattelgurt nicht vorsichtig angurtest. Merke Dir also beim Aufsatteln: Erst den Gurt nur leicht befestigen; dann nach einer Weile kurz nachgurten, das Pferd auf den Reitplatz bzw. in die Reitbahn führen und vor dem Aufsitzen den Gurt nochmals kontrollieren und gegebenenfalls erneut nachgurten.

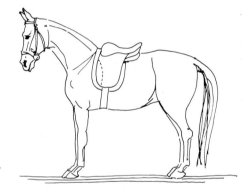

richtig verpaßter Sattel

Noch ein paar Bemerkungen zur Satteldecke: Sie soll sauber sein und glatt liegen, damit keine Druckstellen entstehen. Schmutzige, verschwitzte Satteldecken können Ekzeme in der Sattellage verursachen, deren Abheilung oft sehr langwierig ist. Die Satteldecken sollten daher regelmäßig gewaschen werden, damit sie sauber und weich bleiben. Satteldruck kann ferner entstehen, wenn die Sattelkammer nicht genügend Raum für den Widerrist läßt. Als Faustregel merke Dir einen Zwischenraum von 3 Fingern zwischen Widerrist und Kammer.

Martingal

Je nach Ausbildungsstand von Reiter und Pferd werden auf Reiterhöfen in den Unterrichtsstunden in der Reitbahn oder auf dem Reitplatz Hilfszügel verwendet. Bei Pferden mit Hals- bzw. Genickschwierigkeiten kommen Stoßzügel oder Ausbindezügel zur Anwendung. Diese sollten jedoch jeweils von dem Reitlehrer als dem zuständigen Fachmann angelegt und passend verschnallt werden.

Dr. Klimkes Reitstunde

Auf einen Hilfszügel möchte ich jedoch näher eingehen. Dies ist das Martingal, welches sich sowohl beim Springen wie auch beim Reiten im Gelände als nützlicher Hilfszügel erwiesen hat. Das Martingal ermöglicht dem Reiter eine leichtere Führung seines Pferdes und hilft, Kopfschlagen zu verhindern. Dabei gestattet es dem Pferd die volle Dehnung des Pferdehalses nach vorwärts-abwärts.

Das Martingal besteht aus einem Riemen, der am Sattelgurt befestigt wird und zwischen den Vorderbeinen des Pferdes hindurchläuft. Etwa in Brusthöhe gabelt sich dieser Riemen und endet in zwei Ringen, durch die die Zügel der Trense gezogen werden. Die beiden Riemen werden seitlich durch einen Halsriemen gehalten.

Das Martingal muß am Gurt so lang geschnallt sein, daß die Trensenzügel von der Zügelfaust in gerader, ungebrochener Linie zum Trensenring verlaufen. Die Zügel sollen also nicht vom Martingal nach unten gezogen werden.

Es ist wichtig, daß sich an jedem Zügel ein sogenannter Martingalstopper befindet. Dieser hat den Zweck, ein Festhaken des Martingalringes an der Schnalle des Zügels zum Trensenring zu verhindern.

Die Reitstunde kann beginnen

Nun hast Du alle Vorbereitungen für Dein Pferd getroffen. Die Reitstunde kann beginnen. In den ersten Tagen Deines Urlaubs auf dem Reiterhof wird sich der Betriebsinhaber davon überzeugen wollen, welchen Ausbildungsstand Du hast und welches Pferd zu Dir paßt. Dazu wirst Du normalerweise einige Reitstunden einzeln oder in der Abteilung in der Reitbahn bzw. auf dem Reitplatz absolvieren.

Du führst Dein Pferd mit der rechten Hand und gehst links neben ihm. Beim Führen werden grundsätzlich die Zügel vom Hals genommen. Martingal, Stoß- oder Ausbindezügel werden erst in der Reithalle bzw. auf dem Reitplatz vor dem Aufsitzen angeschnallt. Merke Dir beim Führen: Wenn das Pferd stockt, schau Dich nicht um und versuche, es hinter Dir herzuziehen. Geh lieber zielbewußt weiter und tipp mit dem linken Arm oder der Gerte das Pferd hinter Dir an. Du mußt als Reiter rasch und mit Bestimmtheit handeln, damit das Pferd Dich als ranghöheren Artgenossen respektiert.

Für das Reiten in der Reitbahn oder auf dem Reitplatz gibt es zur Vermeidung von Unfallrisiken eine Reitbahnordnung, die jeder kennen sollte.

Die 10 Gebote für das Reiten in der Bahn

1. Vor dem Betreten und Verlassen der Reitbahn oder eines Übungsplatzes, vor jedem Öffnen der Tür vergewissert sich der Eintretende bzw. Austretende mit dem Ruf „Tür frei" und durch Abwarten der Antwort des in der Bahn befindlichen Reitlehrers oder Reiters „Tür ist frei", daß die Tür gefahrlos geöffnet werden kann.

2. Das Auf- und Absitzen sowie Halten zum Nachgurten erfolgen nicht auf der Stallgasse, sondern in der Bahn bzw. auf dem Reitplatz, und zwar auf der Mittellinie.

3. Von anderen, auch von bekannten Pferden, ist stets ein ausreichender Sicherheitsabstand von mindestens drei Schritten (ca. 2,5 m) zu halten.

Lehrreiches für Freizeitreiter

4. Schrittreitende oder pausierende Reiter lassen trabenden oder galoppierenden Reitern den Hufschlag frei.

5. Beim Überholen wird auf der Innenseite vorbeigeritten (Zwischenraum mindestens 3 Schritte/ca. 2,5 m).

6. Auf einem Zirkel Reitende haben denjenigen, die den Hufschlag der ganzen Bahn benutzen, diesen freizulassen: „ganze Bahn" geht vor „Zirkel".

7. Wird gleichzeitig auf beiden Händen geritten, ist grundsätzlich rechts auszuweichen. Den auf der linken Hand befindlichen Reitern gehört der Hufschlag.

8. Bei mehr als vier Reitern wird auf einer Hand geritten. Der älteste Reiter gibt in angemessenen Zeiträumen das Kommando: „Bitte Handwechsel". Beim Handwechsel bleiben diejenigen, die den Hufschlag der neuen Hand schon bereiten, auf diesem Hufschlag. Begegnende Reiter, die den Handwechsel erst vornehmen wollen, weichen ins Bahninnere aus.

9. Longieren von Pferden auf dem Übungsplatz oder in der Reitbahn ist nur mit Einverständnis aller anwesenden Reiter gestattet. Während des Reitunterrichtes sollte nicht longiert werden, ebenfalls nicht, wenn mehr als drei Reiter auf dem gleichen Platz trainieren.

10. Während des Abteilungsreitens ist den Weisungen des Reitlehrers Folge zu leisten.

Aufsitzen

Nun kann die Reitstunde beginnen. Nach dem Aufmarschieren auf der Mittellinie prüfst Du den Sattelgurt und ziehst ihn ggfls. noch mal an. Geht Dein Pferd auf Martingal, schnallst Du dieses jetzt ein. Dann ziehst Du die Steigbügel an den Riemen herunter und schnallst sie auf die richtige Länge. Das absolut richtige Maß bemerkst Du erst nach dem Aufsitzen. Ein Faustmaß sagt, Riemen plus Steigbügel sollen etwa so lang sein wie der ausgestreckte Arm von den Fingerspitzen bis zur Achselhöhle.

Denke bitte nicht, daß es gleichgültig ist, wie Du nun in den Sattel kommst. Durch Dein Aufsitzen gibst Du dem Pferd Deine Visitenkarte, nach der es Dich einschätzt. Überlege Dir einmal, woran es liegen

16

mag, daß manche Pferde beim Aufsitzen nicht still stehen. Kann dies nicht auch daran liegen, daß Dein Pferd schlechte Erfahrungen mit dem Vorreiter gemacht hat, der ihm womöglich beim Aufsitzen die Fußspitze in die Rippen gebohrt hat oder aber sich plump in den Rücken fallen ließ?

Aufsitzen

Zum Aufsitzen stellst Du Dich links neben Dein Pferd. Du greifst mit der linken Hand in beide Zügel und in die Mähne unmittelbar vor dem Sattel. Dabei straffst Du die Zügel mit der rechten Hand so weit, daß das Pferd nicht nach vorne wegläuft. Den Steigbügel drehst Du mit der rechten Hand ein wenig zur Seite, so daß Du Deinen linken Fuß bequem hineinsetzen kannst. Dann faßt Du rechts an den hinteren oberen Sattelrand, stößt Dich mit dem rechten Fuß ab und setzt Dich nach einem kleinen Klimmzug in den Sattel. Achte darauf, daß Du mit dem rechten Bein die Kruppe des Pferdes nicht berührst. Zum Schluß nimmst Du mit dem rechten Fuß den rechten Steigbügel auf und nimmst aus der linken Hand mit der rechten Hand den rechten Zügel. Das Aufsitzen ist geschafft.

Das Reiten kann beginnen. Der Betriebsinhaber bzw. sein Reitlehrer wollen sich in den ersten Reitstunden ein Bild über Deinen Ausbildungsstand machen. Du wirst Deinen Urlaub vermutlich auf dem von Dir ausgewählten Reiterhof nicht nur mit Reiten in der Reitbahn oder auf dem Reitplatz verbringen wollen. Sicherlich ist es Dein Wunsch, nach entsprechender Vorbereitung im Gelände zu reiten, es sei denn, Du bist Anfänger und benutzt den Urlaub dazu, um auf einem entsprechenden Reiterhof die Grundbegriffe des Reitens zu lernen.

Meine Ratschläge für Deinen Urlaub auf einem Reiterhof können eine Reitlehre nicht ersetzen. Ich möchte mich deshalb nur auf einige Grundsätze beschränken und empfehle neben der Reiter-Paß-Fibel den Kauf eines Lehrbuches über die Ausbildung des Reiters, wie sie z. B. in den „Richtlinien für Reiten und Fahren" der Deutschen Reiterlichen Vereinigung niedergelegt sind oder in so Standardbüchern wie der „Reitlehre" von Wilhelm Müseler.

Ausbalancieren und Fühlen lernen

Reiten lernen beginnt damit, daß Du es fertigbringen mußt, Dich auf dem bewegenden Pferd im Gleichgewicht zu halten. Du mußt lernen, Dich auf dem Pferd auszubalancieren. Dies erfordert Geschicklichkeit, die einige Zeit in Anspruch nimmt. Anfänger verkrampfen sich meistens, bleiben dadurch steif und werden deshalb vom Pferderücken hin und her geworfen. Zu Recht wird deshalb in der Reitlehre gefordert, daß der Reiter nicht zu früh mit seinem Sitz in eine bestimmte Form gebracht werden soll. Viel wichtiger ist es, daß er zunächst lernt, sich auszubalancieren, dadurch losgelassen zu Pferde zu sitzen und auf diese Weise die Bewegungen des Pferdes zu erfühlen. Um es mit anderen Worten auszudrücken: Der Reiter lernt erst fühlen und dann richtig sitzen. Aus dem richtigen Sitz heraus lernt der Reiter schließlich die optimale Einwirkung auf sein Pferd.

Lehrreiches für Freizeitreiter

Die äußeren Merkmale des richtigen Sitzes

- ruhiger Sitz in der Mitte des Sattels bei entspannten Muskeln der Mittelpositur
- ruhige Lage der Unterschenkel, mit der Innenseite ständig am Pferd
- lockeres Fußgelenk, Zehenspitzen nach vorn, Absatz tief, Bügel auf dem Ballen
- ruhige, korrekte Handhaltung, so daß Unterarme und Zügel eine gerade Linie bilden

Der vorstehend beschriebene Sitz ermöglicht die optimale Einwirkung auf das Pferd mit den uns zur Verfügung stehenden Reiterhilfen. Dies sind die Schenkelhilfen, die Zügelhilfen und die Gewichtshilfen. Hinzu kommen als äußere Hilfen die Stimme des Reiters, Sporen und Gerte. Es ist wichtig, daß die Reiterhilfen stets im Einklang gegeben werden, um die richtige Einwirkung auf das Pferd zu entfalten, also nicht etwa die Schenkelhilfe nur für sich, die Zügelhilfen für sich und die Gewichtshilfen für sich.

Bei den Schenkelhilfen unterscheiden wir die vorwärts treibenden, seitwärts treibenden und verwahrenden Schenkelhilfen. Bei den Zügelhilfen unterscheiden wir die annehmenden, nachgebenden und durchhaltenden Zügelhilfen. Bei den Gewichtshilfen kommt es in erster Linie darauf an, den eigenen Schwerpunkt auf den des Pferdes abzustimmen. Wenn Du gerade zu Pferde sitzt, soll Dein Schwerpunkt senkrecht über dem des Pferdes liegen. Verlegst Du Dein Gewicht nach links oder rechts, ist Dein Pferd veranlaßt, in diese Richtung zu treten. Es versucht nämlich, Dein Gewicht wieder auszubalancieren. Dies gilt ebenso in der Bewegung: Dort sollst Du „in die Wendung hineinsitzen", d. h. wie beim Fahrradfahren Dein Gewicht nach innen verlagern.

Zur Schulung von Sitz und Einwirkung in den drei Gangarten des Pferdes, Schritt, Trab und Galopp, wirst Du durch den Reitlehrer mit den

Absitzen

einzelnen Übungen und Lektionen aus der Grundausbildung vertraut gemacht.

Reiten lernt man nur durch Reiten. Dieses alte Sprichwort nimm Dir zum Leitbild. Dann wirst Du recht bald spüren, daß Du Fortschritte machst.

Versorgung des Pferdes nach dem Reiten

Jede Reitstunde sollte, wenn eben möglich, mit einer guten Übung beendet werden. Dies zu erreichen ist die Geschicklichkeit des Reitlehrers. Ein Erfolgserlebnis hebt die Stimmung und schafft die richtige Urlaubsfreude.

Am Schluß der Reitstunde läßt der Reitlehrer die Abteilung wiederum auf der Mittellinie aufmarschieren. Dort lautet das Kommando: „Zügel aus der Hand kauen lassen, Pferde loben, einzeln absitzen."

Zum Absitzen nimmst Du nunmehr beide Zügel und − soweit vorhanden − die Gerte in die linke Hand, stützt Dich mit beiden Händen vorn am Sattel auf, schwingst das rechte Bein hoch über die Pferdekruppe und läßt Dich links hinuntergleiten. Der linke Fuß bleibt so lange im Bügel, bis der rechte festen Boden hat. Klammere Dich beim Heruntergleiten nicht am Sattel fest, sonst rutschst Du womöglich unter den Pferdebauch, statt richtigen Stand zu finden.

Eine weitere Möglichkeit geht so: Zügelende und Gerte in die linke Hand, beide Füße aus den Bügeln, Beine etwas nach vorn, Schwung holen, mit beiden Händen vorn am Sattel abstützen, beide Beine nach hinten, dabei das rechte über die Kruppe schwingen − und schon stehst Du unten, mit dem Gesicht zum Pferd.

Und jetzt bitte nicht vergessen: Bügel hoch, Sattelgurt locker, Zügel über den Arm. Auf das Kommando „Aus der Bahn" führt jeder sein Pferd zum Stall zurück. Vor dem Stall angekommen, solltest Du Deinem Pferd die Hufe auskratzen, die Beine abwaschen und anschließend das Pferd absatteln und abtrensen. Vergiß bitte nicht, Sattel und Trense auf den für das Pferd gekennzeichneten Platz zu hängen, damit es für den nächsten Tag keine Verwechslungen gibt. Doch bevor Du dies tust, geh zum Wasserhahn und wasche das Trensengebiß sauber.

Nach dem Absitzen werden die Steigbügel am inneren Riementeil hochgeschoben. Dann steckt man den Riemen durch den Bügel.

Lehrreiches für Freizeitreiter

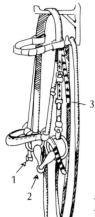

So soll der Trensenzaum am Haken hängen: Der Stirnriemen weist nach vorn, der Kinnriemen (1) ist offen, das Trensengebiß (2) ausgewaschen, der Kehlriemen (3) offen.

Reiten im Gelände

Wenn Du die Prüfung in der Bahn bzw. auf dem Reitplatz bestanden hast, kommst Du dem Ziel Deines Reiterurlaubs näher, zu Pferd die Natur erleben zu dürfen. Ganz so einfach und selbstverständlich ist dies nicht, denn Reiten querfeldein durch Wald, über Wiesen und Stoppelfeld ist so ohne weiteres nicht gestattet. Der Gesetzgeber hat das Reiten in der Natur erheblich eingeschränkt. Ohne Zustimmung des Grundstückseigentümers darf grundsätzlich nur auf öffentlichen Straßen und Wegen sowie auf ausgewiesenen Reitwegen geritten werden. Das Umweltbewußtsein des Menschen ist in den letzten Jahrzehnten ständig gewachsen. Damit hat auch der Reitsport in der Natur seine Probleme bekommen. Die Deutsche Reiterliche Vereinigung hat jedoch ihren Beitrag dazu geleistet, daß Pferdesport und Umweltschutz keine Gegner sind. Deshalb hat die Deutsche Reiterliche Vereinigung in der Reiter-Paß-Fibel 12 Gebote für das Reiten im Gelände aufgestellt, die jeder Geländereiter kennen und beherzigen sollte.

Die 12 Gebote für das Reiten im Gelände am Land

1. Verschaffe dem Pferd täglich hinreichend Bewegung und gewöhne es vor dem ersten Ausritt an die Erscheinungen im Straßenverkehr.

2. Sorge für hinreichenden Versicherungsschutz für Reiter und Pferd; verzichte nie auf feste Sturzkappe und Reitstiefel bzw. Jodphurstiefeletten.

3. Kontrolliere täglich den verkehrssicheren Zustand von Sattel und Zaumzeug.

4. Vereinbare die ersten Ausritte mit Freunden; in der Gruppe macht es mehr Spaß und ist sicherer.

5. Reite nur auf Wegen und Straßen, niemals querbeet, wenn dafür keine besondere Erlaubnis vorliegt.

6. Reite nie auf Radwegen. Meide Wanderwege, wenn dort das Reiten verboten ist. Halte Dich an gekennzeichnete Reitwege, wenn nur dort geritten werden darf.

7. Meide Grabenböschungen und schmale Ackerraine, beachte Naturverjüngungen, Forstkulturen und Saatkämpe.

8. Verzichte auf einen Ausritt oder nimm auch entsprechende Umwege in Kauf, wenn Wege durch anhaltende Regenfälle oder Frostaufbrüche weich geworden sind und nachhaltige Schäden entstehen können.

9. Begegne draußen Kindern, Wanderern, Radfahrern, Reitern und Kraftfahrzeugen immer nur im Schritt, passe das Tempo dem Gelände an.

10. Melde unaufgefordert Schäden, die immer einmal entstehen können, und regele entsprechenden Schadenersatz.

11. Verfolge und belehre Übeltäter, die gegen die Gebote verstoßen, zeige sie an.

12. Sei freundlich und hilfreich zu allen, die Dir draußen begegnen, sei dem Pferd ein guter Kamerad.

Hinweise für das Reiten im Gelände

Pferde sind von Natur aus Fluchttiere. Du mußt deshalb beim Reiten im Gelände besonders wachsam sein. Selbst im vertrauten Gelände können Pferde plötzlich scheuen, wenn sie Gegenstände bemerken, die tags zuvor nicht vorhanden waren.

Darauf mußt Du Dich als Reiter vorbereiten. Gegenüber dem Dressurreiten in der Bahn schnallst Du für das Reiten im Gelände die Steigbügel zwei bis drei Loch kürzer. Das gibt Deinem Sitz mehr Halt. Außerdem solltest Du niemals achtlos die Zügel dem Pferd vollständig hingeben, sondern stets leichten Kontakt zwischen Reiterhand und Pferdemaul behalten.

In der Gangart Trab wird im Gelände vorwiegend leicht getrabt; denn dies entlastet den Rücken des Pferdes. Im Galopp wird ebenfalls nicht ausgesessen. Wir galoppieren vielmehr im leichten Sitz. Dazu stellt sich der Reiter etwas in die Bügel und federt in den Knien das Auf und Ab der Galoppsprünge aus. Der Oberkörper wird leicht nach vorn geneigt, und zwar entsprechend dem Tempo des Galopps. Je schneller das Tempo ist, desto mehr nähert sich der Oberkörper der Waagerechten. Auf den Reiterhöfen hat das Reiten im Gelände in Gruppen Vorrang. Nach dem Aufsitzen teilt der Reitlehrer oder Berittführer die Reihenfolge der Abteilung ein und führt sie an. Die Verständigung zur Abteilung erfolgt durch Handzeichen. Dabei bedeutet ein mehrfaches kurzes Hochheben der Hand das Kommando zum Anreiten, Antraben oder Angaloppieren. Die für längere Zeit hochgehaltene Hand bedeutet: durchparieren zum Trab, Schritt oder Halten. Richtungsänderungen werden — wie beim Radfahren — mit dem jeweils ausgestreckten linken oder rechten Arm gegeben.

In der Gruppe reiten die Reiter zu zweien nebeneinander mit jeweils einer Pferdelänge Zwischenabstand zum Nebenmann und zum Vordermann. Für die Gangarten Trab und Galopp wird empfohlen, die Abstände zum Vordermann auf zwei Pferdelängen zu vergrößern, um ausweichen zu können, wenn das Vorderpferd stolpert, ausrutscht oder dergleichen. Der Abstand darf nicht so weit genommen werden, daß die Abteilung auseinanderfällt, denn das würde die hinteren Pferde beunruhigen.

Anbindestrick
mit Panikhaken

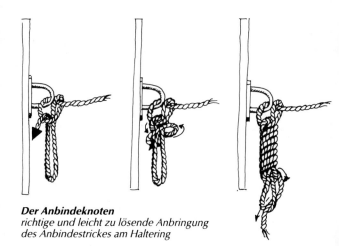

Der Anbindeknoten
richtige und leicht zu lösende Anbringung
des Anbindestrickes am Haltering

Es gilt als unreiterlich, den Vordermann zu überholen, weil dadurch dessen Pferd zum Durchgehen angestiftet werden kann. Zum Losgaloppieren bis zum Durchgehen braucht ein Pferd mitunter keinen besonderen Anlaß. Manchmal löst einfach die galoppierende Abteilung, die Freude am Losgaloppieren das Davonstürmen aus, insbesondere bei jüngeren Pferden.

Wenn Du als Reiter in eine solche Situation gerätst, mußt Du mit kühlem Kopf handeln und darfst selbst nicht nervös werden. Es ist wichtig, daß Du sofort die Bügel fest austrittst, Dich mit Deinem ganzen Gewicht in den Sattel setzt und mit annehmenden und nachgebenden Zügelhilfen versuchst, Dein Pferd durchzuparieren. Gelingt dies nicht, mußt Du wohl oder übel zu härteren Mitteln greifen. Hierzu hat es sich bewährt, eine Hand fest auf den Mähnenkamm aufzusetzen und mit der anderen Hand kräftig im Wechsel anzunehmen und nachzugeben. In einer solchen Situation der Notbremsung zählt allein der Erfolg. Wenn die Geländeverhältnisse es zulassen, kannst Du auch versuchen, Dein Pferd auf einen großen Kreis zu dirigieren, den Du dann immer enger ziehst, bis Du mit Deinen Paraden durchkommst. Selbstverständlich wird der Berittführer für die Abteilung sofort das Kommando zum Anhalten geben, wenn er bemerkt, daß ein Pferd durchgeht.

Wenn Du mit einer Gruppe im Gelände reitest, hast Du nicht nur auf Deinen Vordermann und Deinen Nebenmann zu achten. Richte Deinen Blick auch auf das Geläuf, um Deinem Pferd zu ersparen, auf Steine, Baumwurzeln oder in Löcher zu treten. Mit dem Pferd die Natur erleben zu dürfen bedeutet, daß Du Deine Sinne für alles, was um Dich geschieht, wach haben sollst. Erst dann kannst Du das Reiten im Gelände mit vollen Zügen genießen.

Bergauf und bergab

Das Reiten an Kletterstellen und bergauf und bergab ist eine gute Vorbereitung zum Springen. Du reitest stets senkrecht bergauf und senkrecht bergab, um ein seitliches Abrutschen zu verhindern. Beim Reiten bergauf gehst Du mit dem Oberkörper nach vorn, um den Pferderükken zu entlasten. Mit den Händen gehst Du vor und hältst Dich eventuell in der Mähne fest, damit das Pferd auf keinen Fall im Maul gestört wird. Mit den Unterschenkeln hältst Du Verbindung zum Pferdeleib dicht hinter dem Sattelgurt.

Beim Klettern bergab trittst Du den Bügel nach vorne aus und richtest den Oberkörper etwas auf, um im Gleichgewicht zu bleiben. Die Gleichgewichtshaltung richtet sich nach dem Abstiegswinkel. Die Hände solltest Du auf den Mähnenrand aufstützen und eine leichte Fühlung mit dem Pferdemaul beibehalten.

Wasserhindernisse

Die Überwindung von Wasserhindernissen stellt Reiter und Pferd oft vor psychologische Hemmschwellen. Deshalb soll möglichst ein erfahrenes Pferd die anderen mitziehen. Es erleichtert die Übungen, wenn man das Pferd zunächst im Schritt in eine flache Wasserstelle mit festem Untergrund reitet, bevor man Einsprünge ins Wasser aus dem Trab oder aus dem Galopp riskiert. In der Gruppe hinter einem erfah-

Lehrreiches für Freizeitreiter

Bergaufreiten. Der Reiter geht gut mit der Bewegung mit.

Bergabreiten. Die Gleichgewichtshaltung richtet sich nach dem Abstiegswinkel.

renen Führpferd wird die anfängliche Scheu am schnellsten überwunden.

Allgemein bereitet das Springen im Gelände über feste Hindernisse weniger Schwierigkeiten als in der Bahn, da die Pferde im Gelände viel lieber springen. Die Hindernisse sollten fest gebaut sein und dadurch den Pferden genügend Respekt einflößen. Es liegt in der Verantwortung des Berittführers, die Hindernisse auszusuchen, über die gesprungen werden soll. Im Gegensatz zum Eintritt in Wasserstellen werden feste Hindernisse von den Reitern einzeln gesprungen und nicht in der Abteilung, damit die Pferde sich nicht gegenseitig zum Losstürmen ansporren. Du achtest als Reiter darauf, ein gleichmäßiges, frisches Tempo einzuschlagen, in dem Du Dein Pferd regulieren kannst und ihm — soweit notwendig — durch treibende Hilfen während der letzten Galoppsprünge den richtigen Weg zum Absprung weist.

Ich packe meine Koffer für den Reiterurlaub

Nach so vielen guten Ratschlägen stellt sich für Dich die wichtigste Frage: Welche Reitausrüstung packe ich in meine Koffer für den Reiterurlaub? — Du benötigst zunächst eine gutsitzende Reithose. Denn wenn diese auf dem Pferd klemmt oder Falten an der falschen Stelle wirft, hast Du bald Wundstellen, und die Freude an dem Reiterurlaub ist getrübt. Die Reithose sollte mit ledernem Reitbesatz ausgestattet sein, weil dies eine bessere Verbindung zwischen Sitzfläche und Sattel schafft.

Als nächstes benötigst Du entweder Leder- oder Gummistiefel. Die Schäfte der Stiefel sollen so hoch sein, daß sie bis fast an die Kniekehle gehen. Sonst haken sie mit den Rändern unter das Sattelblatt. Die Sohlen der Stiefel sollen von der Spitze bis nach hinten zum Absatz durchgehen, weil sie sich sonst in die Steigbügel verhängen und so zu Behinderungen führen können.

Eine vor allem von Damen immer wieder bevorzugte Alternative zu der herkömmlichen Reithose ist die aus Indien stammende Jodbpur-Hose. Dies ist eine eng geschnittene, lange Hose, zu der man kurze Jodbpur-Stiefel trägt, deren Schaft etwa 15 cm die Wade hinaufreicht und oben von einem Riemen umschlossen ist.

Man mag mir verzeihen, wenn ich auch die Unterwäsche des Reiters anspreche. Gut sitzende Unterwäsche ohne Nähte an Gesäß und Innenseite der Schenkel schützt vor Scheuerstellen. Es lohnt sich deshalb schon, die im einschlägigen Fachhandel angebotene besondere Reiterwäsche zu kaufen. Eine wetterfeste Jacke sollte im Gepäck für den Reiterurlaub ebensowenig fehlen wie Oberhemden und Pullover aus schweißaufsaugendem Material.

Zur Reitausrüstung, insbesondere für das Reiten im Gelände, gehört ferner die feste Sturzkappe. Diese sollte mit einer festen Einlage versehen sein.

Schließlich sind Reithandschuhe keineswegs ein überflüssiger Luxus. Dagegen brauchst Du nicht unbedingt eine Reitgerte mit einzupakken. Wenn eine Gerte auf dem Reiterhof benötigt wird, kannst Du sie Dir dort sicher entleihen. Ob Du Sporen benötigst, wird auf dem Reiterhof der Reitlehrer entscheiden. Sofern vorhanden, solltest Du si-

Lehrreiches für Freizeitreiter

cherheitshalber ein paar stumpfe Sporen mit einpacken. Diese sollten mit kleinen Rädchen versehen sein, die den Pferden keine Verletzungen zufügen können. Als letztes vergiß bitte nicht das Regencape oder den Regenmantel, wenn auch nur symbolisch, um das Sonnenwetter zu beschwören.

Mit diesen einleitenden Ratschlägen wünsche ich Dir, lieber Pferdefreund, daß Du für Deinen Urlaub auf dem von Dir ausgewählten Reiterhof gerüstet bist und dort eine glückliche Ferienzeit verbringen kannst.

— Reiner Klimke —

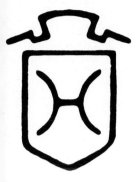

Verband der
Züchter des
Holsteiner
Pferdes e.V.

Landesverband
der Pony- und
Kleinpferdezüchter
Schleswig-Holstein/Hamburg e.V.

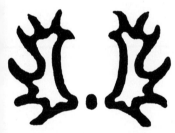

Verband der
Züchter und
Freunde des
Warmblutpferdes
Trakehner
Abstammung e.V.

Aufgrund seines hohen Grünlandanteils und der klimatischen Vorzüge ist das meerumschlungene Schleswig-Holstein von jeher ein besonders begünstigtes Pferdezuchtgebiet gewesen, welches bereits im frühen Mittelalter seine erste Blütezeit erlebte. Der Holsteiner beeinflußte in seiner Zeit weite Gebiete Deutschlands, so auch die hannoversche Zucht bei der Gründung des dortigen Landgestütes in Celle. Für alle Disziplinen des olympischen Reitsports konnte Schleswig-Holstein zu jeder Zeit qualitätsvolle Leistungspferde stellen. Interessant ist vielleicht auch zu wissen, daß es das einzige Zuchtgebiet ist, welches über eine verbandseigene Hengsthaltung verfügt mit Sitz in der Reit- und Fahrschule in Elmshorn, in der auch das Verkaufszentrum des Verbandes angesiedelt ist. Die Auktionen werden in Neumünster abgehalten.

Schleswig-Holstein

In dem von zwei Meeren umspülten nördlichsten der Bundesländer — Schleswig-Holstein — liegt der kleine Ort Mehlbek ganz in der Nähe von Itzehoe. Die nahe Marschlandschaft, welche sich in ununterbrochenen kilometerbreiten Streifen an der Nordseeküste und an den Kanälen entlangzieht, dient mit ihren fruchtbaren Böden vornehmlich als Weidefläche für die schwarzbunten Rinder. Siedlungen haben sich auf den Geeststränden oder künstlich aufgeworfenen Hügeln gebildet, geschützt vor Sturmfluten. Die Geest ist ein welliges Land, welches über die Marsch aufragt und wo man Schafweiden, Felder oder lichte Wälder findet. In den Mulden dann haben sich die für diese Landschaft charakteristischen Moore gebildet, deren herbe Schönheit einst von den Worpsweder Künstlern entdeckt wurde. Teilweise hat man sie urbar gemacht, langgestreckte Dörfer säumen die zahllosen Kanäle, der abgestochene Torf ist begehrtes Brennmaterial. So sieht es also im Westen von Mehlbek aus. Wenn man sich in östlicher Richtung hält, erreicht man bald den Naturpark Aukrug. Doch in

erster Linie soll sich der Gast natürlich auf dem Reiterhof Mehlbek wohl fühlen, welchen der Inhaber Jens Springer aus einem ehemaligen Bauernhof entstehen ließ. Hier kann man einzeln oder in der Familie seinen Urlaub verbringen. Für Kinder werden auch Reiterferien in der Gruppe angeboten, wobei sie gut betreut und mit kräftiger Hausmannskost direkt vom Schlachter versorgt werden. Den Reitunterricht erteilt Herr Springer persönlich. Eigene Pferde können gern mitgebracht werden. In dem ausgedehnten Gebäude und bei der gesunden, klaren Luft erholt man sich gut und die Pferde gleich mit.

Auszeichnungen und Anerkennungen:
FN-anerkannter Reitstall

Tip:
Aal in allen Variationen — gebraten, sauer eingelegt, geräuchert.

Anfahrt:
A 23 Hamburg – Heide, Abfahrt Schenefeld, auf Hauptstraße Richtung Wacken, 1. Straße links nach Mehlbek; nächste Bahnstation in Itzehoe (20 km), Busstation im Dorf (500 m), Gäste holt man gern ab.

Ausstattung der Reitanlage:

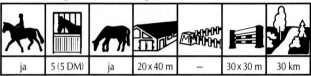

ja	5 (5 DM)	ja	20 x 40 m	–	30 x 30 m	30 km

In einer Landschaft die vom Marschland, der Geest, Mooren, Wiesen, Wäldern, Ebenen bis zu Hügeln alles zu bieten hat, ließ Herr Springer aus einem alten Bauerngehöft den Reiterhof Mehlbek entstehen. Er beherbergt ständig Pensions- und Schulpferde sowie Ponys und nimmt zusätzlich bis zu 5 Gastpferde von Urlaubern auf. Ständig werden Lehrgänge für Jugendliche und Erwachsene angeboten, täglich erfolgt Einzel- und Gruppenunterricht für Dressur- und Springreiter; individuelle Ausbildung und Korrektur von Reiter und Pferd; Pferde werden von geschultem Personal auch eingeritten; Unterricht für Anfänger an der Longe möglich. Reitstunde 10,00 DM, Reiterabzeichen 40,00 DM, Prüfung 15,00 DM, Wanderritt 10,00 DM/Stunde.
Tierarzt 6 km, Sattler 35 km, Hufschmied kommt auf den Hof.

Ausstattung der Pension:
In der Pension stehen den Gästen 3 Mehrbettzimmer (2 mit Dusche, 1 mit Bad) zur Verfügung. Normalerweise bietet man hier für 30,00 DM Übernachtung mit Frühstück an, aber Lehrgangsteilnehmer und selbstverständlich Kindergruppen haben Vollpension. Ansonsten steht den Gästen eine komplette Küche zur Verfügung. Nach getaner „Arbeit", die hoffentlich auch Erholung ist, setzt man sich im allgemeinen in der neu entstandenen Reiterdiele gemütlich zusammen.

Freizeitangebote am Haus:
Reiterbar in der Diele, Kinderspielplatz, Aufenthaltsraum.

Freizeitangebote in der Umgebung:
Freibad und Angeln 12 km, Hallenbad, Fitneßcenter, Tennis/Squash, Sauna 20 km, Sportplatz 500 m.

Empfehlenswerte Ausflugsziele:
Itzehoe, Hamburg, Nordsee, Rendsburg, Elbe, Naturpark Aukrug, Neumünster.

Reiterhof Mehlbek, Inh. Jens Springer,
2211 Mehlbek (Schleswig-Holstein),
Tel. (0 48 27) 30 10

Schleswig-Holstein

Die Landschaft der Westküste Schleswig-Holsteins ist einzigartig. Von alter Besiedlung zeugen zahlreiche Grabstätten auf den Nordfriesischen Inseln, wo die freiheitsliebenden Bewohner ihre Selbständigkeit und Unabhängigkeit gegen dänische Könige zu behaupten hatten. Im 19. Jahrhundert entwickelten sich an diesen Orten begehrte Seebäder mit weißen Sandstränden, umgeben von hohen Dünenketten und ruheloser Brandung. Mit 82 km² ist Föhr die zweitgrößte dieser Inseln. Geschützt liegt sie zwischen Amrum und dem Festland, wo von Dagebüll aus eine Fährverbindung zum Hauptort der Insel, Wyk, führt. Auf diesem Wege reisen auch die Gäste des „Lerchenhofes" an. Etwa 45 Minuten dauert die Überfahrt, welche schon der erste Leckerbissen des Urlaubs auf Föhr ist. Vom Hafen, der etwa 2 km vom direkten Urlaubsziel entfernt liegt, werden Sie auf Wunsch gern abgeholt. Sicher wird dann die Spannung größer, und weder der idyllisch gelegene „Lerchenhof" noch das „Haus Regenpfeifer", wel-

ches seit einigen Jahren als Gästehaus dem Lerchenhof angegliedert ist, sollen eine Enttäuschung sein. Insgesamt stehen sechs geschmackvoll und komfortabel eingerichtete Ferienwohnungen zur Verfügung. In den Ställen und auf den Weiden stehen etwa 25 Pferde (überwiegend Islandponys) für reitbegeisterte Erholungsuchende bereit. Die hier abgehaltenen Wattritte, Amrumritte (auch mehrtägig) und die Inselritte auf Föhr sind ganz besonders einprägsame Erlebnisse. Auch das eigene Pferd kann gern mitgebracht werden. Der Badestrand befindet sich in unmittelbarer Nähe. Das gemäßigte Seeklima besitzt eine heilende Wirkung bei Erkrankungen der Atemwege und bei Hautallergien. In den Schulferien werden Reiterferien für Kinder ab 9 Jahren angeboten, die von pädagogisch geschultem Personal gut betreut werden.

Anfahrt:
ab Dagebüll-Hafen mit Fähre nach Wyk auf Föhr, wo man die Gäste auf Wunsch gern vom Hafen abholt (Lerchenhof – Hafen 2 km).

Ausstattung der Reitanlage:

(25)	8 (15 DM)	7 DM	–	20 x 40 m (S)	–	40 km

Beim Reiten auf der Insel Föhr sind Wattritte, Amrumritte (auch mehrtägig) sowie das Reiten auf der Insel rechte Leckerbissen. Zu diesem Zweck warten etwa 25 Pferde (meist Islandponys) auf dem Lerchenhof auf die Gäste. Kinder ab 9 Jahren verbringen hier gut umsorgt ganz erlebnisreiche Schulferien in der Gruppe. Familien sind ebenso gern gesehene Gäste. Reiterspiele und Baderitte sind begehrte Abwechslungen. Unterricht für Anfänger und Fortgeschrittene. Reitstunde (45 Minuten) 13,00 DM, zweistündige Ausritte 26,00 DM, mehrstündige Wanderritte 50,00 DM. Tierarzt, Hufschmied und Sattler 1 bis 2 km.

Ausstattung der Pension:

„Lerchenhof" – idyllische Lage in 10 ha großem, parkähnlichem Areal – dort 2 komfortable Ferienwohnungen (Wohn- und Schlafraum mit Kamin, voll eingerichtete Küche, Dusche bzw. Badezimmer, WC, Garten, Spielplatz). Haus Regenpfeifer – moderner Neubau mit 4 Ferienwohnungen – ca. 10 Minuten zu Fuß über einen Parkweg zum Lerchenhof. Ferienkinder ohne Eltern werden zusammen in gemütlichen Mehrbettzimmern untergebracht. Eß- und Gemeinschaftsraum befinden sich im separaten Blockhaus. Ferienwohnungen in Hauptsaison 70,00 bis 95,00 DM, 30 % Ermäßigung in Vor- und Nachsaison. Endreinigung 50,00 DM; Jugendpauschale (VP und Reiten) 55,00 DM/Tag; Hunde 3,00 DM/Tag; Vermietung ganzjährig, Kurzurlaub möglich, Hausprospekt anfordern; Nahrungsmittel aus eigener Produktion.

Freizeitangebote am Haus:

Großer Garten mit Spielplatz, Liegewiese, Tischtennis, Aufenthaltsraum, Fahrradverleih, Lagerfeuer, Geländespiele, theoretischer Unterricht, Töpfern, Sketchabende, Verarbeitung von Wolle.

Freizeitangebote in der Umgebung:

500 m zum Badestrand an der Nordsee, Tennis/Squash, Golfplatz, Surfen 1 km, Sportplatz 500 m, Hallenbad, Fitneßcenter 2 km, Angeln 4 km, Wattwandern, Radfahren.

Empfehlenswerte Ausflugsziele:

Nationalpark Wattenmeer, Ausflüge zu den Halligen, biologische Exkursionen im Watt, Hünengräber, Lembecksburg.

„Lerchenhof", Inh. Familie Schaefer,
Lerchenweg 17,
2270 Wyk auf Föhr (Schleswig-Holstein),
Tel. (0 46 81) 44 33

Schleswig-Holstein

Wo die deutsche Ferienstraße Alpen – Ostsee dem Ende zugeht, ist noch lange nicht Schluß. Denn hier gibt es etwas ganz Extravagantes — Deutschlands einzige Rieseneselzucht. Hier in der Holsteinischen Schweiz, dieser licht-, luft- und sonnendurchfluteten, seenreichen Gegend hat Herr August eine ganz besondere Ferienidylle geschaffen. Jährlich lockt er mit seiner einzigartigen Eselzucht viele Besucher in sein Haus. Bei ihm sind gut ausgestattete Ferienwohnungen für 4 – 6 Personen preiswert zu mieten. Und der Knüller ist — seine Esel stehen den Gästen als Reit- und Kutschtiere unentgeltlich zur Verfügung! Wenn das kein Angebot ist. Vom Maultier in Pferdegröße über den Riesenesel mit Stockmaß 1,40 m und dem Hausesel bis zum Zwergesel stehen alle Langohren für Sie bereit. Wer sich etwas auskennt und diesen Tieren Vertrauen schenkt, was man ohne Bedenken tun kann, der spannt sich also so ein Langohr vor die Karre und geht mit der Familie auf Erkundungstour. Sicher, die schnellsten sind sie

nicht, die grau-braunen Gesellen, aber ausdauernd und zuverlässig, aller übler Nachrede zuwider. Und außerdem sind Sie ja nicht beim Eselrennen, sondern wollen die von schmutzigen Rauchfahnen der Industrie ungetrübte, frische Meeresluft der naheliegenden Ostsee tief atmen und genießen. Das alles ist auch im Sattel zu haben. Die nicht nur flache Landschaft bietet soviel Abwechslung, daß man sich täglich in eine andere Himmelsrichtung begeben kann, ohne Eintönigkeit zu verspüren. Auf längeren Strecken sollten Sie sich dann lieber doch auf einen beräderten Untersatz begeben. In warmen Jahreszeiten sind die Bademöglichkeiten im Freien unbegrenzt. Der nächste Ostseestrand liegt in der Hohwachter Bucht. Im Winter gibt es vereinzelt sogar Möglichkeiten zum Skifahren. Weiterhin gibt es Bootsfahrten, Angelmöglichkeiten, die weltbekannten Eutiner Sommerspiele, viele historisch bedeutsame Bauwerke in den umliegenden Ortschaften.

Anfahrt:

A 1 Richtung Oldenburg (Holstein), Abfahrt Neustadt-Nord auf die Hauptstraße Richtung Lütjenburg, Abfahrt in Schönwalde am Bumsberg über Hansün nach Kaköhl oder B 430 von Neumünster nach Lütjenburg, von dort auf die B 202 Richtung Oldenburg bis Kaköhl, nächste Bahnstation in Oldenburg (Holstein) ca. 15 km, auf Wunsch werden Sie abgeholt, Busstation in Nessendorf 100 m.

Ausstattung der Reitanlage:

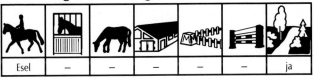

Esel	—	—	—	—	—	ja

Bauernhof in ländlicher Abgeschiedenheit, viel Auslauf für die Esel, keine hofeigene Reitbahn oder -halle, das Reiten und Fahren der Tiere ausschließlich auf öffentlichen Wegen und Straßen, jede Benutzung der Esel ist für die Hausgäste unentgeltlich!

1 Reitstunde 10,00 DM, 1 Stunde Kutschfahrt für 4 Personen 25,00 DM.

Ausstattung der Pension:

4 Ferienwohnungen für 4 – 6 Personen mit einem Wohn- und Schlafraum, 1 Schlafraum, Küche, Bad, Garten mit Grillplatz, Terrasse, ZH, Parkplatz. Preis einschließlich MwSt. für 4 Personen 70,00 DM/Tag, für 6 Personen 85,00 DM/Tag. Bettwäsche und Handtücher werden gestellt. 30,00 DM für Endreinigung, Ermäßigung für Vor- und Nachsaison 25%. Vermietung ganzjährig, mindestens insgesamt 8-Tage-Urlaub.

Freizeitangebote am Haus:

Liegewiese mit Liegestühlen, Kinderspielplatz, 30 Esel, 3 Maultiere zum Reiten und Kutschieren.

Freizeitangebote in der Umgebung:

Hallenbad und Thermalbad 10 km, Entfernung zur Ostsee 6 km (Wassersport), Fitneßcenter, Tennis, Squash 10 km, Sauna 10 km, Angeln 6 km, Jagdmöglichkeit 3 km.

Empfehlenswerte Ausflugsziele:

Eutiner Sommerspiele mit Opernaufführungen im Schloßpark, Hansapark Sirksdorf, viele Schlösser, Herrenhäuser und Aussichtstürme in nächster Umgebung, Hochseeangelfahrten, Butterfahrten, 5-Seen-Fahrten, größere Städte: Kiel, Neumünster, Insel Fehmarn.

Tip:

Kulinarische Spezialitäten erhalten Sie im Fischrestaurant.

Eselhof „I-A", Eckart August,
2324 Nessendorf bei Kaköhl (Schleswig-Holstein),
Tel. (0 43 82) 7 48

Schleswig-Holstein

Das harmonische Nebeneinander von stillen Seen, jahrhundertealten Wäldern und von Knicknetzen durchzogenen Äckern gibt der Landschaft des Naturparks „Hüttener Berge" ihren ganz besonderen Reiz. Ein gut ausgebautes Wanderwegenetz führt vorbei an gepflegten Wohnsitzen des einstigen holsteinischen Landadels sowie an reetgedeckten Höfen in hübschen alten Bauerndörfern. An Trimmpfaden, Radwegen, Schutzhütten, Ruhebänken, Spiel- und Liegewiesen herrscht kein Mangel, und doch bewegt man sich hier ganz ungestört vom Touristentrubel der nahen Ostseebäder. Der 1000 ha große Wittensee gilt mit seinem reichhaltigen Fischbestand als wahres Paradies für Angler, aber auch für Wassersportler. Die „Hüttener Berge" bezeichnet man auch als den „kleinen Harz", immerhin weisen die höchsten Erhebungen eine Höhe von über 100 m auf — in der üblichen holsteinischen Landschaft schon eine Besonderheit!

Allein diese faszinierende Landschaft bot Familie Naeve sicher gute Voraussetzungen, hier ein Urlaubsparadies für Reiter und solche, die es werden wollen, zu schaffen. Aber man hat es gut verstanden, die Gegebenheiten durch ein sehr hochwertiges und umfangreiches Angebot für die Gäste weiter zu veredeln. Als geschulter und erfolgreicher Reiter und Ausbilder hat sich Herr Naeve längst bewährt und kann seinen Gästen viel bieten.

Auszeichnungen und Anerkennungen:
FN-anerkannter Reitstall und Ausbildungsbetrieb

Freitzeitangebote in der Umgebung:
Hallenbad 10 km, See zum Baden und Angeln, Sportplatz 2 km, Tennis/Squash 3 km, Fitneßcenter, Sauna 10 km, Ostsee.

Empfehlenswerte Ausflugsziele:
Naturpark „Hüttener Berge", Ostsee, Rendsburg, Schleswig.

Anfahrt:

A 7 Höhe Rendsburg, Abfahrt Rendsburg-Büdelsdorf, auf B 203 direkt nach Gr. Wittensee; nächste Bahnstation in Rendsburg (15 km), Bus hält im Ort (2 km), Gäste werden wunschgemäß von Bus und Bahn abgeholt.

Ausstattung der Reitanlage:

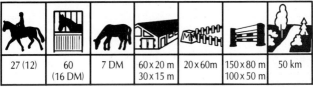

27 (12)	60 (16 DM)	7 DM	60 x 20 m 30 x 15 m	20 x 60m	150 x 80 m 100 x 50 m	50 km

Im nördlichsten Naturpark der Bundesrepublik, „Hüttener Berge", gelegenes großes bäuerliches Anwesen — bewährter, durchorganisierter Reit- und Ausbildungsbetrieb. Die Schulpferde sind bis Klasse L ausgebildet. Reitstunde 16,00 DM, Springstunde 25,00 DM; Inhaber Hans-Jürgen Naeve ist Pferdewirtschaftsmeister, Reitlehrer FN und ehemaliger Landesmeister im Springreiten von Schleswig-Holstein und Hamburg; 2 Stunden Reitunterricht pro Tag sehr individuell und effektiv gestaltet, 3 Programme im Angebot (Ponyreiten, Kurse mit verschiedenen Abschlüssen, Familienprogramm), Termin- und Preisliste anfordern, auch ist das von Lehrgängen unabhängige Reiten auf dem Hof Kirchhorst gut möglich, ausgebaute Geländestrecke. Tierarzt 3 km, Hufschmied 7 km, Sattler 10 km.

Ausstattung der Pension:

Vielfältiges Angebot auf dem idyllischen Anwesen in Ostseenähe. Den Gästen stehen Ein-, Zwei- und Mehrbettzimmer zur Verfügung (alle modern eingerichtet, alle mit Dusche/WC). ÜmF 25,00 DM, HP 35,00 DM, Vollpension 45,00 DM. Weiterhin 5 Ferienhäuser (3 unterschiedliche Ausführungen) für jeweils 4 bis 8 Personen zum Preis von 80,00 bis 140,00 DM/Tag (Übersicht bitte anfordern), Nebenkosten fallen an. Kurzurlaub und Einzelübernachtung möglich, Vermietung ganzjährig, kleinere Haustiere event. gestattet.

Freizeitangebote am Haus:

Großes Grundstück nutzbar, Liegewiese, Aufenthaltsraum, Reiterstübl mit Blick in die Reithalle, Kinderspielplatz, eigener Badesee, Camping.

Hof Kirchhorst, Hans-Jürgen Naeve,
2333 Groß Wittensee (Schleswig-Holstein),
Tel. (0 43 56) 2 28

Schleswig-Holstein

Eine Kette von Badeorten zieht sich von Glücksburg bis Travemünde: Über 380 km lang ist die schleswig-holsteinische Ostseeküste, an der Meeresbuchten immer wieder tief in das Festland einschneiden. Da gibt es zum Beispiel die reizende Schlei, die sich von der Lotseninsel über Kappeln bis nach Schleswig weit ins Land zieht und auf der viele Wassersportler fast zu Hause sind. Sie begrenzt auch das Ferienland Schwansen mit seinen begehrten Erholungszielen. Eines davon ist die Gemeinde Damp, in der der Reiterhof Tramm seit vielen Jahren zahlreiche Freunde der Reiterei anlockt. Das ganze Jahr über besteht hier die Möglichkeit, Urlaub im Sattel zu verbringen. Zum einen werden Lehrgänge angeboten, die man als Turniervorbereitung, individuelle Weiterbildung oder zum Erlangen verschiedener Reiterabzeichen nutzen kann. Doch ebenso kann man Einzelreitstunden nehmen oder ganz entspannende Geländeritte machen. Nichts ist Pflicht, schließlich ist man hier im Urlaub.

Auch das Wohnen kann man bei Familie Tramm sehr vielfältig gestalten, die Angebotsliste ist lang. An Ausflugszielen in der näheren Umgebung mangelt es auch keinesfalls — im Ferienland Schwansen wird überall etwas geboten, vor allem auch von der Natur, die man hier, in Ostseenähe, in vollsten Zügen genießen sollte.

Auszeichnungen und Anerkennungen:
FN-Reitstall A

Freizeitangebote in der Umgebung:
Zum Ostseeheilbad Damp 1,5 km — dort Surfen, Tennis, Kegeln, Bowling, Hallenbad und Sauna, Kino, Kur- und Heilanwendungen, zur Ostsee 1 km.

Empfehlenswerte Ausflugsziele:
Kiel, Schleswig, Bootfahren auf der Schlei, Fährschiff-Ausflüge.

Anfahrt:

A 7 Hamburg—Flensburg, Abfahrt Rendsburg-Büdelsdorf — B 203 über Eckernförde Richtung Kappeln, Abfahrt Damp; nächste Bahnstation in Eckerförde 25 km, Bus hält in Damp 2 (1,5 km), Gäste holt man auf Wunsch ab.

Ausstattung der Reitanlage:

36 (18)	ca. 12 (18)	ja	20 x 40 m 13 x 35 m	20 x 60 m 35 x 70 m	100 x 120 m	ja

In ruhiger Einzellage an der schönen Ostseeküste Schleswig-Holsteins gelegener Reiterhof mit intensivem Ausbildungsbetrieb und Kinder-Reitferien; Lehrgangstermine das ganze Jahr über, die zur individuellen Weiterbildung, zur Turniervorbereitung von Reiter und event. auch Pferd oder zum Erlangen verschiedener Reiterabzeichen am Ende des Lehrgangs genutzt werden können. Lehrgangsgebühren 210,00 bis 430,00 DM, Prüfungsgebühr jeweils 50,00 DM, Preis- und Terminliste bitte anfordern; sonstige Einzelreitstunden 15,00 bis 17,00 DM; Ausritte ein- und mehrstündig, auch Halb- und Ganztagsritte, Inhaber selber ist Berufsreitlehrer FN, Pferde zum Teil bis Klasse L ausgebildet; Voltigieren und Kutschfahrten möglich; Gastpferde können in Beritt genommen werden, 1 Woche Kinderreitprogramm 170,00 DM.
Tierarzt 20 km, Hufschmied 10 km, Sattler 25 km.

Ausstattung der Pension:

Gästehaus mit 5 komfortabel ausgestatteten Ferienwohnungen (1 bis 2 Zimmer, Dusche/WC, Küchenzeile, z. T. Balkon), 1-Zi.-Wohnung ab 40,00 DM/Tag, 2-Zi.-Wohnung ab 70,00 DM/Tag, Endreinigung 35,00 bis 50,00 DM; weiterhin 2 Einzel-, 10 Doppel- und 6 Mehrbettzimmer im Wohnhaus, alle mit Dusche, zentralbeheizt, ÜmF ab 38,00 DM, genaue Preisliste anfordern; Kinderpension für Mädchen im Alter von 8 bis 16 Jahren, Jungen 8 bis 12 Jahre, ältere Jugendliche auf Anfrage, Unterbringung der Kinder in Mehrbett-, gegen Aufpreis 80,00 DM/Woche in Doppelzimmern, Pensionswoche 260,00 DM, Ermäßigung in Vor- und Nachsaison (Anfrage), Vermietung ganzjährig, Kurzurlaub und Einzelübernachtung möglich. Für Gruppenreisen spezielle Angebote.

Freizeitangebote am Haus:

Liegewiese mit Grillplatz im Garten, Tischtennis, Tages- bzw. Fernsehraum, gemütliche Gaststätte mit reichhaltigem Speise- und Getränkeplan auf dem Hof, Kinderspielplatz.

Reiterhof Tramm, Inh. Peter Tramm,
Dorotheenthal, 2335 Damp 1 (Schleswig-Holstein),
Tel. (0 43 52) 5103

Schleswig-Holstein

Der Weg kann lang sein, aber lohnend. Weit im Norden des heutigen Deutschlands siedelte einst der germanische Volksstamm der Angeln, erstmals von Tacitus im Jahre 98 n. Christus genannt. Der Stamm hatte große Mooropferplätze und ausgedehnte Urnenfriedhöfe hinterlassen, bis er im 5. Jh. ins Römische Reich abwanderte. Später gründeten sie gemeinsam mit den Sachsen und Jüten Königreiche in Britannien, wonach dieses als England bezeichnet wird. Die Angeln waren ein bewegter Menschenschlag, haben bedeutende Geschichte geschrieben, die eben dort begann, wo man heute seinen Urlaub verbringt. Besonders gut ist dieses Gebiet für Wassersportler geeignet, denen sich an den Küsten und Ufern der Förde, der Ostsee und der Schlei alle Möglichkeiten bieten. Von verschiedenen Orten geht Fährverkehr in die dänischen Gewässer und Hafenorte. Eine besondere Attraktion für Feriengäste ist der Schiffsverkehr schleiabwärts, wo so idyllische Städtchen wie Arnis und Kappeln die Blicke auf sich ziehen.

Landeinwärts liegen malerische Dörfer mit hübschen kleinen Kirchen und Einzelhöfe in der durch Knicks geteilten Acker- und Weidelandschaft. Vor 150 Jahren war dieses Flachland Moor und Heidegebiet, wovon Reste erhalten sind.

Familie Jörgensen hat sich für ihr Anwesen ein besonders schönes Fleckchen mit kürzestem Weg an den Ostseestrand ausgeguckt. Sie unterhält hier einen landwirtschaftlichen Vollerwerbsbetrieb. Im Wohnhaus werden einige Gästezimmer vermietet, welche auch als Ferienwohnungen dienen können. Zum Reiten stehen einige Shetlandponys für die kleinen Gäste unentgeltlich zur Verfügung. Ein großer Spaß ist es immer wieder, mit diesen treuen Vierbeinern am hellen Ostseestrand umherzustromern.

Empfehlenswerte Ausflugsziele:
Dänemark, Naturschutzgebiete Birk und Schleimünde, Schlei, Schleswig, Flensburg, Glücksburg.

Tip:
Frischfisch, Räucherfisch, Töpferwaren.

Anfahrt:

A 7 Schleswig – Flensburg, Abfahrt Schleswig – Schuby auf B 201 bis Kappeln, dann über B 199 nach Gelting, weiter auf Hauptstraße; nächste Bahnstation in Süderbarup (20 km), Busstation in Gelting (6 km), Gäste holt man auf Wunsch gern dort ab.

Ausstattung der Reitanlage:

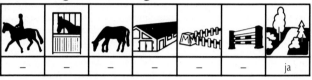

						ja

Familie Jörgensen betreibt keinen Reitbetrieb. Hier werden ausschließlich einige Shetlandponys unentgeltlich zum Reiten zur Verfügung gestellt, mit denen sich die kleinen Gäste gern beschäftigen. Auch eigene Pferde können hierher nicht mitgebracht werden.

Ausstattung der Pension:

Im Wohnhaus werden einige Gästezimmer vermietet, die auch zu zwei Ferienwohnungen mit 2 – 4 Schlafräumen, Wohnraum, Küche und Duschbad umfunktioniert werden können. ÜmF 22,00 DM, HP 38,00 DM, Ferienwohnung 60,00 DM für 3 Personen/Tag, jede weitere Person 20,00 DM, Nebenkosten für Endreinigung, Vermietung ganzjährig, sehr günstige Lage direkt an der Ostsee, Sandstrand ohne Kurtaxe.

Freizeitangebote am Haus:

Aufenthaltsraum, Liegewiese, Kinderspielplatz, Grillabende, Lagerfeuer.

Freizeitangebote in der Umgebung:

Schwimmen, Angeln, Surfen – Ostsee (500 m), Sauna 2 km, Sportplatz 6 km, Fitneßcenter, Tennis/Squash 10 km, Fähr- und Schiffsfahrten.

Hans-Henning Jörgensen,
Golsmaas, 2342 Postgelting (Schleswig-Holstein),
Tel. (0 46 43) 6 02

Schleswig-Holstein

Im Herzen Schleswig-Holsteins, zwischen Nord- und Ostsee, Hamburg und Kiel liegt die Reitschule Steenkamp in der dieser Gegend typischen Knicklandschaft. Die moderne Anlage und das ausgedehnte Reitwegenetz mit Vielseitigkeitsstrecke sind viele Möglichkeiten der Freizeitgestaltung mit dem Pferd. Ob jung, ob alt, Profi oder Amateur, jeder kann hier Ruhe und Erholung finden und sich seinen Ansprüchen gemäß im Sattel oder auf dem Kutschbock betätigen. Ein Berufsreiter, welcher ständig zur Verfügung steht, leitet auch die 14tägigen Lehrgänge zum Erhalt von Reiterabzeichen bzw. -paß. Die Reitschule unterhält ca. 15 ausgebildete Dressur- und Springpferde sowie Ponys und Kleinpferde für ihre Gäste. Ebenso willkommen sind die von zu Hause mitgebrachten Rösser, für die man leere Boxen bereithält. Ausgedehnte Weideflächen rings um die Anlage bieten den Pferden Entspannung und den Menschen Idylle. Für die Unterbringung und das leibliche Wohl von über 30 Gästen sorgt die Pension Steenkamp mit

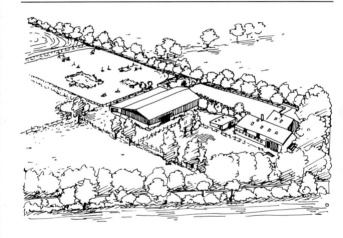

gemütlichen Zimmern, einem gut ausgestatteten Aufenthaltsraum, Liegewiese und ausgezeichneter Küche. Für die Kinder, welche sich ständig unter Aufsicht befinden, steht ein Spielplatz zur Verfügung. Und wer Geselligkeit sucht, kommt in der hauseigenen Reiterklause ganz bestimmt auf seine Kosten, wo die Berichte über schweißnasse Dressurstunden und erlebnisreiche Ausritte die Runde machen. Selbst wenn die Abende lang werden, der Wecker eines Reiters ist das Gewieher seines Pferdes, und das entgeht einem auf dem Steenkampschen Hof ganz gewiß nicht.

FN-anerkannter Reitstall

Empfehlenswerte Ausflugsziele:
Wildpark Eckholt (ca. 20 km), Karl-May-Festspiele in Bad Segeberg, Ost- und Nordsee und Stadtbesuche in Hamburg, Kiel und Lübeck.

Anfahrt:

B 4 — Abfahrt Bad Bramstedt auf die B 206 Richtung Itzehoe, von dort Abfahrt in Hitzhusen Richtung Hagen, Bus- und Bahnstation Bad Bramstedt (3 km), Gäste werden auf Wunsch vom Bahnhof bzw. Bus abgeholt.

Ausstattung der Reitanlage:

25 (10)	50 (12/8 DM)	10 DM	20 x 40 m	20 x 60 m (S)	90 x 100 m	20 km

Sehr ruhige Lage, modern und vielgestaltig, Reitbetrieb ganzjährig. Ausgebildete Dressur- und Springpferde, Ponys und Kleinpferde stehen zur Verfügung.

14tägige Lehrgänge 800,00 DM, Reiterferien für Kinder, Jugendliche und Erwachsene 260,00 bis 410,00 DM pro Woche bei VP und 1 bis 2 Reitstunden pro Tag. Einzelunterricht 25,00 DM pro Stunde, Gruppenunterricht 5,00 DM/Stunde, Unterstellung eines Pferdes mit Ausbildung für 1 Monat 450,00 DM. Tierarzt 10 km, Hufschmied 10 km, Sattler 3 km.

Ausstattung der Pension:

Modernes Haus, Vermietung ganzjährig, 10 Ez., 10 Dz., 2 Mz., Etagenbad/Dusche, ÜmF 18,00 DM, HP 25,00 DM, VP 30,00 DM, Kinderermäßigung 50 Prozent (bis 5 Jahre), hauseigene Küche, Küchenbenutzung möglich.

Freizeitangebote am Haus:

Aufenthaltsraum mit Tennisplatte, Kicker usw., Liegewiese, Kinderspielplatz, Reiterklause.

Freizeitangebote in der Umgebung:

Freibad 3 km, Hallenbad 5 km, Thermalbad 10 km, Kurort Bad Bramstedt bietet verschiedene Sportanlagen und Kulturzentren, Fluß mit Bademöglichkeit 10 km, See 50 km.

Paul Hacke,
Hauptstraße 58, 2357 Hagen (Schleswig-Holstein),
Tel. (0 41 92) 37 36

Schleswig-Holstein

K omfortable Ferienwohnungen mit Blick auf den See, Spaziergänge oder -ritte, die frische Meeresluft in vollen Zügen genießen — Urlaub auf dem Gestüt Hof am See! Dieser, von Familie von Barby unterhaltene landwirtschaftliche Betrieb, ist gleichzeitig auch Traber- und Warmblutgestüt. In der Ferienzeit werden den Urlaubern Boxen für Gastpferde und die Reithalle zur Verfügung gestellt. In Pension nimmt man vorrangig Traberpferde. Reitunterricht wird auf Wunsch nur den Kindern der Urlaubsgäste erteilt. Schulbetrieb läuft hier also nicht. Doch dafür hat diese Gegend ja auch genug zu bieten. Ein Ort, an dem sich Pferd und Reiter einfach nur entspannen sollten. Landschaftlich schöne Wander- und Fahrradwege führen vom Hof zum Timmendorfer Strand, nach Niendorf, zum Eulenpark und rund um den Hemmelsdorfer See, welcher zum Baden, Angeln und zum Betreiben verschiedener Wassersportanlagen geeignet ist. Wen es dann aus dieser ländlichen Abgeschiedenheit doch eher ans Meer zieht, der findet an

den feinkörnigen Stränden der Lübecker Bucht gewiß noch ein Plätzchen in netter Gesellschaft. Wo es im Sommer so heiß hergeht, weht natürlich einige Monate später ein rauheres Lüftchen, doch auch diese Landschaft hat ihre ganz besonderen Reize. Außerdem kann man es sich in den geschmackvoll gestalteten Ferienwohnungen gemütlich und kuschelig warm machen. Ganz harte Naturen brechen auf zum Ritt am Ufer der Ostsee, was von Oktober bis April möglich ist.

Empfehlenswerte Ausflugsziele:
Ostseestrand, Vogelpark am Hemmelsdorfer See, Hansaland, Lübeck, Eutin, Schiffsreisen auf der Ostsee.

Tip:
Fischspezialitäten (Aal) in umliegenden Restaurants.

Anfahrt:

A 1 von Hamburg – Lübeck, Richtung Norden, Abfahrt Ratekau auf Hauptstraße direkt nach Hemmelsdorf (ca. 6 km). Bus- und Bahnstationen Timmendorfer Strand, Gäste werden auf Wunsch abgeholt.

Ausstattung der Reitanlage:

–	90 (15 DM)	9 DM	20 x 40 m	30 x 50 m	–	ja

Moderner, landwirtschaftlicher Betrieb und Gestüt in ländlicher Abgeschiedenheit, unweit zum Ostseestrand in der Lübecker Bucht, kein Schulbetrieb, nur Kinder der Gäste werden auf Wunsch unterrichtet. Vorrangig hält man hier Traber als Pensionspferde. In Ferienzeiten stehen Boxen für die Pferde von Urlaubern zur Verfügung, Ausritte in die nächste Umgebung sind möglich, im Herbst und Winter auch am Ostseestrand. Tierarzt, Hufschmied 20 km, Sattler 7 km.

Ausstattung der Pension:

6 Ferienwohnungen in vier verschiedenen Wohnhäusern auf dem Hof, alle mit Blick auf den See, sehr komfortabel ausgestattet, teilweise mit Balkon, viel Holzverkleidung, Kinderzimmern, überall Bad und WC. Tagesmieten von 45,00 bis 90,00 DM, je nach Größe. Endreinigung jeweils 45,00 DM. Weiterhin zwei finnische Blockhäuser für 4 bis 6 Personen mit 3 Zimmern, 20 m² Holzterrasse, Farb-TV, Telefon, Schlafkoje im Dachstuhl, Küche, Duschbad und WC. Tagesmiete 130,00 DM. Und ein finnisches Blockhaus für vier Personen mit ähnlichem Komfort für 110,00 DM Tagesmiete. 20 bis 30 % Rabatt in der Nachsaison. Vermietung ganzjährig, Kurzurlaub möglich.

Freizeitangebote am Haus:

Fahrradverleih auf dem Hof, Kinderspielplatz, Liegewiese mit Stühlen, Haustiere können auf Anfrage mitgebracht werden, Hemmelsdorfer See grenzt direkt ans Grundstück, somit Wassersport und Spiel sowie Angeln möglich.

Freizeitangebote in der Umgebung:

Ostsee (Timmendorfer Strand) 2 km, Hallenbad 2 km, Thermalbad 7 km, Fitneßcenter, Tennis, Squash, Golf 2,5 km, Sauna 5 km, Sportplatz 1,5 km.

**Gestüt „Hof am See", Ehepaar von Barby,
Nothweg, 2408 Hemmelsdorf (Schleswig-Holstein),
Tel. (0 45 03) 34 29**

Schleswig-Holstein

Als eine der lieblichsten Landschaften Deutschlands bezeichnet man die zwischen Kieler und Lübecker Bucht gelegene Holsteinische Schweiz. Die von Buchenwäldern und schimmernden Wasserflächen geprägte Landschaft bietet viel Platz für Entspannungs- und Ruhesuchende. Diese Kriterien zur Urlaubsgestaltung hat Familie Marlie an erste Stelle gesetzt. Genau das möchte man seinen Gästen hier garantieren — einen Urlaub in freundlicher, abwechslungsreicher, aber vor allem ruhiger Umgebung. Ganz romantisch steht die Reiterpension eingebettet in die hügelige Landschaft der Holsteinischen Schweiz mit ihren Seen und Wäldern nur 4 km von der Ostsee entfernt. Alle Zimmer sind geräumig, einfach, aber ausgesprochen behaglich eingerichtet. Alle Gemeinschaftsräume widerspiegeln das Anliegen der Inhaber, ihren Gästen eine familiäre Atmosphäre zuteil werden zu lasssen, was jedoch nicht bindend ist. Erfahrungsgemäß ist das Kaminzimmer gerade abends ein Treffpunkt für Gäste und Inhaber — ein Ort zum Plaudern und Fachsimpeln bis tief in die Nacht hinein.

Gäste jeden Alters sind hier gern gesehen — das riesige Grundstück bietet gerade auch Kindern genug Abenteurervergnügen — egal ob Reiter oder Nichtreiter. Deswegen ist die Qualität als Reiterpension doch ausgesprochen hoch, was auch bei einem Test durch die große deutsche Fachzeitschrift „St. Georg" festgestellt wurde. Wolfgang Marlie verfügt über 30jährige Erfahrungen mit der Ausbildung von Reitern und Pferden und hat seine eigenen Methoden entwickelt, die Grundlagen der deutschen Reitlehre zu vermitteln. Oberstes Gebot ist bei ihm die Partnerschaft zwischen Mensch und Tier, ohne die kein Vertrauen und somit keine maximale Leistung erzielt werden können. Die Reitanlage, das gut ausgebaute Reitwegenetz sowie auch der Ostseestrand außerhalb der Badesaison bieten den Gästen viele Möglichkeiten, unvergeßliche Stunden auf dem Pferderücken zu erleben.

Auszeichnungen und Anerkennungen:
FN-Anerkennung als Reitstall „A".

Anfahrt:
A 1 Höhe der Lübecker Bucht, Abfahrt Scharbeutz; Bus- und Bahnstationen in Scharbeutz (4 km).

Ausstattung der Reitanlage:

12	10 (20 DM)	–	18 x 36 m	20 x 60 m (S)	–	ja

Parkähnliches, ca. 3 ha großes Grundstück am Waldrand mit viel Bewegungsraum für Reiter und Nichtreiter. Unterricht unter der Anleitung von Wolfgang Marlie — Anfänger bekommen solide Grundlagen vermittelt (gelöster Sitz mit Schenkel- und Gewichtshilfen bei langen Zügeln), Reiter mit eigenem Pferd können korrigiert und gefördert werden. Schulpferde sind hier ausgesprochen rittig. Das Reitwegenetz rund um Scharbeutz ist gut ausgebaut; außerhalb der Badesaison wird auch am Ostseestrand geritten. Teilnahme am Unterricht mit eigenem Pferd 11,00 DM, Einzelstunde 40,00 DM; Reitstunde auf schuleigenem Pferd in der Gruppe 18,00 DM, Einzelstunde 50,00 DM; 1/2 Stunde Reiten an der Longe 25,00 DM, 2stündiger Ausritt 36,00 DM. Kinderermäßigung bis 11 Jahre 20 – 50%.
Tierarzt 15 km, Hufschmied 20 km, Sattler 4 km.

Ausstattung der Pension:
Prächtiges, altes Gebäude, im Landhausstil eingerichtet, steht an einem Hang mitten im Grünen; ideal für Familien sowie auch Einzelurlauber, für die das Reiten und Reitenlernen im Vordergrund steht.
8 Einzelzimmer (5 mit Dusche), 10 Doppelzimmer (1 mit Balkon, 4 mit Dusche, 3 mit Bad); 5 Mehrbettzimmer (1 mit Balkon, 2 mit Dusche, 3 mit Bad); Zimmer mit Bad/WC oder Dusche/WC 65,00/68,00 DM, Zimmer mit Dusche ohne WC 60,00/63,00 DM; bei Zimmern ohne jeden Komfort kostenlose Bade- und Duschgelegenheit auf den Etagen — Zimmer 50,00/54,00 DM; HP 50,00 bis 63,00 DM, VP 54,00 bis 68,00 DM; Hunde und Katzen 5,00 DM/Tag. Kurzurlaub und Einzelübernachtung möglich, Vermietung vom 15. 2. bis 15. 1.

Freizeitangebote am Haus:
Kaminzimmer, Aufenthaltsraum, Liegewiese, attraktive Speiseräume, Kinderspielplatz.

Freizeitangebote in der Umgebung:
Hallen- und Freibad, See mit Bademöglichkeiten, Wassersport, Angeln, Sauna 1/2 km, 4 km bis an den Ostseestrand, Sportplatz 4 km.

Reiterpension Marlie,
Uhlenflucht 1 – 5,
2409 Scharbeutz-Klingberg (Schleswig-Holstein),
Tel. (0 45 24) 82 20

Schleswig-Holstein

Es war die Werbe-Idee eines Hoteliers, das außerordentlich reizvolle Flachland der Halbinsel Wagrien „Holsteinische Schweiz" zu nennen. Schweiz-Reisen waren im 19. Jahrhundert große Mode — irgendwie mußte dieser Trend auch in Holstein gewinnbringend ausgenutzt werden. Längst nun entstanden auch dort beliebte Zielorte für Erholungsuchende. Die einen zieht es ganz besonders an die weiten Sandstrände der ruhigen Ostsee, andere ergötzen sich an der Vielfalt des Binnenlandes mit der romantischen Seenplatte und dem großen Waldbestand. Nicht nur der Hochsommer ist hier attraktiv. Blühende Rapsfelder im Frühjahr und das farbenfreudige Laub des Herbstes prägen das Landschaftsbild in der Vor- und Nachsaison. So erlebt man es auch in Malente als Gast auf dem „Hof Bast". Ob mit Zug, Bus oder Wagen, man erreicht diesen Ort sehr gut. Ebenso günstig sind die Entfernungen und Verbindungen zu Städten wie Kiel, Lübeck, Neumünster, Hamburg u. a. Doch wer will schon wieder verreisen, wenn er

sich gerade erst bei Familie Graage wohl fühlt? Das kann man wohl auf ihrem großen, voll bewirtschafteten Bauernhof. Dieser ist schon über zwei Jahrhunderte im Familienbesitz und hat eine unheimlich gemütliche Atmosphäre. Gästezimmer und Ferienwohnungen sind modern und komfortabel eingerichtet, was die urige Atmosphäre nicht schmälert. Kaminzimmer und Diele haben ihren Stil behalten. Das tägliche Büfett ist sehr reichhaltig mit vielen Delikatessen aus eigener Schlachterei und Räucherei bestückt. Auf die Reitinteressenten warten Holsteiner Schulpferde, Ponys und ein Haflinger, auf denen man sein Können vermehren und die reizvolle Gegend erkunden kann.

Anfahrt:
A 1 Abfahrt Eutin auf B 76 bis Eutin, dann auf Hauptstraße nach Malente, Bahnstation in Gremsmühlen (1 km), Busstation 500 m, von der Bahn holt man Gäste auf Wunsch gern ab.

Empfehlenswerte Ausflugsziele:
Naturpark Holsteinische Schweiz mit einzigartiger Seenplatte, Schloß Eutin, Schloß Plön, Bungsberg, Ostseeküste, Festspiele Eutin und in Bad Segeberg (Karl May), Städte wie Lübeck, Kiel, Neumünster, Hamburg, Wildpark Hansaland.

Tip:
Katenschinken, Katenmettwurst, Fischgerichte, Fissauer Fährhaus, Forsthaus Ukleisee.

Ausstattung der Reitanlage:

ja (ja)	16 (14 DM)	evtl.	20 x 40 m	20 x 60 m (S)	–	20 km

Großer, alter Hof mit 200 Morgen landwirtschaftlicher Nutzfläche in der reizvollen Gegend der Holsteinischen Schweiz. Reitunterricht für Anfänger und Fortgeschrittene, Ausreitgelände direkt am Hof, eigene Pferde können am Unterricht teilnehmen, Weidefläche steht nur teilweise zur Verfügung, Reitstunde 15,00 DM, eineinhalbstündige Ausritte 18,00 DM. Reiterferien für Kinder ab 10 Jahre.
Tierarzt, Hufschmied und Sattler 4 km.

Ausstattung der Pension:

Moderne, geräumige Gästezimmer und neue Ferienwohnungen im Haupthaus und 50 m entfernten denkmalgeschützten Gebäude, gediegene Atmosphäre, 5 Einzel-, 8 Zweibett- und 4 Mehrbettzimmer, teilweise mit Balkon, Dusche, Bad, sonst Sanitäranlagen auf der Etage. ÜmF 29,00 DM bis 40,00 DM, HP 43,00 bis 54,00 DM, VP 49,00 bis 60,00 DM. 7 Ferienwohnungen für 4 bis 6 Personen, 1 – 2 Schlafräume, 1 Wohn-Schlaf-Raum, Küche, Dusche, z. T. Terrasse, Liegewiese; Kosten für 4 Personen 75,00 bis 85,00 DM/Tag, jede weitere Person 5,00 DM/Tag. Ermäßigung in Vor- und Nachsaison 10 %, Endreinigung 40,00 DM, Kurzurlaub möglich, bei Gästezimmern Einzelübernachtung möglich, Gästezimmer von März bis November, Ferienwohnungen ganzjährig zu mieten. Hunde können auf Anfrage mitgebracht werden, Nahrungsmittel aus eigener Produktion im Angebot.

Freizeitangebote am Haus:

Sauna, Sonnenbank, Fitneßraum, 4 Aufenthaltsräume, Liegewiese, Kinderspielplatz, Wald direkt am Hof.

Freizeitangebote in der Umgebung:

Freibad, See mit Bademöglichkeiten (Kellersee), Wassersport, Angeln 1 km, Hallenbad 350 m, Sportplatz 200 m, Tennis/Squash 350 m, Golf 20 km, Thermalbad 15 km, Fünf-Seen-Fahrt, Ostseefahrt.

„Hof Bast", Inh. Familie Graage,
2427 Malente-Gremsmühlen (Schleswig-Holstein),
Tel. (0 45 23) 33 36

Schleswig-Holstein

Reif für die Insel? Da gibt es ein lohnendes Ziel. Ganz romantisch, weit in die Ostsee reichend, liegt sie da – die Insel Fehmarn, das Domizil vieler Erholungssuchender jährlich. Doch keine Bedenken! Mit der beachtlichen Größe von 185 km² kann dieses Stück Land schon einen ganzen Teil Gäste aufnehmen. Und für alle gibt es nur eine Straße, die einzige Verbindung mit dem Festland – die Fehmarnsundbrücke. Die Küste der Ostsee ist im Gegensatz zu den waldlosen Marschenlandschaften an der Nordsee vielfach schön bewaldet. Auch gibt es hier kaum merkliche Gezeiten (Ebbe und Flut), so daß das Leben an den Stränden ruhig ist und das Sonnenbaden, Strandwandern und Schwimmen bis weit in den Abend hinein bedenkenlos ausgedehnt werden kann. Ebenso ist es bei Familie Schimpf auf Nico's Inselponyhof möglich, den Tag so richtig auszukosten. Dort warten etwa 30 Ponys verschiedener Rassen (Stockmaß bis 1,60 m) auf reitbegeisterte Ferienkinder und Urlauber. Da kann jeder in den Sattel stei-

gen. Selbst kleine, ungeübte Kinder finden hier das geeignete Pony, auf dem sie ihre ersten Reiterlebnisse haben können. Familie Schimpf ist sehr bemüht, den Wünschen der Gäste gerecht zu werden, und gestaltet die Ausritte dementsprechend. Wer also Bedenken hat, in den schnelleren Gangarten ungewollt dem Sattel zu entgleiten, kann auch einen entspannenden Ausritt im Schrittempo machen. Im herrlichen, alten Bauernhaus stehen drei neu gebaute, gemütliche Ferienwohnungen zur Verfügung.

Empfehlenswerte Ausflugsziele:
Vogelparadies Wallnau, Hansaland Sierksdorf, Mühlenmuseum Lemkenhafen, Fährbahnhof Puttgarden.

Tip:
Kunstkeramik in der Ausstellung und zum Verkauf, Fischspezialitäten wie Aal, Butt und Hering.

Anfahrt:

A 1 bis Oldenburg in Holstein, dann B 207 über Fehmarnsundbrücke bis Landkirchen, über Petersdorf nach Gollendorf; nächste Bahnstation in Puttgarden (18 km), Busstation in Petersdorf (3 km), von der Bahn werden Gäste gern abgeholt.

Ausstattung der Reitanlage:

30	2 (23 DM)	–	15 x 24 m	15 x 30 m	–	ja

Recht junger Pony- und Ferienhof auf der beliebten Ostseeinsel Fehmarn. Ansprüche und Fähigkeiten der Gäste werden beim Reiten stark berücksichtigt. Pferdebestand umfaßt Shetlandponys, deutsche Reitponys und Pintos, welche geländesicher und für Anfänger geeignet sind. Ponyreiten für Kinder, Anfängerunterricht, kurze oder lange Ausritte mit und ohne Galopp, Strandritte, Reitstunde 14,00 bis 17,00 DM, Ausritte mit ortskundiger Begleitung 10,00 bis 15,00 DM/Stunde, Kutschfahrt für 4 Personen 25,00 DM/Stunde. Sandplatz als Auslauf. Tierarzt und Hufschmied 10 km, Sattler 30 km.

Ausstattung der Pension:

Drei neu gebaute, gemütliche Ferienwohnungen für 2 bis 6 Personen im Bauernhaus, jeweils ca. 60 m², wobei Wohn- und Schlafraum jeweils entweder kombiniert oder getrennt sind; jeweils separates Kinderzimmer, Kochnische, Dusche/WC, Zentralheizung, Farbfernseher; einmal Terrasse, ein Doppelzimmer kann nur zusätzlich angemietet werden. Mietpreise in Hauptsaison 80,00 bis 105,00 DM, in Vor- und Nachsaison 55,00 bis 80,00 DM; Doppelzimmer 18,00 bis 20,00 DM; Endreinigung 40,00 DM; Bettwäsche und Handtücher werden nicht gestellt. Vermietung ganzjährig, Kurzurlaub möglich, kleine Haustiere dürfen auf Anfrage mitgebracht werden.

Freizeitangebote am Haus:

„Streichelzoo", Gartenbenutzung als Liegewiese, Kinderspielplatz, Grillplatz, event. Segeln auf einer Jacht.

Freizeitangebote in der Umgebung:

Ostseestrand 2 – 3 km, dort Schwimmen, Wassersport; Sportplatz, Angeln 3 km, Hallenbad, Golfplatz 15 km, Sauna, Tennis/Squash 6 km, Fitneßcenter 10 km, gute Wander- und Radfahrwege.

Nico's Inselponyhof, Nicola und Holger Schimpf,
Hof 6, 2449 Gollendorf (Schleswig-Holstein),
Tel. (0 43 72) 13 98

Hannover und Oldenburg

Verband
Hannoverscher
Warmblutzüchter e.V.

Verband der
Züchter des
Oldenburger Pferdes

Mit mehr als 15 000 in das Zuchtbuch eingetragenen Stuten und über 300 Hengsten ist Hannover heute mit Abstand das zahlenmäßig führende Zuchtgebiet Deutschlands. Das hannoversche Blut fließt in den Adern vieler Zucht- und Sportpferde bundes- und auch weltweit. Von größtem Einfluß auf diese Entwicklung war und ist das 1735 gegründete Landgestüt Celle, die 1927 gegründete Hengstprüfungsanstalt Adelheidsdorf (ehemals in Westercelle) sowie das Hengstaufzuchtgestüt in Hunnesrück. Die auf diese Weise organisierte Zucht und Selektion bringt in einem fort Leistungspferde hervor, deren Ruf weit über die Grenzen des Landes schallt und internationales Publikum zu den jährlichen Auktionen nach Verden an der Aller lockt, wo sich auch die Reit- und Fahrschule befindet.

Innerhalb Niedersachsens liegt auch das Land Oldenburg, in dem durch seine natürlichen Voraussetzungen und stete Begünstigungen durch seine Landesherren eine bedeutende Pferdezucht entstand, die schon im frühen 17. Jahrhundert die erste Blütezeit hatte. Nach dem Zweiten Weltkrieg wurde der Oldenburger in ganz Europa in seiner ursprünglichen Form erhalten, der Umzüchtungsprozeß setzte erst sehr spät ein, wodurch ein sehr massiver Einsatz von Vollbluthengsten stattfand. So vereint das moderne Oldenburger Sportpferd heute beste Blutströme deutscher und französischer Reitpferdezuchten. Auktionsort und Sitz des Verkaufszentrums befinden sich in Vechta.

Niedersachsen

Ein violetter Blütenteppich solchen Ausmaßes ist wohl einmalig in Europa. 730 000 ha umfaßt das Gebiet der Lüneburger Heide, wobei niemals eine Eintönigkeit beim Durchqueren dieser Landschaft festzustellen ist. Ausgedehnte Heideflächen sind leider auch nur noch vereinzelt anzutreffen, dennoch sind sie von beeindruckender Größe. Menschenhand veränderte dieses durch die letzte Eiszeit geprägte Gebiet, wo sich Eichen-Birken-Mischwälder auf den Sandböden und Eichen-Hainbuchen-Wälder auf besseren Böden befanden. Sie wurden Opfer des Schiff- und Städtebaus im späten Mittelalter, worauf sich eine riesige Heidefläche bildete. Diese wiederum wurde dann zerschnitten und verdrängt durch Wiederaufforstungen um die Jahrhundertwende mit Birken, Ebereschen, Kiefern, Fichten, die das Landschaftsbild auch heute noch vorrangig ausmachen. Glasklare Bäche haben sich dazwischen ihre Läufe gesucht, kleine Waldseen gebildet und Moore erhalten. Das ist es also, was den Besucher dieser Gegend

erwartet. Endlose Heide- und Waldwege, die für Wanderer ebenso geeignet sind wie für Reiter und Radfahrer, durchziehen das von der Elbe im Norden und von der Aller im Süden begrenzte Gebiet.

Die Gäste des Landhauses „Augustenhöh" werden für ihren Besuch außerdem mit hervorragender Wohnqualität belohnt. Urgemütlich ist dieses mittlerweile unter Denkmalschutz stehende erhabene Gebäude. Eine komplette Reitanlage und ein Reitlehrer stehen zur Verfügung, Pferde müssen allerdings mitgebracht werden.

Auszeichnungen und Anerkennungen:
FN-anerkannter Reitstall

Freizeitangebote in der Umgebung:
Freibad, Tennis/Squash, See mit Bademöglichkeiten, Wassersport, Sauna, Sportplatz 2 km; Angeln 8 km, Golf und Hallenbad 12 km.

Empfehlenswerte Ausflugsziele:
Wildpark Niendorf, Jesteburg, viele kleine sehenswerte Dörfer ringsum, die Vielfalt der Heidelandschaft, Soltau, Hamburg.

Tip:
Buchweizentorte, Heidschnuckengerichte; Heidegestecke.

Anfahrt:

A 7 zwischen Horster Dreieck und Soltau-Ost, Abfahrt Garlstorf, weiter auf Landstraße; nächste Bahnstation in Buchholz (12 km), Bus hält im Ort (2 km), Gäste holt man gern ab.

Ausstattung der Reiteranlage:

–	20 (20 DM)	20	16 x 32 m	20 x 40 m	30 x 50 m	unbegrenzt

Dieser Reitstall bietet beste Möglichkeiten, einen erholsamen, aber auch effektiven Urlaub im Sattel zu erleben, denn alle Voraussetzungen dazu sind gegeben. Nur stellt man hier keine Pferde zur Verfügung, sondern bietet den Gästen das Mitbringen eigener Vierbeiner an. Zur Unterrichtserteilung steht ein Reitlehrer zur Verfügung. Reitstunde 25,00 DM, Ausritte ohne ortskundige Begleitung.
Tierarzt 2 km, Hufschmied und Sattler 8 km.

Ausstattung der Pension:

Sehr schönes, gepflegtes, altes Gästehaus mit urgemütlicher Innenausstattung. 3 Einzel-, 10 Doppel- und 1 Mehrbettzimmer, alle mit Dusche und WC, zentralbeheizt. ÜmF 45,00 bis 50,00 DM, Kinder bis 10 Jahre 10,00 bis 22,00 DM. Vermietung vom 1. März bis 31. Oktober, Kurzurlaub möglich, Küchenbenutzung, kleinere Haustiere dürfen mitgebracht werden (nach Absprache).

Freizeitangebote am Haus:

Liegewiese, Kinderspielplatz, Aufenthaltsraum, Fahrradverleih.

Landhaus „Augustenhöh", Pension Garni,
Inh. Liesgret Nass-Struck,
Am Steinberg 77, 2116 Hanstedt (Niedersachsen),
Tel. (0 41 84) 3 23

Niedersachsen

In der Göhrde, einst Schauplatz großer kaiserlicher Hofjagden, mag es etwas stiller geworden sein. Heute existiert hier ein Staatsforst, gelegen am Rande des Naturparks Elbufer-Drawehn. Das sind sicher keine Begriffe, keine Gegend, die man mindestens vom Hören kennt. Aber wen verwundert das schon, hier ging es ja auch nicht weiter. Da fließt die Elbe, und sie war gleichzeitig unüberwindbarer Grenzstreifen zu Ostdeutschland. Also gab es hier auch keinen Durchgangsverkehr. Doch deswegen war diese faszinierende Landschaft nicht tot, man lebte hier nur etwas ruhiger. Vielleicht ändert sich das ja, wo es nun auch in östliche Richtung weitergeht. Gerade für Naturfreunde werden doch solche Gegenden jetzt interessant, in denen sich Jahrzehnte ungestört wertvolle Biotope entwickeln konnten. Wer die Weite liebt, ist hier am rechten Ort. Soweit das Auge reicht — saftig grüne Elbauen. Für Reiter und Pferd kann es kaum ein größeres Vergnügen geben, als hier entlangzugaloppieren. Aber das ist noch nicht der gan-

ze Genuß. Immerhin gehört Barskamp zur Lüneburger Heide und hat auch dementsprechende Prägung — nicht nur Ebenen und nicht nur Wiesen, auch hügelige Landschaften und viel Wald findet man hier vor. Für Naturfreunde ein wahrhaftes Paradies. Dort also hat Familie Göttert ihr Reiterdomizil errichtet, wo Sie einige geländegängige Warmblüter erwarten, die ebenfalls in der Dressur und im Springen ausgebildet sind. Also — ob Anfänger oder Könner — auf nach Barskamp!

Auch muß man nicht durchweg in die Natur vernarrt sein. Die liebenswerte, tausendjährige Salzstadt Lüneburg mit ihrer überaus interessanten Geschichte ist für Autofahrer keine Entfernung.

Empfehlenswerte Ausflugsziele:
Tierpark Hitzacker, altes Grenzgebiet der DDR, Hünengräber, Lüneburg.

Tip:
Besonderes Spezialitäten dieser Gegend sind Spargel, Heidschnukken, Aale, Forellen.

Anfahrt:

Über Lüneburg, dann z. B. über B 216 nach Dahlenburg (Richtung Dannenberg), dort auf Hauptstraße direkt nach Barskamp. Nächste Bahnstation in Lüneburg (25 km), Busstation in Barskamp — Gäste holt man gern von den Stationen ab.

Ausstattung der Reitanlage:

12	8 (18 DM)	ja	15 x 30 m	20 x 40 m (S)	20 x 40 m	ja

Rings um das sehr gepflegte, kleine Dorf Barskamp befinden sich die Breetzer Berge mit sehr abwechslungsreichem Gelände und ausgedehnten Waldgebieten. Auf der Göttertschen Anlage läßt sich aber auch viel anfangen. Unterricht wird für Anfänger und Fortgeschrittene abgehalten. Auf diesem Gebiet gibt es sogar schon große Erfolge vorzuweisen: Zweimal Deutsche Juniorenmeisterin, zweimal Kölner Stadtmeisterin. Einfache Reitstunde 15,00 DM, Springstunde 40,00 DM, mehrstündige Aus- und Wanderritte jeweils 18,00 DM/Stunde, Kutschfahrt über 2 Stunden 10,00 DM/Person und Stunde. Auch Fahrstunden werden gegeben. Gastpferde werden gern aufgenommen. Tierarzt 8 km, Hufschmied 18 km, Sattler 200 m.

Ausstattung der Pension:

Behagliche, im Bauernstil eingerichtete Zimmer, urgemütliches Reiterstübchen und vor der Tür Lagerfeuerromantik. Das alles in einem typisch norddeutschen Backsteinbau. 6 Einzelzimmer (3 mit Dusche, 1 mit Bad), 12 Doppelzimmer (5 mit Dusche, 1 mit Bad), 2 Mehrbettzimmer mit Dusche, sonst alles Notwendige auf der Etage, Zentralheizung. HP 42,00 bis 54,00 DM, VP nur für Kinder 50,00 DM. Vermietung ganzjährig, Kurzurlaub und Einzelübernachtung möglich. Nahrungsmittel z. T. aus eigener Produktion. Für Kinder bis 10 Jahre Ermäßigung 20 – 40 %.

Freizeitangebote am Haus:

Aufenthaltsraum, Liegewiese, Kinderspielplatz, Fahrradverleih. Hunde und andere kleine Haustiere dürfen auf Anfrage mitgebracht werden.

Freizeitangebote in der Umgebung:

Freibad 2 km, Tennis/Squash 3 km, Angeln 4 km, Sportplatz 400 m, See mit Bademöglichkeit und Wassersport 8 km, Sauna 8 km.

„Reiterhof Göttert", Inh.: Gerhard und Sigrid Göttert,
Am Berge 6,
2122 Bleckede-Barskamp (Niedersachsen),
Tel. (0 58 54) 3 26

Niedersachsen

In der westlichen Region eines der begehrtesten Reitgebiete Deutschlands – der Lüneburger Heide – lädt das Ehepaar Krüll zum Urlaub auf ihrem Lühmannshof ein. Dort stehen den Gästen ein Warmblutpferd, einige Haflinger und Reitponys zur Verfügung, auf denen sie von einem Bereiter (FN) unterrichtet werden können und welche auch geländesicher sind. Und an Reitwegen mangelt es ja in diesem Gebiet gewiß nicht, sie sind hier schier unbegrenzt. Direkt am Hof wurde ein 20 x 40-m-Dressurviereck mit Flutlichtanlage geschaffen. Der Weg zur Reithalle mit großem Außenplatz im Ort ist nur 500 m lang. Eigene Groß- und Kleinpferde sind bei Familie Krüll herzlich willkommen. Für sie stehen Boxen und genügend Weideflächen mit massiver Holzumzäunung bereit.

Der Lühmannshof ist ein Grünlandbetrieb mit eigener Pferdezucht und -haltung, man findet in den Stallungen weiterhin Rinder, Schafe, Geflügel und sonstiges Keinvieh. Somit ist die Urlaubsidylle fast per-

fekt. Es fehlt nur noch das Plätzchen für die Urlauber. Und da wird eine Ferienwohnung angeboten, die bis zu 6 Personen beherbergen kann, über 2 Schlafräume, 1 Wohn-/Schlafraum, eine große Küche mit Eßplatz sowie Bad mit WC und Dusche verfügt.

Der Ort Hemslingen hat mit seiner abgeschiedenen Lage am Rande der Wümmeniederung doch hervorragende Verbindungen bzw. günstige Entfernungen zu größeren interessanten Ortschaften und Städten, wie Schneverdingen, Rotenburg (Wümme), Soltau, Bremen und Hamburg.

Tip:
Heidschnucken und Wildessen; Heidekörbe, Töpferwaren.

Niedersachsen

Anfahrt:
A 7, Abfahrt bei Soltau auf B 71 Richtung Rotenburg (Wümme), direkt nach Hemslingen; nächste Bahnstationen in Rotenburg (Wümme) (15 km) oder Soltau (25 km), Bus hält in Söhlingen (300 m); überall dort holt man Gäste auf Wunsch ab.

Ausstattung der Reitanlage:

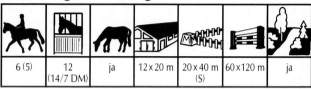

6 (5)	12 (14/7 DM)	ja	12 x 20 m	20 x 40 m (S)	60 x 120 m	ja

Boxen und das Sandviereck mit Flutlichtanlage befinden sich auf dem Lühmannshof. Reithalle und großer Außenplatz befinden sich im Ort in ca. 500 m Entfernung. Den Gästen stehen neben einem gut ausgebildeten Warmblutpferd einige Haflinger und Reitponys zur Verfügung. Das Reitgelände ist unbegrenzt und ideal. Weidegang für eigene Pferde nach Absprache. Ermäßigung für Kinder bis 16. Lebensjahr. Preise für 45 Minuten Einzelunterricht: auf eigenem Pferd 15,00 DM, auf Schulpferd 20,00 DM Erwachsene, 15,00 DM Kinder; bei Gruppenunterricht wird Preis auf Teilnehmer aufgeteilt + 5,00 DM auf Schulpferd. ½ Longenstunde 15,00 DM Erwachsene, 10,00 DM Kinder. Tierarzt 3 km, Hufschmied 1 km, Sattler 22 km.

Ausstattung der Pension:
Es wird 1 Ferienwohnung für max. 6 Personen mit 2 Schlafräumen, 1 Schlaf-/Wohnraum, großer Küche mit Eßecke, Bad mit WC und Dusche, Terrasse, Liegewiese angeboten. Preis für 2 Personen 50,00 DM/Tag, jede weitere Person 5,00 DM/Tag. Offener Kamin im Wohnzimmer. Vermietung ganzjährig, Einzelübernachtung und Kurzurlaub möglich; Hunde und andere Haustiere dürfen auf Anfrage mitgebracht werden, Verkauf von Nahrungsmitteln aus eigener Produktion.

Freizeitangebote am Hof:
Liegewiese, Kinderspielplatz, Terrasse, Kutschfahrten.

Freizeitangebote in der Umgebung:
Freibad 200 m, Sauna 2 km, Hallenbad, Badesee, Wassersport, Tennis/Squash 12 bis 16 km, Fußballplatz 300 m, Angeln im Ort, Golf 25 km.

Empfehlenswerte Ausflugsziele:
Rotenburg (Wümme), Vogelpark Walsrode, Wildpark Hodenhagen, Heidepark Soltau, Heideblütenfest in Schneverdingen, Moore und Heidelandschaften der Umgebung.

Lühmannshof, Inh. Sabine und Joachim Krüll,
Schulstraße 33, 2725 Hemslingen (Niedersachsen)
Tel. (0 42 66) 84 31

Niedersachsen

Auf einem geschmackvoll gestalteten Grundstück erblickt der Besucher die hübsche Fassade eines typisch norddeutschen Bauernhauses. Backsteinbau — wie er hier sehr häufig anzutreffen ist. Solche Häuser prägen das eindrucksvolle Bauernland zwischen Elbe und Weser, welches recht dünn besiedelt und deswegen zur Erholung bestens geeignet ist. Die Küstennähe läßt frische Seeluft ins Land streichen, darum sollte man sich auf etwas rauhes Wetter ruhig einstellen.

Auf dem Reiterhof Fuest steht das Reiten auch wirklich im Vordergrund. Die Gegend hier, welche man als Cuxland bezeichnet, ist eine leicht hügelige Landschaft mit viel Wald — ideal zum Ausreiten. Da werden auf Anfrage sogar Mehrtagestouren entlang der Nordseeküste mit Wattritt zur Insel Neuwerk durchgeführt. Dazu muß man allerdings schon etwas geübt sein. Für absolute Neueinsteiger gibt es die ersten Reitstunden in der Bahn. Turniereinsteiger und Fortgeschrittene können sich mit ihrem eigenen, mitgebrachten Pferd von einem FN-

Reitlehrer unterrichten lassen. Der Pferdebestand auf dem Reiterhof Fuest umfaßt Araber, liebenswerte Sheties sowie Warmblüter hannoverscher Abstammung. Mit diesem Angebot an Vierbeinern ist Familie Fuest auf Urlauber jeder Altersstufe und Reitbegabung recht gut eingestellt.

Auch in der Pension versucht man, den Ansprüchen der Gäste möglichst gerecht zu werden. Alle Zimmer und die zur Verfügung stehende Ferienwohnung sind mit Dusche und WC ausgestattet. Die Gasträume sind sehr gemütlich eingerichtet. Sehr erfrischend ist ein Sprung in das hauseigene Hallenbad, die Benutzung der Sauna oder des Solariums.

Anfahrt:
A 27 Abfahrt Bremerhaven-Geestemünde auf Hauptstraße Richtung Bederkesa nach Kührstedt; nächste Bahnstation Bremerhaven (19 km), Busstation in Kührstedt (100 m). Gäste werden aus Bremerhaven auf Wunsch abgeholt.

Tip:
Fischspezialitäten frisch aus dem Meer in vielen Restaurants ringsum.

Ausstattung der Reitanlage:

Mitten im leicht hügeligen Cuxland gelegener Hof mit großzügigem Grundstück.

9 (4)	11 (15 DM)	20 x 40 m	–	35 x 50 m	ja

Der Pferdebestand umfaßt Araber, Hannoveraner, Shetlandponys. Alle Reitangebote beziehen sich auf eine Zeiteinheit von 45 Minuten. Reiten in der Bahn 10,00 DM, Reitunterricht 15,00 DM, Ausritt nur mit Führer 12,00 DM, ½ Stunde an der Longe 15,00 DM; für alles gibt es 10er-Karten, die preisgünstiger sind. Auch werden Lehrgänge durchgeführt, aber ausschließlich auf eigenen, mitgebrachten Pferden. 1 Woche Lehrgang 280,00 DM, ½ Stunde Einzelunterweisung durch FN-Reitlehrer 30,00 DM, ½ Stunde Beritt 30,00 DM, Reiterpaß und -abzeichen möglich, Prüfungsgebühren 40,00 DM. Kutschfahrten ab 8 Personen 8,00 DM/Person für ¾ Stunde.
Tierarzt 4 km, Hufschmied 20 km, Sattler 10 km.

Ausstattung der Pension:

Sehr schönes, für diese Landschaft typisches Bauernhaus. Innenausstattung teilweise in altem Stil. 5 Einzel-, 3 Doppel- und 4 Mehrbettzimmer, alle mit Dusche und WC. ÜmF 35,00 bis 47,00 DM, HP 52,00 bis 70,00 DM, Kinderermäßigung nach Absprache. Eine Ferienwohnung mit Wohn- und Schlafraum sowie Kochecke für 2 Erwachsene/2 Kinder für 60,00 DM/Tag. Vermietung ganzjährig, Kurzurlaub und Einzelübernachtung möglich. Geeignet für Seminare und Tagungen.

Freizeitangebote am Haus:

Aufenthaltsraum, Liegewiese, Terrasse, Hunde u. a. Haustiere dürfen auf Anfrage mitgebracht werden. Kutschfahrt oder Wattritt zur Insel Neuwerk.

Freizeitangebote in der Umgebung:

Freibad, Wassersport, Angeln, Fitneßcenter, Tennis/Squash 6 km; Sportplatz 500 m, Wandern (Wattenmeer).

Empfehlenswerte Ausflugsziele:

Bremerhaven mit dem größten Fischereihafen des Kontinents und dem Deutschen Schiffahrtsmuseum; Bremen, Hamburg, Cuxhaven, Malerdorf Worpswede.

„Reiterhof Fuest", Inh. Johanna Fuest,
Dorfstraße 16, 2852 Kührstedt (Niedersachsen),
Tel. (0 47 08) 6 91, Fax (0 47 08) 13 54

Niedersachsen

Ganz abseits der großen Straßen zwischen Mooren, Seen, Kanälen, Wiesen und Wäldern liegt das Moorheilbad Bederkesa am See. Das Moor — eine uralte Naturlandschaft mit Birken, Heide, Sonnentau und typischen Wassergräsern — ist Anziehungspunkt für Freunde eines intakten biologischen Systems, Erholungsuchende und Erholungsbedürftige sowie in großem Maße auch für wirklich kranke Menschen. Als natürliches Heilmittel hat sich das Moor schon bei vielerlei Krankheiten bewährt, und hier in Bederkesa gibt es modernste Therapieverfahren auf dieser Basis. Ein Aufenthalt hier kann zur Intensivkur gestaltet werden, doch Bederkesa bietet noch viel mehr. Bei der Vielzahl sportlicher Einrichtungen kann man selber sehr aktiv werden und dabei die gesunde, klare Luft der Wälder und der nahen Nordsee atmen. Da reicht oft schon ein Spaziergang oder eine Fahrradtour durch diese flache und reizvolle Gegend, wobei es immer wieder Neues zu entdecken gibt. Bederkesa ist nämlich auch ein uraltes Kulturland mit

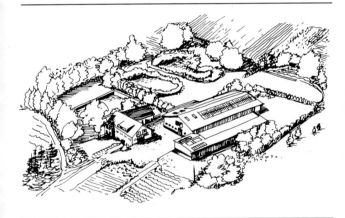

Großsteingräbern, alten Kirchen, Wasser- und Windmühlen, einer Burg, die heute als kultureller Mittelpunkt des Ortes gilt.

Herr Dr. Klingeberg wußte wohl, daß er gut daran tut, sich hier niederzulassen und mit seinem Rehabilitationszentrum dem vielseitigen Angebot des Ortes eine Abrundung verschafft. Auf seinem Gestüt werden hannoversche Warmblutpferde gezüchtet und ausgebildet zu Therapiezwecken (spezielle Zucht mit eigenem Brandzeichen) sowie in klassischer Reitkunst. Der Reitunterricht verläuft unter Anleitung sowohl für Therapiebedürftige als auch für andere Gäste. Dressur- und Springstunden sowie Ausritte in die herrliche Umgebung kann man hier (auch mit dem eigenen Pferd) in Anspruch nehmen. Die Reitanlage bietet viele Möglichkeiten. Im „Haus am Mühlenberg", einer hübschen Pension mit großem Schwimmbad, Sauna, Liegewiesen und Fischteichen auf dem Grundstück, bringt Dr. Klingeberg seine Gäste unter.

Anfahrt:

A 27 hinter Bremerhaven, Abfahrt Debstedt auf Hauptstraße nach Bederkesa (12 km); Bahnstation in Bremerhaven (23 km); Bus hält in Bederkesa-Neumarkt (1 km), von wo aus man Gäste gern abholt.

Ausstattung der Reitanlage:

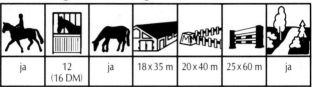

ja	12 (16 DM)	ja	18 x 35 m	20 x 40 m	25 x 60 m	ja

Von Feldern, Wald und Wiesen umgebene, gepflegte Anlage mit eigener Pferdezucht (Spezialzucht von Therapiepferden); herkömmlicher Unterricht. Eine überdachte Führmaschine und ein Longierring bieten weitere Bewegungsmöglichkeiten. Interessierte Gäste können an Ausritten teilnehmen. Reitstunde in der Gruppe 13,00 DM, einzeln 18,00 DM. Ausritte je nach Dauer und Beteiligung 20,00 bis 40,00 DM. Kinderermäßigung bis 14 Jahre 20 – 40%.
Tierarzt, Hufschmied und Sattler in 14 bis 25 km Entfernung.

Ausstattung der Pension:

Das „Haus am Mühlenberg" liegt direkt auf dem Gelände der Anlage, verfügt also über die gleichen Vorzüge der Umgebung. 1 Einzelzimmer mit Bad, 5 Doppelzimmer (4 mit Balkon, 3 mit Bad), sonst Notwendiges auf der Etage. Mindestaufenthaltsdauer drei Nächte. ÜmF für Einzelzimmer (ohne/mit Komfort) 29,00 bis 45,00 DM, Doppelzimmer (ohne/mit Komfort) 51,00 bis 68,00 DM. Benutzung von Sauna und großem Schwimmbad sind kostenlos. Kinderermäßigung 20 – 40%; Vermietung ganzjährig. Hunde pro Tag 5,00 DM.

Freizeitangebote am Haus:

Sauna, Schwimmbecken (ungechlort), Liegewiesen, Aufenthaltsraum.

Freizeitangebote in der Umgebung:

Hallenbad 1 km, Wassersport 800 m, Sportplatz 400 m, Angeln 600 m, Fitneßcenter, Tennis/Squash 1,2 km, Radfahren.

Empfehlenswerte Ausflugsziele:

Umliegende Seengebiete, Bederkesa als Kulturzentrum, Bremerhaven, Cuxhaven, interessante Museen, viele Restaurants.

Gestüt Dr. Klingeberg,
Seebeckstraße 12,
2852 Bederkesa am See (Niedersachsen),
Tel. (0 47 45) 2 91

Niedersachsen

Nordwestlich vom niedersächsischen Oldenburg im Geest- und Hochmoorgebiet findet man Westerstede, Kreisstadt des Landkreises Ammerland. Naturfreunde schätzen diese erholsame, stille Naturlandschaft mit ihren einsamen, ausgedehnten Mooren und ihrer vielfältigen Fauna und Flora. Die Landwirtschaft nimmt hier einen recht hohen Stellenwert ein. Sie hat eine kleinbetriebliche Struktur, der Grünlandanteil ist hoch. Von großen Urlauberströmen wird diese Landschaft nicht berührt, doch gibt es Kenner und Genießer, welche die stillen Winkel sehr schätzen. So treffen sich beispielsweise die Wassersportler an der Ems, auf der man auch an sehr attraktiven Dampferfahrten teilnehmen kann. Im Oldenburger Münsterland ist Friesoythe ein touristischer Mittelpunkt, ein weiterer Anziehungspunkt ist das Museumsdorf Cloppenburg — Deutschlands größtes bäuerliches Freilichtmuseum. Im Naturpark Wildeshauser Geest lauscht man den Vogelstimmen, beobachtet das äsende Wild, erfreut sich an der bunten, gesunden Flora.

Das alles ist von Westerstede aus leicht zu erreichen. Auf dem vollbewirtschafteten Bauernhof bei Familie Müller findet der Gast Ruhe und Entspannung. Großpferde und Ponys stehen zur Verfügung, um die nähere Umgebung zu durchstreifen. Bei allen anfallenden landwirtschaftlichen Arbeiten darf zugeschaut und auch mitgeholfen werden, manch einer hat ja Interesse zu erfahren, was Bauersein bedeutet. Bei Müllers werden 50 Milchkühe und Kälber bewirtschaftet.

Empfehlenswerte Ausflugsziele:
Wassermühle Howiek, Schlößchen Fikensolt, Vogelpark Westerstede mit attraktiver Tropenhalle und Rhododendronpark, Museumsdorf Cloppenburg, Oldenburg.

Tip:
Typische kulinarische Spezialitäten sind im Ammerland geräucherter Schinken und Würste sowie Räucheraale.

Anfahrt:

Westerstede liegt direkt an der A 28 zwischen Oldenburg und Leer, Abfahrt Westerstede, dann auf Hauptstraße nach Westerstederfeld; nächste Bahnstation in Ocholt (6 km), Bus hält in Westerstede (3 km), Gäste holt man auf Wunsch ab.

Ausstattung der Reitanlagen:

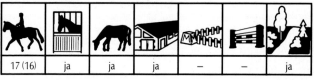

17 (16)	ja	ja	ja	–	–	ja

Vollbewirtschafteter landwirtschaftlicher Hof in Einzellage außerhalb von Westerstede; 2 Großpferde, Exmoor-, New-Forrest-, Shetland- und Deutsche Reitponys sowie ein Haflinger stehen zur Verfügung; Reitunterricht wird erteilt, Reitstunde 6,00 bis 8,50 DM, Ausritte in die Umgebung möglich, Kutschfahrten, gute Militarystrecke in Möhlenbült (3 km). Kinder können das richtige Landleben genießen. Tierarzt 1 km, Sattler 3 km, Hufschmied 10 km.

Ausstattung der Pension:

Großes Bauernhaus auf Gehöft; alleinreisende Kinder haben hier vollen Familienanschluß; Unterbringung in 4 Mehrbettzimmern, Dusche/WC auf der Etage, 1 Kinderbett kann zusätzlich aufgestellt werden; alle Räume gemütlich eingerichtet, zentralbeheizt; ÜmF 20,00 DM, HP 35,00 DM, VP 40,00 DM, Ermäßigung für Kinder je nach Alter; Nahrungsmittel zum Teil aus eigener Produktion; Vermietung ganzjährig, Kurzurlaub möglich. Haustiere auf Anfrage mitbringbar.

Freizeitangebote am Haus:

Kinderspielplatz, gemütl. Speisezimmer mit Kamin, Terrasse, Liegewiese, Lagerfeuer, Kutschfahrten, Kinderfeste, Treckertouren.

Freizeitangebote in der Umgebung:

Freibad und Hallenbad, Sauna, Fitneßcenter, Tennis/Squash 2 km, Wellenbad und Angeln 10 km, Sportplatz 2 km, Golf 15 km, Wandern.

Henning und Lisa Müller,
Weshorn 8, 2910 Westerstede 1 (Niedersachsen),
Tel. (0 44 88) 23 89

Niedersachsen

Um in dem Land zwischen Weser- und Emsmündung etwas zu erleben, braucht man keine großen Entfernungen zurückzulegen. Die große Ebene ist durchzogen von zahllosen Wasserläufen, saftig grüne Viehweiden wechseln sich mit Feldern und lichten Wäldchen ab, vielerorts prägen Windmühlen das Landschaftsbild. Auch die Fassaden der alten Bauernhäuser oder gar ganze Höfe erfreuen das Auge. An den Küsten wechseln beständig Flut und Ebbe, die Wolkenbildung und -bewegung ist ein Naturschauspiel. Weit draußen, dort, wo das Wattenmeer endet, liegen die sieben ostfriesischen Inseln wie ein Schutzschild vor der Küste, im Norden von der offenen See gesäumt. Das ist Ostfriesland — Weite, klare, gesunde Luft, oft rauhes Klima, Möwengekreisch, doch sonst Ruhe. Ein geeigneter Platz für wirkliche Erholung.

Und das beweist Frau Minssen seit über 20 Jahren, denn so lange schon existiert ihre Reitpension Astra. Jährlich kommen hier Kinder

aus der gesamten Bundesrepublik und aus dem Ausland her, um ihre Ferien mit dem Partner Pferd zu gestalten, reiterliches Können zu erlangen oder zu verbessern, und nicht zuletzt, um in der Gruppe mit anderen Feriengästen Spaß zu haben.

In den vielen Jahren ist die Zahl der Schulpferde in der Reitpension Astra bereits auf 24 angestiegen, was für eine rege Nachfrage und Auslastung spricht. Die Reitanlage ist ausgesprochen großzügig angelegt, verfügt sogar über 2 Reithallen. Wer sicher genug im Sattel sitzt, kann an den Ausritten in die wunderschöne Umgebung teilnehmen.

Anfahrt:

A 29 von Oldenburg Abfahrt Kreuz Wilhelmshaven auf B 210 Richtung Jever, vorher abbiegen auf Landstraße nach Rahrdum; nächste Bahnstation in Jever 3,5 km; Busstation in Rahrdum 500 m; Gäste holt man wunschgemäß ab.

Ausstattung der Reitanlage:

24 ( )	10 (15 DM)	10	20 x 40 m	20 x 40 (S)	40 x 70 m	20 km

Großzügige Anlage, die seit über 20 Jahren existiert und regen Zuspruch erfährt. Neben der o. g. Ausstattung gehören noch eine Reithalle 20 x 30 m sowie ein Reitplatz 50 x 100 m (Gras) zum Hof. Für Kinderferien gibt es eine Wochenpauschale von 450,00 DM für Vollpension inkl. 2 Reitstunden/Tag und Versicherung. Erwachsene zahlen für eine einfache Reitstunde 15,00 DM, Springstunde 20,00 DM. Beaufsichtigung und Betreuung der Kinder im Alter von 7 bis 13 Jahren. Tierarzt 3,5 km.

Ausstattung der Pension:

Pension bietet 3 Doppel- und 7 Mehrbettzimmer, wobei Bad, Duschen und WC ausschließlich auf den Fluren sind. Sehr geregelter Tagesablauf für die jungen Gäste, in dem viel Schlaf, beste Verpflegung und gute Betreuung selbstverständlich sind. Trotzdem bleibt viel Zeit zu Sport und Spiel. Bei schlechtem Wetter wird theoretischer Unterricht über das Reiten abgehalten, werden Lehrfilme gesehen, Bastelabende u. a. gemacht. 1 Woche Vollpension 450,00 DM (siehe Ausstattung der Reitanlage). Pension auch geeignet für Seminare.

Freizeitangebote am Haus:

Liegewiese, Kinderspielplatz, Aufenthaltsraum, Basteln, Gesellschaftsspiele.

Freizeitangebote in der Umgebung:

Freibad und Hallenbad 4 km, See mit Bademöglichkeiten 5 km, Kutterfahrten, Wattwandern.

Empfehlenswerte Ausflugsziele:

Schiffahrtmuseum Wilhelmshaven, Neuenburger Urwald, Küstenbadeorte, Ostfriesische Inseln, Jever mit Schloß und Museum, Wattenmeer.

Kinder-Reitpension Astra, Inh. Barbara Minssen,
Langelandstraße 38,
2942 Rahrdum/Jever (Niedersachsen),
Tel. (0 44 61) 35 57

Niedersachsen

Wetterfeste Kleidung sollte man schon im Gepäck haben, wenn man der Nordsee so nahe kommt, wie es in Neuharlingersiel der Fall ist. Dieser Kurbadeort liegt direkt an der Nordseeküste gegenüber der Insel Spiekeroog. Die frische, gesunde Seeluft kann man hier in vollsten Zügen atmen. Wem es nicht vergönnt ist, zu warmen Jahreszeiten in die Nordseewellen zu springen, den entschädigt das moderne Meerwasserhallenbad des Ortes, dem einige weitere Annehmlichkeiten angegliedert sind. Es lohnt sich also, auch im Winter hierherzukommen. Aber für Pferdefreunde gibt es sowieso keine Jahreszeiten, an diesem Sport hat man immer Spaß. So sind auch die Erfahrungen mit den Gästen auf dem Carolinenhof, die sich hier das ganze Jahr über wohl fühlen und erholen können. Ihnen stehen hier 35 Pferde unterschiedlicher Rassen zum Reiten zur Verfügung. Der Reitunterricht ist sehr breit gefächert (Voltigieren, Dressur- und Springreiten, Behindertenreiten), und man kann hier verschiedene Prüfungen able-

gen. In den Schulferien werden auf dem Carolinenhof Mädchen jeden Alters aufgenommen, um hier in der Gruppe Gleichgesinnter Reiterferien zu verbringen. Dabei werden die Mädchen in gemütlichen Mehrbettzimmern untergebracht, voll verpflegt und gut betreut.

Auch Einzelpersonen, Familien o. a. sind jederzeit herzlich willkommen. Das eigene Pferd kann gern mitgebracht werden. Während der Wintermonate ist das Reiten an oder gar in der Nordsee (Wattenmeer) ein ganz besonderes Erlebnis. Im Sommer ist das leider nicht möglich.

Empfehlenswerte Ausflugsziele:
Ostfriesische Inseln, Seehundbänke, Hafen, Kutter- und Angelfahrten, Museen, Altstadtbesuche in Jever, Esens, Wittmund, Aurich, Wilhelmshaven, Emden.

Tip:
Frische Fischgerichte (auch -suppen); Bernstein roh und als Schmuck.

Auszeichnungen und Anerkennungen:
FN-anerkannter Reitstall A.

Anfahrt:
A 29 Richtung Wilhelmshaven, Abfahrt Wilhelmshavener Kreuz auf B 210 bis Wittmund, dann auf B 461 bis Carolinensiel, weiter auf Hauptstraße bis ans Ziel; nächste Bahnstation in Esens (13 km), Bus hält im Ort (500 m); Gäste werden auf Wunsch abgeholt.

Ausstattung der Reitanlage:

35 (x)	10 (15 DM)	5 DM	20 x 40 m	20 x 60 m (G)	70 x 90 m	30 km

Am Ortsrand gelegenes Anwesen, 5 Min. zu Fuß bis zur Nordsee. Das ganze Jahr über sind alle Pferdefreunde herzlich willkommen; in den Ferienzeiten werden Mädchen jeden Alters in Gruppen betreut, unterrichtet und verpflegt; Reiterferien — Pauschale 50,00 DM/Person und Tag; jede Art von Unterricht ist hier möglich (Voltigieren, Dressur- und Springreiten, Behindertenreiten), in Lehrgängen sind Prüfungen absolvierbar (Pauschalangebote); Pferdebestand setzt sich aus mehreren Rassen zusammen; Reitstunde 18,00 DM, Springstunde und Stunde Kutschfahren je 25,00 DM, Ausritt mit Begleitung 20,00 DM/Stunde; Fahrunterricht wird erteilt; im Winter ist das Reiten in oder an der Nordsee ein besonderes Vergnügen; Tierarzt 8 km, Sattler 15 km, Hufschmied 25 km.

Ausstattung der Pension:
2 Einzel-, 4 Doppel- und 3 Mehrbettzimmer stehen den Gästen zur Verfügung. Dusche/WC befinden sich auf der Etage, alles zentralbeheizt; ÜmF ab 20,00 DM, HP 38,00 DM, VP 48,00 DM; Küchenbenutzung, Schonkost möglich, Einzelübernachtung und Kurzurlaub möglich, Vermietung ganzjährig; Haustiere kann man auf Anfrage mitbringen.

Freizeitangebote am Haus:
Kutschefahren, Kinderspielplatz, Aufenthaltsraum, Liegewiese, Terrasse, Fahrradverleih, Zelten oder Camping auf Anfrage.

Freizeitangebote in der Umgebung:
Nordseestrand 5 Min. zu Fuß, Sauna, Hallenbad 300 m, Thermalbad 5 km, Freibad 12 km, Sportplatz 1 km, Tennis/Squash 3 km, Fitneßcenter 12 km, Wattwandern.

Carolinenhof, Inh. Alke von Eucken Addenhausen,
2943 Neuharlingersiel (Niedersachsen),
Tel. (0 49 74) 879

Niedersachsen

Wer kennt ein weites, grünes Land, in welchem die Bäume sich neigend dem Winde ergeben, wo sich einzigartige Wolkenbilder präsentieren und die Luft klar und rein ist? Wer kennt Ostfriesland?

Über Jahrtausende formten die Flutwellen der Nordsee die heutige Nordseeküste und das Hinterland. Geest, Moor, Marsch und Sand gehen ineinander über. Um sich vor den Fluten zu schützen, schafften die Menschen hier Warfen oder Wurten (Aufschüttung des Bodens) und bauten darauf Einzelhöfe oder gar ganze Ortschaften. Auf der höchsten Erhebung wurde die Kirche errichtet, die dann auch Zufluchtsort bei Sturmfluten war. Erst viel später baute man hier Deiche, hinter denen das Schwemmland — die Marsch — entstand.

Eine ganz bedeutende Geschichte besitzt die alte friesische Stadt Emden, an der Mündung der Ems in den Dollart gelegen. Bereits im 16. Jahrhundert besaß sie eine große Handelsflotte, unter preußischer

Herrschaft wurde sie zum Freihafen erklärt und erhielt wichtige Handelsvorrechte. Heute dient sie vor allem dem Ruhrgebiet als Umschlagplatz. Ganz in der Nähe von Emden nun findet man in den flachen Marschenlandschaften den Ort Loppersum. Und dort findet man ganz leicht den Ferienhof Ringena, wo den Gästen in einem wunderschönen alten Herrenhaus 18 komfortable Zimmer zur Verfügung stehen. Fünf Pferde stehen hier zum Beritt bereit, eigene dürfen nach Absprache gern mitgebracht werden. Die Freizeit läßt sich hier und in der nächsten Umgebung sehr vielfältig gestalten.

Empfehlenswerte Ausflugsziele:
Naturschutzgebiet mit Binnensee „Großes Meer" (3 km), alte Hafenstadt Emden mit einigen interessanten Museen, Seehundeaufzucht, Norddeich, Ostfriesische Inseln, Holland, Moorgebiet „Ewiges Meer", Nordseestrände.

Anfahrt:

A 31, Abfahrt Emden-Nord, auf B 70 Richtung Norden nach Loppersum; nächste Bahnstation in Emden (8 km), Busstation am Ort (500 m), Gäste holt man wunschgemäß gern ab.

Ausstattung der Reitanlage:

5 (4)	4 (8 DM)	8 DM	8 x 30 m	40 x 100 m (G)	–	ja

Großes landwirtschaftliches Anwesen in der flachen Marschlandschaft Ostfrieslands; Hof mit Reitgelegenheit, wo 4 Reitponys und 1 Großpferd den Gästen zur Verfügung stehen; auch Esel zum Kutschieren; jede Reitstunde kostet 5,00 DM; in Emden (7 km) gibt es auch eine Reitschule; auf dem Ferienhof Ringena kein Reitunterricht; Tierarzt und Sattler 7 km, Hufschmied 10 km.

Ausstattung der Pension:

Gästezimmer befinden sich in einem 50 m vom Hof entfernten alten Herrenhaus (Baujahr 1859). 4 Einzelzimmer mit Dusche/WC, 15 Doppelzimmer (14 mit Dusche/WC, 1 mit Bad); alle Zimmer zentralbeheizt; weitere Kinderbetten können dazugestellt werden; ÜmF 31,00 DM, HP 36,00 bis 39,00 DM; Kinderermäßigung 25%; weiterhin 1 Ferienwohnung f. 4 Personen (2 Schlaf-, 1 Wohnzimmer, Flur, Bad, Küche) pro Tag 65,00 DM; Nebenkosten 30,00 DM; für alles gilt in Vor- und Nachsaison 10% Ermäßigung; Haustiere dürfen auf Anfrage mitgebracht werden; Haus geeignet für Seminare und Tagungen.

Freizeitangebote am Haus:

3 Speise- und Aufenthaltsräume, TV, große Kamindiele, Liegewiese, Kinderspielplatz, Kutschieren mit Eseln, 3 ha großer, parkähnlicher Garten, Spielkeller für Kinder, Grillhütte, Terrasse, Rudern auf privatem Teich kostenlos.

Freizeitangebote in der Umgebung:

Freibad, Hallenbad, Sauna, Fitneßcenter 5 km, Wassersport, Angeln, Sportplatz 500 m, Tennis/Squash 3 km, See zum Baden 7 km, Kegeln 2 km, Raddfahren, Wandern und Spazierengehen auf dem Deich, Burgen- und Schlösserfahrt.

Tip:

Überall werden Fischspezialitäten angeboten, die man kaum frischer serviert bekommen kann.

Ferienhof Ringena, Inh. Arend Ringena,
Schloßstraße 6, 2973 Loppersum (Niedersachsen),
Tel. (0 49 25) 12 73 oder 10 60

Niedersachsen

Abseits vom Verkehr, inmitten von Wald, Feld und Heide und doch mit äußerst günstigem Autobahnanschluß, liegt der Emhof, ein Ort der Erholung und Entspannung. Für Reiter ein ganz besonders reizvolles Urlaubsziel, da sich dieses Feriendomizil mitten in einem der größten und begehrtesten Reitgegenden der Bundesrepublik befindet — der Lüneburger Heide. Trotz einer großen Anzahl Truppenübungsplätze, die sich in dieser Gegend befinden, ist das Reitwegenetz hier schier unendlich. Allerdings stellt Familie Emmann nur Kleinpferde für die Gäste zur Verfügung (Stockmaß bis 1,45 m), doch mit einem eigenen Pferd sind Sie auch herzlich willkommen. Außerdem gibt es in 2,5 km Entfernung die Möglichkeit, auf Großpferden Unterricht zu nehmen. Das Reiten auf dem Emhof erfolgt auf eigene Gefahr, Kinder dürfen nur in Begleitung der Eltern reiten.

In der Hotel-Pension ist das Angebot um so reichhaltiger. Da erwarten Sie neben den vielen gemütlich ausstaffierten Zimmern besonders

nette Gasträume, ein Wintergarten, der Sie im Grünen sitzen läßt, ein Kamin- und Speisezimmer, ja sogar ein beheiztes Hallenbad (4 x 8 m) mit Gegenstromanlage, Sauna, Sonnenbank und manches mehr. Für Erholung ist also nicht nur vor, sondern auch hinter der Haustür gesorgt.

Auch gibt es im nahe gelegenen Soltau weitere Möglichkeiten, in Sport- und Freizeitanlagen erholsame Stunden zu verbringen. Parks in einer solchen Konzentration wie um Soltau gibt es kaum woanders. Man braucht schon einige Tage, um den Nindorfer Wildpark, den Vogelpark Walsrode, den Serengetipark Hodenhagen und den Heidepark in Soltau kennnenzulernen.

Empfehlenswerte Ausflugsziele:

Soltau und Umgebung mit all seinen Freizeit- und Erlebnisparks, Panzermuseum in Munster, Spielzeugmuseum Soltau, gute verkehrsmäßige Verbindungen nach Hamburg, Lüneburg, Celle, Bremen.

Anfahrt:

A 7, Abfahrt Soltau-Ost, über B 71 nach Hötzingen, Bahnstation in Soltau (11 km), Busstation Hötzingen (3 km), Gäste werden gern abgeholt von den Stationen.

Ausstattung der Reitanlage:

ja	29 (15 DM)	–	10 x 20 m	20 x 40 m	–	ja

Romantische Lage mitten im Wald, umgeben von Heide und Feldern, begehrtes Reitgebiet; keine Reitausbildung auf dem Emhof, es stehen nur Ponys und Kleinpferde zur Verfügung, mit denen auf eigene Gefahr geritten wird, Kinder nur in Begleitung der Eltern, Reitstunde 10,50 DM. Eigene Pferde können gern mitgebracht werden. Möglichkeit, Großpferde im Unterricht zu reiten, in 2,5 km Entfernung. Tierarzt 10 km, Hufschmied 11 km, Sattler 11 km.

Ausstattung der Pension:

Sehr einladende Hotel-Pension mit beschaulich-friedlicher Atmosphäre, parkähnliches Grundstück mit Teich, Aufenthalt kann durch ruhiges, ländliches Leben mitten in der Natur großen Erholungseffekt haben. 1 Einzel-, 6 Doppel- und 16 Mehrbettzimmer stehen fast alle mit Dusche zur Verfügung. ÜmF 32,00 bis 56,00 DM, HP 46,50 bis 62,50 DM, VP 57,00 bis 73,00 DM; 1 Ferienhaus mit Stube, 2 Kammern, Küche und Bad: 1. Woche 100,00 DM/Tag, 2. Woche 80,00 DM/Tag. Alles ist sehr kinderfreundlich, bürgerliche Küche, geeignet für Tagungen bis ca. 40 Personen. Vermietung ganzjährig, Kurzurlaub möglich.

Freizeitangebote am Haus:

Beheiztes Hallenbad (4 x 8 m) mit Gegenstromanlage, Sauna, Sonnenbank, Sonnen- und Kaffeeterrasse, Liegewiese, Kinderspielplatz, Tischtennis, Angelteiche, Tontaubenschießen, Bouleplatz, Fahrradverleih.

Freizeitangebote in der Umgebung:

Frei- und Hallenbad, Fitneßcenter, Wassersport, Sportplatz 10 km, Tennis 9 km, Golf 11 km, in Soltau (11 km) auch Solebecken und Solebewegungsbecken mit medizinischer Abteilung, Wandern.

Hotel-Pension Emhof, Inh. Hermann Emmann,
Emhof 1, 3040 Soltau-Hötzingen (Niedersachsen),
Tel. (0 51 90) 2 28

Niedersachsen

Hünengräber erinnern an die vorgeschichtliche Besiedlung des Gebietes der Lüneburger Heide. Heute ist sie jährlich vielen Menschen wertvolles Erholungsgebiet, ganz besonders Reitern und Pferden, die sich hier fast ohne Einschränkung bewegen können. Das Angebot kann der Nachfrage kaum gerecht werden. Auf dem Hof Springhorn findet man ganz besonders reizvolle Quartiere. Da stehen nämlich 7 kleine Ferienhäuschen für jeweils 2 bis 6 Personen ganz romantisch irgendwo in dem parkähnlichen Garten der Familie Schmid. Außerdem wohnt es sich vorzüglich in den bequem und modern eingerichteten Zimmern des Heidehofhauses. Auf den Vierbeinern hat man hier „nur" die Möglichkeit, in die freie Natur zu reiten, was die bisherigen Gäste aber auch ausgiebig genossen haben. Eigene Pferde dürfen auf Anfrage gern mitgebracht werden. Auf dem riesigen Hofgelände des modern ausgestatteten Vollerwerbsbetriebes bietet sich allerhand Platz. Da hat man auch gleichzeitig die Möglichkeit, dem Bauern über die Schulter zu schauen — ist ja nicht uninteressant, wie modernste Technik in diese ländliche Idylle eingepaßt wird.

Mit der günstigen Lage zur BAB 7 ist man zusätzlich gut bedient, denn Ausflugsziele wie der Vogelpark Walsrode, Freizeitpark Verden, Celle und viele andere Städte sind auf diesem Wege schnell erreichbar.

Auszeichnungen und Anerkennungen:
DLG-Gütezeichen

Empfehlenswerte Ausflugsziele:
Naturschutzgebiet Lüneburger Heide, Hamburg, Bremen.

Tip:
Heidschnuckenbraten, Holzschnitzereien, Schaffelle.

Anfahrt:

A 7 Hannover — Hamburg, Abfahrt Soltau-Ost bis Soltau-Stadtmitte, dann B 209 Richtung Nienburg, am Bahnhof rechts Richtung Woltem/ Frielingen ca. 8 km, Hof Springhorn ist ausgeschildert; Bus- und Bahnstation in Soltau, wo man Gäste wunschgemäß abholt.

Ausstattung der Reitanlage:

7 (6)	10 (ca. 10 DM)	–	–	10 ha (G)	–	ja

Auf ganz besondere Art und Weise können Sie auf diesem vollbewirtschafteten Hof mit 200jähriger Tradition die Ferien genießen. Jung und alt haben hier die Möglichkeit, einen Einblick in moderne Landwirtschaft zu erhalten. Das Reitvergnügen beschränkt sich auf Ausflüge in die freie Natur, wobei Anfänger selbstverständlich betreut werden. Auch wird hier angespannt und kutschiert. Preisliste bitte anfordern. Kinderermäßigung bis zum Alter von 10 Jahren 25 – 50 %. Haflinger, ein Warmblutpferd und Ponys stehen zum Verleih bereit. Tierarzt 5 km, Hufschmied und Sattler 8 km.

Ausstattung der Pension:

Im Gemäuer des gepflegten, alten Heidehofhauses stehen 1 Einzel-, 4 Doppel- und 10 Mehrbettzimmer (alle mit Dusche) bereit mit WC und mit Telefon, auf Wunsch mit TV; Komfort für gehobene Ansprüche. ÜmF ab 40,00 DM, HP ab 55,00 DM.
Weiterhin 7 Ferienhäuser auf dem parkähnlichen Grundstück mit jeweils einer Wohnung für zwei bis sechs Personen, 60,00 bis 120,00 DM/Tag.
Kurzurlaub möglich, Vermietung ganzjährig, Angebot von hofeigenen Produkten.

Freizeitangebote am Haus:

Großer, separater Kinderspielplatz, hauseigene Reiterbar, gemütliche Terrasse im gepflegten Garten, Fahrradverleih, viel Bewegungsfreiheit auf dem Grundstück, direkte Einsichtnahme in moderne Landwirtschaft, eigenes Damwildgehege, Angeln, Joggen.

Freizeitangebote in der Umgebung:

See mit Bademöglichkeiten 3 km, Hallen- und Freibad, Sauna 8 km, gut ausgebautes Reit-, Radfahr- und Wanderwegenetz durch die Lüneburger Heide.

Hof Springhorn, Inh. Walter Schmid,
Frielingen Nr. 9, 3040 Soltau (Niedersachsen),
Tel. (0 51 97) 2 12

Niedersachsen

Ganz unscheinbar, hinter mächtigen Baumkronen beinahe versteckt, ist das reetgedeckte Natursteinhaus des Wägerhofes am Rande des Naturschutzparkes Wilsede. Ein breiter Sandweg schlängelt sich um die vereinzelt stehenden Sträucher und Bäume bis hin zum Haus. Tausende Bienenvölker schwärmen während der Blütezeit aus, Heidschnucken blöcken in der Ferne, Grillen zirpen — alles wirkt beruhigend und entspannend. Und mittendrin kann doch so richtiges Leben herrschen. Schon Kinder ab 6 Jahre haben auf dem Wägerhof die Möglichkeit, auf den Pferderücken zu steigen. Fast 30 gut ausgebildete Pferde stehen den Gästen hier zur Verfügung. Unter Anleitung von geschultem Personal kann man Reit- und Fahrstunden nehmen, Ausritte werden gern begleitet. Auch besteht die Möglichkeit, Gastpferde ausbilden zu lassen. Das Angebot an Unterkünften ist vielfältig und umfangreich. In Schneverdingen wurde übrigens das erste Feriendorf Deutschlands vom Deutschen Erholungswerk gebaut: ein Zeichen für einen hohen Erholungswert dieser Region.

Auszeichnungen und Anerkennungen:
FN-Reitstall

Freizeitangebote am Haus:
Kutschfahrten durch den Naturpark Wilsede, Aufenthaltsraum, Terrasse, Liegewiese, Wasserbecken.

Freizeitangebote in der Umgebung:
Sportplatz 1 km, Tennis/Squash 2 km, Freibad 8 km, Golf 5 km, Hallenbad, Sauna 8 km, Wassersport 20 km, Segelfliegen 6 km.

Empfehlenswerte Ausflugsziele:
Heidepark Soltau, Naturschutzpark Wilsede, Vogelpark Walsrode, Wildpark Hodenhagen.

Anfahrt:

A 7 Abfahrt Soltau-Süd auf B 3 Richtung Norden oder A 1 Nähe Buchholz, Abfahrt Rade, auf B 3 Richtung Süden. Bahn- und Busstationen in Wintermoor (4 km), wo man Gäste abholt.

Ausstattung der Reitanlage:

29 (9)	15 (20 DM)	5 DM	20 x 40 m	20 x 40 m (S)	150 x 100 m	ja

Sehr vielseitige Möglichkeiten haben die reitbegeisterten Urlaubsgäste auf dem Wägerhof zu erwarten. Schon Kinder ab 6 Jahren können sich hier auf den Rücken eines Voltigierpferdes schwingen. Für jeden, ob jung oder alt, ob blutiger Anfänger oder Fortgeschrittener, gibt es passende Pferde mit Ausbildungsstand bis Klasse M, Reitstunde 15,00 bis 18,00 DM, Springstunde 17,00 bis 20,00 DM, auch Fahrstunden und Ausritte mit Begleitung, Theorie, Lehrgänge für Reiterpaß und -abzeichen, Ermäßigung für Kinder bis 7 Jahre 50%, Ausbildung von Gastpferden. Tierarzt und Hufschmied 8 km, Sattler 16 km.

Ausstattung der Pension:

Am Rande des Naturschutzparkes Wilsede von Pferdekoppeln umgebener Bauernhof, biologisch bewirtschaftet, Gebäude aus Natursteinen, reetgedeckt. Im alten Gebäude diverse Ein- und Mehrbettzimmer ohne Dusche/WC zu niedrigen Preisen. Neues Gästehaus mit 9 Zweibettzimmern mit Dusche/WC, teilweise mit Gartenplatz, ÜmF 35,00 DM, HP 50,00 DM, VP 70,00 DM, 5 Ferienwohnungen für jeweils 2 Personen 50,00 DM/Tag + Nebenkosten, Kinderermäßigung 17%, neues Gästehaus gut für größere Sportlergruppen geeignet, Einzelübernachtung und Kurzurlaub möglich, Vermietung von März bis einschließlich Dezember.

Wägerhof, Inh. Karl Wäger,
Wintermoorer Straße 2,
3043 Schneverdingen (Niedersachsen)
Tel. (0 51 98) 2 97

Niedersachsen

Vielleicht hat man auf dem Hof Eichengrund mal einen richtigen Seufzer losgelassen, als die Urlaubsquartiere zur Vermietung endlich freigegeben werden konnten. Sehr liebevoll wurde alles gestaltet, an alle Annehmlichkeiten wurde gedacht, jeder hat zugefaßt. Jeder — das ist zum einen das Ehepaar Hofmann, die beiden Söhne sowie die Helferinnen und der Versorger. Mitten im Herzen der Lüneburger Heide schufen sie ein herrliches Urlauberdomizil für Pferdefreunde. Zwei bis drei Stunden täglich kann jeder reiten, Unterricht in der Bahn oder in der neu erbauten Halle nehmen oder gar in das herrliche Gelände hinaustraben oder -galoppieren. Wanderreiter finden auf dem Hof Unterschlupf für Mensch und Tier mit allem, was dazugehört.

Mit ihren Gästen gemeinsam unternehmen Hofmanns Wanderritte (auch Tagestouren), Sternritte in die Umgebung, bei denen man sich mit umliegenden Vereinen trifft, zünftige Grillabende oder auch Ausflüge zu alten Kulturstätten in der Heide.

Auf den Spuren des Heidedichters Hermann Löns kann man am Stichtersee bei Neuenkirchen und in Fallingbostel die schönsten Teile der Heide entdecken. Unterwegs sollte man es nicht versäumen, irgendwo einzukehren und vielleicht einen Heidschnuckenbraten oder deftigen Katenrauchschinken zu probieren.

Empfehlenswerte Ausflugsziele:
Heidepark Soltau, Vogelpark Walsrode, Rotenburg (Wümme), Fallingbostel.

Tip:
Heidschnuckenbraten.

Anfahrt:

A 7 Soltau-Ost auf B 71 über Soltau direkt nach Neuenkirchen; nächste Bahnstation in Soltau (8 km), Busstation in Gilmerdingen 300 m, Gäste holt man auf Wunsch von den Stationen ab.

Ausstattung der Reitanlage:

ja	13 (8 DM)	3 DM	im Bau	20 x 30 m (S)	–	ja

Eingebettet in die von Reitern so begehrte Landschaft der Lüneburger Heide liegt Hof Eichengrund. Mit großem Einfallsreichtum schuf Familie Hofmann eine Ferienidylle für Gäste jeden Alters mit unterschiedlichen Ansprüchen. Geritten wird auf Hannoveranern, Isländern, Haflingern und deutschen Reitponys, und zwar in der Bahn oder in dem weitläufigen Gelände. Reitstunde 15,00 DM, Reiterpaß und -abzeichen auf Anfrage, mehrstündige Ausritte, Tagestouren, Sternritte mit Treffen anderer Reitvereine; Reiterferien für Kinder (maximale Anzahl sechs – dadurch sehr individuelle Betreuung).
Tierarzt 4 km, Hufschmied 3 km, Sattler 12 km.

Ausstattung der Pension:

An drei Seiten von Bäumen umgeben und die vierte Seite offenes Feld – so findet man Hof Eichengrund vor. Das gepflegte Äußere des Gästehauses hält, was es verspricht – die drei Einbett-, 23 Zweibett- und vier Mehrbettzimmer sind alle zentralbeheizt, zum größten Teil mit Dusche/WC ausgestattet. Auch kann Familie Hofmann auf Wunsch Ferienwohnungen in nächster Umgebung besorgen. ÜmF 36,00 DM, HP 36,00 DM, VP 48,00 DM, VP für Kinder 36,00 DM/Tag. Einzelübernachtung und Kurzurlaub sind möglich. Für Tagungen und Seminare geeignet. Mitbringen von Hunden auf Anfrage, Angebot an Nahrungsmitteln aus eigener Produktion.

Freizeitangebote am Haus:

Aufenthaltsräume, Terrasse, Grillplatz, Kutschfahrten, Zelten oder Camping auf Anfrage.

Freizeitangebote in der Umgebung:

Freibad, Tennis/Squash 2 km, See mit Bade- und Angelmöglichkeiten 3 km, Hallen- und Thermalbad, Fitneßcenter 8 km.

Hof Eichengrund, Inh. Falko Hofmann,
Gilmerdingen 6, 3044 Neuenkirchen,
Tel. (0 51 95) 13 75

Niedersachsen

Sein liebenswerter Charakter, die ausgesprochene Gutartigkeit und die vielseitigen Verwendungsmöglichkeiten haben das Islandpferd in Deutschland zu einem sehr beliebten Freizeitpartner werden lassen. Die Zahl seiner Anhänger ist weiter im Steigen begriffen. Auch Familie Diepold hat diese Tiere längst ins Herz geschlossen, betreibt eine Zucht in größerem Umfang, unterhält zum Ursprungsland Island rege Kontakte, um dort Zuchttiere einzukaufen, und nicht zu guter Letzt hat sie auf ihrem Hof ein Feriendomizil für jung und alt geschaffen, welches jährlich regen Zustrom erfährt.

Die günstige Lage in einem der beliebtesten Reitgebiete Deutschlands — der Lüneburger Heide — ist für jedermann eine besondere Verführung, hier Urlaub zu machen. Die Reiterei ist auf dem Isländerhof Rutenmühle auf das Wanderreiten ausgerichtet, einem harmonischen, zwang- und krampflosen Zusammenspiel zwischen Reiter und Pferd. Unter Anleitung des erfolgreichen Pferdesportlers und staatlich ge-

prüften Reitwarts Hannes Diepold und bei dem guten Ausbildungsstand der Pferde werden auch Anfänger bald sattelfest und können das Vergnügen „Pferd und Natur" genießen. Die ersten Erfahrungen werden beim Putzen und Satteln der dickmähnigen Kreaturen gesammelt, dem einige Unterrichtsstunden in der Bahn folgen. Der große Augenblick ist wohl dann für jeden Anfänger der erste Ausritt durch die märchenhafte Natur rund um Neuenkirchen. Da geht es auf den unter dem Hufgetrappel dumpf dröhnenden Waldwegen vorbei an Hünengräbern, die sich irgendwo in der Heidelandschaft zeigen, auf tiefere Sandwege und dann mal wieder über Wiesen und unbestellte oder abgeerntete Felder. Während der Blütezeit im August reitet man am besten nur im Schritt, um das Summen der Bienen wahrzunehmen, die zu Tausenden die violetten Blüten umschwärmen. Da lebt die Landschaft wie zu keinem anderen Zeitpunkt im Jahr. Wildbeobachtungen sind natürlich immer möglich.

Freizeitangebote am Haus:
Aufenthaltsraum für Gäste mit Kochgelegenheit, Liegewiese, Kinderspielplatz, Kutschfahrten, Radtouren ab Hof.

Anfahrt:

Von A 7 über Soltau über B 71 nach Neuenkirchen, B 71 aus der anderen Richtung über Rotenburg (Wümme), sonst über Schneverdingen oder Visselhövede; nächste Bahnstation in Soltau, 15 km, Busstation in Neuenkirchen, Gäste werden auf Wunsch von den Stationen abgeholt.

Ausstattung der Reitanlage:

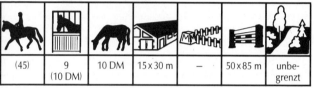

(45)	9 (10 DM)	10 DM	15 x 30 m	—	50 x 85 m	unbe-grenzt

In der Mitte zwischen Bremen, Hamburg und Hannover in der Lüneburger Heide gelegen beliebtes Urlaubsziel für Ferienkinder, Familien, Turnier- und Freizeitreiter sowie auch für Züchter. Hier werden ausschließlich Islandponys gehalten, die mit ihren 5 Gangarten für ein besonderes Reiterlebnis garantieren. Neben dem Sammeln von Erfahrungen am und auf dem Pferd im Stall und auf der Reitbahn wird hier vor allem die Wanderreiterei betrieben. Stets Anleitung durch Inhaber Hannes Diepold (erfolgreicher Pferdesportler und Reitwart). Gruppenreitstunde 15,00 DM, Einzelreitstunde 25,00 DM, zweistündiger Ausritt 30,00 DM, mehrstündiger Wanderritt — fester Stundensatz; außerhalb der Ferien — Spezialkurse in Gangartentraining, Tages- und Wochenenddritte, Kinderwochenenden, Klassen- und Gruppenfreizeiten; weiterer Service: Einreiten von Jungpferden, Korrektur, Training von Freizeit- und Sportpferden; Gastpferde können selbstverständlich am Unterricht teilnehmen. Tierarzt 20 km, Hufschmied 9 km, Sattler 3 km.

Ausstattung der Pension:

Getrennte Gästehäuser (Fachwerk) für Kinder ab 10 Jahre und Erwachsene, wobei die Jugendlichen in Zwei- und Mehrbettzimmern wohnen, die Erwachsenen in Doppelzimmern; Zimmer mit Wasch- und Duschmöglichkeiten; 5 Doppel-, 3 Mehrbettzimmer können auch als Ferienwohnungen vermietet werden, pro Person 25,00 DM, anbei Terrasse, Liegewiese, alle Zimmer parterre, renoviert, gemütliche Ausstattung mit viel Holz; Endreinigung der Wohnung ist zu zahlen, Bettwäsche und Handtücher werden gestellt; Vermietung ganzjährig, Kurzurlaub möglich; Haustiere dürfen auf Anfrage mitgebracht werden.

Freizeitangebote in der Umgebung:

Freibad 5 km, Hallenbad 13 km, See zum Baden 4 km, Fitneßcenter, Golf, Sauna 13 km, Angeln auf dem Grundstück, Wandern.

Isländerhof Rutenmühle, M. u. H. Diepold,
3044 Neuenkirchen (Niedersachsen),
Tel. (0 51 95) 13 61

Niedersachsen

Abseits vom Verkehrslärm, inmitten von Wiesen und Wäldern, liegt der Rosenhof, ein landwirtschaftlicher Betrieb mit gutgehender Pension. Neben Kühen und Jungvieh hält die Inhaberin, Frau Marion Albers, auch Pferde, die zur Zucht und zum Reiten eingesetzt werden. Der Rosenhof ist idealer Ausgangspunkt für Wanderungen, Fahrradtouren und Ausritte in den herrlichen Naturschutzpark Lüneburger Heide. Diese reizvolle Landschaft ist von mehreren hundert Kilometern Reitwegen durchkreuzt und bietet damit jedem Besucher das Gefühl uneingeschränkter Freiheit. Auf ihren geländesicheren Hannoveranern läßt Frau Albers ihre Gäste jederzeit in diesen Genuß kommen. Auch für mitgebrachte Pferde stehen Boxen und Weideflächen zur Verfügung, und nach Absprache ist es sogar möglich, die kleineren vierbeinigen Freunde, wie Hund und Katze, von zu Hause mitzubringen, so braucht man auf dem Rosenhof wirklich nichts zu entbehren. Wer einen längeren Familienaufenthalt plant, dem stehen ganzjährig zwei Ferienwohnungen mit Terrasse im separaten neuen Fachwerk-

haus zum Angebot. Auf etwa 70 m² Wohnfläche findet man jeden Komfort und kann sich wie zu Hause fühlen. Umgeben ist man von einem parkähnlichen Garten mit Liegewiese und den Weideflächen der Tiere. Ganz in der Nähe gibt es auch verschiedene Bademöglichkeiten. Alles in allem bietet der Rosenhof in seiner ländlichen Abgeschiedenheit doch eine große Palette an Möglichkeiten der Freizeitgestaltung mit gleichzeitig großem Erholungswert. Vielleicht ein empfehlenswertes Ziel für nervlich belastete Menschen, für die die Verbindung zur Natur noch den nötigen Ausgleich zum Alltagsstreß schaffen kann.

Empfehlenswerte Ausflugsziele:
Heidepark und Theater in Soltau, Museumsdorf in Hösseringen, Europawanderweg, Hamburg.

Tip:
Heidespezialitäten wie Heidschnucken- und Wildbraten sowie Buchweizentorte in nahe gelegenen Restaurants.

Anfahrt:

A 7 von Fallingbostel Richtung Seevetal, Abfahrt Bispingen auf die Landstraße 211 Richtung Behringen, nächste Bahnstation in Soltau (16 km), nächste Busstation in Behringen (1 km), auf Wunsch werden Gäste von dort abgeholt.

Ausstattung der Reitanlage:

7 (2)	10 (15 DM)	15	–	20 x 40 m	–	400 km

Schulbetrieb nur in ganz kleinem Rahmen, keine Reithalle vorhanden, sehr geeignet für Freizeitreiter. Für Benutzung der Reitwege brauchen keine Gebühren bezahlt werden. Reitstunde auf Leihpferd 15,00 DM, Ponyreiten für Kinder der Hausgäste kostenlos. Tierarzt 4 km, Hufschmied 2 km, Sattler 3 km.

Ausstattung der Pension:

Gemütlicher Bauernhof bietet 4 Dz. und 2 Mz., jeweils mit Dusche und Etagen-WC, ÜmF 24,00 DM/Tag, HP 36,00 DM, Kinderermäßigung 30 Prozent. Einmalige Übernachtung und Kurzurlaub möglich. Vermietung vom 1. 4. bis 31. 10. Weiterhin stehen zwei moderne Ferienwohnungen à 70 m² für jeweils fünf Personen ganzjährig zur Verfügung, die einen Wohnraum, zwei Schlafräume, Küche, WC und Terrasse umfassen. Preis: 80,00 DM/Tag sowie 30,00 DM Endreinigung. Alle Unterkünfte werden zentral beheizt. Versorgung mit Nahrungsmitteln aus hofeigener Produktion wird angeboten, Personal verfügt über englische Sprachkenntnisse.

Freizeitangebote am Haus:

Aufenthaltsraum, Liegewiese, Kinderspielplatz.

Freizeitangebote in der Umgebung:

Frei-, Hallen- und Thermalbad 4 km, See und Fluß mit Bademöglichkeiten 2 km, Wassersport 2 km, Fitneßcenter und Golfplatz 15 km, Gelegenheit zum Angeln 2 km, Tennis und Squash 5 km, Sportplatz 4 km, Schießstände 1 km, Wanderungen durch den Naturschutzpark Lüneburger Heide.

Marion Albers,
Rosenhof 3, 3045 Bispingen-Behringen (Niedersachs.),
Tel. (0 51 94) 7164

Niedersachsen

Mitten im größten Heidegebiet Deutschlands erwartet sie eine Stätte der Ruhe und Erholung! Witthöfts Gästehaus — im Landhausstil eingerichtet, bietet es eine sehr persönliche und kultivierte Atmosphäre. Umgeben von einem parkähnlichen Garten, der sich in der Lüneburger Heide selbst fortsetzt, nutzen hier jährlich viele Menschen die Möglichkeit, dem Alltagsleben zu trotzen. Unter der Anleitung durch die Inhaberin, Frau Dr. Büttinghaus, hat man hier sogar Gelegenheit, sich auf vernünftigem Wege einiger Pfunde zu entledigen (Diätküche) oder gar eine fundierte Regenerationskur abzuhalten.

Auch bietet dieses Haus erstklassige Voraussetzungen für Familienfeiern und kleinere Tagungen zu jeder Jahreszeit.

Bedingt durch die Lage mitten im Naturschutzgebiet besteht für das Heidedorf Wilsede Autofahrverbot. Darum werden alle Pkw im Nachbarort Volkwardingen auf einem bewachten Bauernhof abgestellt, von wo aus die Gäste abgeholt werden. Ja, ein Urlaub für Romantiker —

sogar vom fast unentbehrlich gewordenen Auto muß man sich hier trennen. Doch die Erfahrung sagt, daß viele Urlauber das für gewisse Zeit ganz gern tun.

Bei allem Komfort, welcher Sie in Witthöfts Gästehaus erwartet, Schulpferde finden Sie dort nicht vor. Damit muß man sich hier selbst versorgen. 17 Boxen und ausreichend Weidefläche stehen für Ihre Kameraden zur Verfügung. Ohne vorgehaltene Hand kann man sagen, daß die Lüneburger Heide eines der schönsten und beliebtesten Reitgebiete Deutschlands ist. Mit ihrem über 300 km ausgebauten Reitwegenetz lockt sie jährlich große Besucherschwärme an, die sich auf diesem Territorium aber bestens verteilen. Gerade während der Blütezeit im August wird der Aufenthalt hier zum besonderen Erlebnis. Ziegelrote Heidjer-Höfe tauchen zwischen Eichengruppen auf, die Wege sind von Birken eingefaßt, seltsam geformte Wacholderbüsche prägen das Panorama, und die blühende Heide verbreitet eine freundliche Stimmung — 20 000 ha Heidelandschaft rings um Wilsede erklärte man 1921 zum ersten deutschen Naturpark.

Anfahrt:
A 7 führt nahe an Wilsede vorbei (bei Soltau), Abfahrt Bispingen, Anfahrt nur mit Sondergenehmigung, dazu im Gästehaus anfragen; nächste Bahnstation in Soltau (25 km), Bushaltestelle in Volkwardingen (5 km); Besucher werden auf Wunsch von diesen Stationen abgeholt.

Ausstattung der Reitanlage:

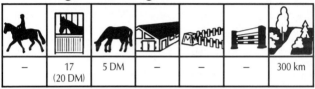

	17 (20 DM)	5 DM	—	—	—	300 km
—						

Wie im Text bereits erwähnt, finden Sie hier weder eine moderne Reitanlage noch einen Bauernhof im alten Stil vor. Nur Ihr eigenes Pferd kann Ihnen hier für Ausritte in die schöne Heidelandschaft zur Verfügung stehen. Für 10,00 DM/Stunde werden Sie allerdings auch von einem Ortskundigen begleitet oder können zum selben Preis die Gegend von einem Kutschwagen aus kennenlernen. Auf jeden Fall ist die „Heide" eine Garantie für angenehmes Reiten — sie bietet auch den Pferden Erholung, die hier endlos über federnde Waldwege, tiefe Sandwege vorbei an Hünengräbern und Heidjer-Höfen galoppieren können. Tierarzt und Sattler 10 km, Hufschmied 5 km.

Ausstattung der Pension:
Ein im Landhausstil eingerichtetes Gästehaus mit parkähnlichem Garten, mitten im Naturschutzpark Lüneburger Heide; sehr persönliche Atmosphäre; auch für Familienfeiern und kleinere Tagungen geeignet. 6 Einzel- und 8 Doppelzimmer, teilweise mit Dusche, Balkon, Telefon, TV-Anschluß, mit Frühstück 45,00 bis 60,00 DM, Kinderbett im Zimmer der Eltern mit Frühstück, HP 20,00 DM, VP 30,00 DM; Schonkost möglich, Haustiere können auf Anfrage mitgebracht werden; Vermietung ganzjährig; Kurzurlaub möglich; Personal verfügt über englische Sprachkenntnisse.

Freizeitangebote am Haus:
Aufenthaltsraum, Liegewiese, Kinderspielplatz, Terrasse, Fahrradverleih, Diät- und Regenerationskuren können unter Anleitung der Inhaberin durchgeführt werden, Kutschfahrten.

Freizeitangebote in der Umgebung:
Wandern, Radfahren, Reiten in der Lüneburger Heide, nächstes Frei- und Hallenbad, Sauna, Angeln, Tennis, Sportplatz 10 km.

Witthöfts Gästehaus, Inh. Dr. med. Uta Büttinghaus,
3045 Bispingen-Wilsede (Niedersachsen),
Tel. (0 41 75) 5 45

Niedersachsen

Den reitbegeisterten Urlaubern ist die Stadt Celle ganz sicher ein Begriff, vielmehr ihr Landgestüt, welches 1735 mit Erlaß durch Kurfürst Georg II. von Hannover gegründet wurde. Seither ist Celle schlechthin der Inbegriff hannoverscher Pferdezucht überhaupt. Sehr frühzeitig wurden hier bewährte Beschäler der Rasse Englisches Vollblut zur Veredelung der bodenständigen Wirtschaftspferde mit Erfolg eingesetzt. Wo diese traditionsreiche Pferdezucht heute steht, dürfte den Ohren und Augen eines Interessierten nicht entgangen sein. Die Hengstprüfungsanstalt Adelheidsdorf stellt die jungen Remonten hart auf die Probe, und nur die allerbesten kommen letztendlich zum Deckeinsatz. Solche edlen Tiere hat Frau Michels in Sprakensehl ihren Urlaubern nun zwar nicht anzubieten, aber immerhin gibt es hier, mitten in der Lüneburger Heide, die Möglichkeit zum Erholen in Gesellschaft lieber vierbeiniger Freunde. Und das sind die Haflinger und Shetlandponys auf diesem Hof gewiß. Ob vorm Wagen oder unterm Sattel, unermüdlich transportieren diese Tiere die Gäste durch die

idyllische Heidelandschaft, wo man nicht selten auch den edleren Verwandten begegnet — schließlich lebt man ja in einem der erfolgreichsten Pferdezuchtgebiete Deutschlands und recht nahe an Celle, von wo aus alles gesteuert wird. Es kommt sogar vor, daß hier Gäste mit so edlen Tieren anreisen. Sie heißt man herzlich willkommen und zeigt ihnen bereitwillig die schöne Umgebung. Da haben sich bisher noch alle Zwei- und Vierbeiner wohl gefühlt. Auf beide Gattungen warten auch gemütliche Unterkünfte, wobei sich die einen mit Boxen und Stroh begnügen und die anderen dann doch auf komfortablere Ferienwohnungen zurückgreifen. Na ja, jedem das Seine — Hauptsache man erholt sich!

Freizeitangebote am Haus:
Fahrradverleih, Zelten auf Anfrage, Aufenthaltsraum mit TV, Liegewiese, Terrasse, Kinderspielplatz, Kutschfahrten, Tischtennis.

Empfehlenswerte Ausflugsziele:
Museumsdorf Hösseringen, wendländische Rundlingsdörfer.

Anfahrt:

A 2 Braunschweig – Hannover, Abfahrt AB-Kreuz Braunschweig-Nord auf B 4 über Gifhorn direkt ans Ziel; sonst über Celle auf B 191 bis Weyhausen, dann auf Hauptstraße nach Sprakensehl; nächste Bahnstation in Unterlüß (13 km), Bus hält in Sprakensehl (3 km), Gäste holt man auf Wunsch dort ab.

Ausstattung der Reitanlage:

(6)	4 (8 bis 15 DM)	12 DM	–	20 x 40 m	–	ja

Romantisch gelegener Hof mit Ackerbau und Mutterkuhhaltung (Galloways) sowie Haltung einiger Haflinger und Shetlandponys als Reit- und Zugtiere für die Urlauber. Das Reitwegenetz ist fast unbegrenzt, in ca. 20 km östlicher Richtung erreicht man die ehemalige deutsche Staatsgrenze. Dahinter erstrecken sich die fruchtbaren Weiten der Altmark. Reitstunde 10,00 bis 12,00 DM, Kutschfahrten 1 – 2 Stunden Erwachsene 10,00 DM, Kinder die Hälfte.
Tierarzt 15 km, Hufschmied 23 km, Sattler 27 km.

Ausstattung der Pension:

Recht vielfältiges Angebot; 1 Doppel- und 1 Vierbettzimmer mit Dusche/WC im Erdgeschoß, 1 Einzel-, 1 Doppel-, 1 Dreibettzimmer in 1. und 2. Etage, Dusche/WC auf den Etagen, alles zentralbeheizt; 1 Ferienwohnung gasbeheizt im separaten Gebäude auf dem Hof (Wz., 2 Schlafzimmer, Küche mit Eßecke, Dusche/WC); 3 weitere Ferienwohnungen mit ähnlichen Räumlichkeiten und Ausstattungen im großen Fachwerkhaus. Zu jeder Wohnung gehört eine Rasenfläche mit Gartenmöbeln, geheizt wird über Elektro-Nachtspeicherheizung. Für 4 Personen kostet die Ferienwohnung pro Tag 50,00 bis 80,00 DM, jede weitere Person 8,00 DM, Endreinigung 35,00 bis 40,00 DM. Zimmervermietung: ÜmF 21,00 DM, HP 28,00 DM; Ermäßigung in Vor- und Nachsaison auf Anfrage. Mitbringen kleiner Haustiere auf Anfrage und gegen Gebühr; Vermietung ganzjährig, Kurzurlaub möglich.

Freizeitangebote in der Umgebung:

Freibad 3 km, Hallenbad 400 m, Sauna 100 m, Sportplatz 500 m, Tennis 13 km, Angeln 14 km, Wandern durch die wildreiche Umgebung oder durch die Heidelandschaft.

Pension „Unter den Eichen", Inh. Doris Michels,
Hagener Dorfstraße 5,
3101 Sprakensehl-Hagen (Niedersachsen),
Tel. (0 58 37) 12 05

Niedersachsen

V om Fremdenverkehrsverband wird das Heidegut sehr empfohlen, die Deutsche Reiterliche Vereinigung hat ihm ihre Anerkennung gegeben, und über das Gütezeichen der DLG verfügt man hier auch. Das alles muß wohl seine Gründe haben. Daß die Lüneburger Heide für jeden stadtmüden und gestreßten Menschen ein ideales Urlaubsziel ist, hat sich bereits herumgesprochen. Im reizvollen Naturpark Südheide lädt Familie Schlottau-Blume herzlich ein. Bei ihr ist es alleinreisenden Kindern genau wie Erwachsenen, Familien oder Gruppen möglich, erholsame Tage zu verbringen. Und zwar wohnt man auf dem weitläufigen, direkt am Wald gelegenen Anwesen in hübschen Blockhäusern für jeweils 4 bis 5 Personen. Die Reiterferien für Kinder sind für Mädchen im Alter von 10 bis 15 Jahren gedacht, die hier in Mehrbettzimmern untergebracht, gut verpflegt und betreut, herrliche Ferientage verbringen. Der Umgang mit den Pferden bestimmt den Tagesablauf, in den aber auch andere Aktivitäten eingebunden werden können. Im Sommer steht der Badesee den Hausgästen zur Verfü-

gung. Einmal wöchentlich findet ein Grillabend statt, verschiedene Ballspiele sind möglich, und im Reiterstübchen sitzt man gern in lustiger Runde.

Ausstattung der Pension:

Das Anwesen liegt außerhalb von Eschede, umgeben von Wiesen und Wäldern. Für jeweils 4 bis 5 Personen stehen 10 komfortabel eingerichtete skandinavische Blockhäuser zur Verfügung (2 Schlafzimmer, Wohnraum mit Eßecke, Küche bzw. Teeküche, Dusche/WC, Terrasse), für 65,00 bis 100,00 DM/Tag, in Vor- und Nachsaison 60,00 bis 80,00 DM, Nebenkosten, jede weitere Person 5,00 DM. Die Kinder, die hier ohne Eltern herkommen, wohnen zu mehreren in Doppel- und Mehrbettzimmern in einem modernen Gästebungalow, Bad, Dusche/WC auf der Etage, Betreuung durch die Gastgeber ganztags, Wochenpauschale inkl. Reitstunden 370,00 DM. Haustiere erlaubt, Kurzurlaub und Einzelübernachtung möglich, Vermietung ganzjährig.

Auszeichnungen und Anerkennungen:
FN-Anerkennung, DLG-Gütezeichen, Urkunde „Sehr empfehlenswertes Ferienhaus" vom FVV Celler Land.

Anfahrt:
Eschede liegt an der B 191 zwischen Celle und Uelzen im Naturpark Südheide. Nächster Autobahnanschluß A 7 zwischen Hannover und Celle; Bahn- und Busstation in Eschede (500 m), wo man Gäste auf Wunsch abholt.

Ausstattung der Reitanlage:

10	20 (ab 15 DM)	5 DM	20 x 35 m	20 x 60 m (S)	45 x 60 m	10 km

Mitten im reizvollen Naturpark Südheide gelegenes Heidegut, welches Kindern und Erwachsenen erholsame Ferien- und Urlaubstage erlaubt. Reiterferien für alleinreisende Mädchen im Alter von 10 bis 15 Jahren (Anzahl max. 10), Betreuung rund um die Uhr, Reitunterricht für Anfänger und Fortgeschrittene, Möglichkeiten zum Erwerb von Reiterpaß und -abzeichen, Reit- und Springstunde 14,00 DM, Geländereiten ab 15,00 DM je Stunde. Voltigieren, kostenloses Ponyreiten für kleinere Gäste, Kutschfahrten. Auch für Familien geeignet sowie für Reitervereine und größere Reitergruppen, da Menschen und Tiere hier ideale Unterkunft finden.
Tierarzt 2 km, Hufschmied 20 km, Sattler 15 km.

Freizeitangebote am Haus:
Badesee nur für Hausgäste, Ballspiele, Grillabende, Aufenthaltsraum, Liegewiese, Kinderspielplatz, Reiterstübchen.

Freizeitangebote in der Umgebung:
See zum Baden und Angeln, Fitneßcenter, Sauna, Sportplatz, Tennis/Squash 1,5 km, Hallenbad, Golf 15 km.

Empfehlenswerte Ausflugsziele:
Alte Herzogstadt Celle mit Schloß und Landgestüt, Naturpark Südheide zum Wandern und Radfahren, einige Freizeitparks.

HEIDEGUT ESCHEDE, K. D. und I. Schlottau-Blume,
3106 Eschede/Celle (Niedersachsen),
Tel. (0 51 42) 20 76

Niedersachsen

Schon vor über tausend Jahren stießen in diesem Gebiet zwei Welten aufeinander: Wenden und Sachsen. In das durch die unglücklichen Kriege gegen Karl den Großen entvölkerte Sachsenland drangen mehr und mehr die Wenden von Osten her über die Elbe. Als Widerstand ließen die Sachsen eine lange Kette von Schutz- und Trutzburgen an den Heideflüssen Ilmenau, Oker und Ise entstehen. Dort gab es jahrhundertelangen Kleinkrieg, bis es zu einer „friedlichen Koexistenz" kam. Das wenige Land, welches den Slawen blieb, heißt heute noch „Hannoversches Wendland".

Und was geschah in den vergangenen 40 Jahren unseres Jahrhunderts? Eine widernatürliche Grenze trennte Generationen Deutscher von Deutschen — und wieder war das Wendland ein Grenzgebiet mit recht dünner Besiedlung. Nun ist es endlich ein Zentrum in Deutschland geworden und wird ganz bestimmt zu den beliebtesten Urlaubsgebieten zählen. Denn die ursprüngliche Natur konnte sich hier erhalten, strotzt geradezu vor Gesundheit. Üppiger Pflanzenwuchs, reges

Tierleben und gesunde, klare Luft zeichnen diesen Bereich aus, in welchem auch Familie Pommerien in Stadensen wohnt und Urlaubern die Pforten geöffnet hält. Auf dem geräumigen Bauernhof stehen vier Ferienwohnungen bereit, die komplett eingerichtet sind. Mit vier Reitponys kann man von Nienwohlde aus durch die großen Misch- und Kiefernwälder streifen. Die Wierener Berge sind ein besonderes Erholungsgebiet. Auf Trimm- und Waldlehrpfaden ist es auch zu Fuß interessant.

Freizeitangebote am Haus:
kostenloser Fahrradverleih, Tischtennis, Liegewiese mit Gartenmöbeln, Kinderspielplatz im Ort.

Freizeitangebote in der Umgebung:
beheizte Schwimmbäder in den Nachbarorten, See zum Baden 12 km, Wassersport 14 km, Hallenbad und Sauna 14 km, Angeln, Minigolf 8 km, Wander-, Reit- und Radwege.

Niedersachsen

Anfahrt:

B 4, zwischen Uelzen und Gifhorn, Höhe Suderberg, südlich von Uelzen, Abfahrt auf Hauptstraße Richtung Wieren, nächste Bahnstation in Uelzen (16 km), Bus hält im Ort, Gäste holt man auf Wunsch von den Stationen ab.

Ausstattung der Reitanlage:

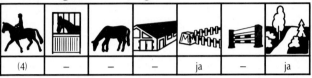

(4)	–	–	–	ja	–	ja

Über 20 Jahre schon bietet Familie Pommerien ihren Gästen das Vergnügen, durch die hügelige Waldlandschaft der Lüneburger Heide zu reiten. 4 Reitponys stehen dafür zur Verfügung, die ohne Anleitung geritten werden können.

Ausstattung der Pension:

Der herrliche, große Backsteinbau — das Wohn- und damit Hauptgebäude auf dem geräumigen Bauernhof (Ackerbau- und Forstbetrieb) — beherbergt 4 Ferienwohnungen für jeweils 4 bis 8 Personen (2 – 4 Schlafräume, Wohnzimmer, teils mit eingebauter Küche oder Küche separ., Bad, WC), Miete 40,00 bis 100,00 DM/Tag, Kurzurlaub und Einzelübernachtung möglich, Vermietung ganzjährig. Sehr günstig für Familien mit Kindern, von denen viele schon Stammgäste des Hauses geworden sind; geeignet für Seminare, Mitbringen von Haustieren auf Anfrage gestattet.

Empfehlenswerte Ausflugsziele:

Uelzen, Lüneburg, Naturpark Elbufer-Drawehn.

Wilhelm Pommerien,
Lammers Hoff 1, 3111 Nienwohlde (Niedersachsen),
Tel. (0 58 02) 46 66

Niedersachsen

Im Jahre 1743 entstand das Haus Kölau Nr. 7 — ein reetgedecktes, urgemütliches Bauernhaus, wie es für Niedersachsen ganz typisch ist. Bis heute hat es sich kaum verändert. Immer noch ist es Herzstück des Brunnenhofes, der sich im Laufe der Jahre zu einem sehr attraktiven Anziehungspunkt für viele Besucher entwickelt hat. Schon mit seiner Lage in der Lüneburger Heide und am Naturpark Elbufer-Drawehn ist dieser Hof Magnet für Erholung- und Ruhesuchende, denen hier die gesunde Natur bis vor die Haustür wächst. Die Inhaberin, Frau Wörner, hat diese günstige Voraussetzung beim Schopfe gepackt und verwöhnt ihre Gäste mit viel Komfort. Die gepflegte Einrichtung ist dem Stil des Hauses angepaßt und sorgt für äußerste Behaglichkeit. Beinahe in jeder Ecke kann man gemütlich sitzen und klönen. Das Essen reicht vom üppigen Frühstücksbüfett des Morgens über eine reichhaltige Speisekarte mit regionalen Gerichten am Mittag bis hin zu einem zünftigen Abendmahl, welches sich bei Bier oder Wein gut ausdehnen läßt. Das Reiten ist hier für jung und alt ein Genuß.

Freizeitangebote in der Umgebung:
Jod-Sole-Thermalbad, Golf 25 km, Wandern, Radfahren.

Empfehlenswerte Ausflugsziele:
Heidepark Soltau, Städte Soltau, Uelzen, Celle mit Landgestüt, Naturpark Elbufer-Drawehn.

Auszeichnungen und Anerkennungen:
FN-Reitstall A

Anfahrt:
An der B 71 zwischen Uelzen und der ehemaligen Ostgrenze gelegen. Bus hält im Ort (1 km), Bahnstation in Uelzen (17 km), Gäste holt man auf Wunsch von den Stationen ab.

Ausstattung der Reitanlage:

20	50 (20 DM)	—	17 x 36 m	—	20 x 40 m	ja

In einem ehemaligen wendischen Rundlingsdorf, fernab von Flug- und Verkehrslärm, findet der Besucher das idyllische Hotel „Brunnenhof" mit vielfältigem Angebot für Reitinteressenten. Überwiegend Hannoveraner als Schulpferde, 1 Reitstunde 20,00 DM (Dressur, Springen, Gelände), Möglichkeiten für Erwerb von Reiterpaß und -abzeichen, Kutschfahrt 8,00 DM/Stunde, keine Reiterferien für Kinder, nur in Familie oder erwachsene Einzelpersonen. Waldgelände zum Ausreiten bis zum Naturpark Elbufer-Drawehn; den Gästen steht auch eine 500 m entfernte große Reitanlage des ortsansässigen Vereins zum Training zur Verfügung. Tierarzt 1 km, Sattler 2 km, Hufschmied auf dem Hof.

Ausstattung der Pension:
Reiterhotel in ländlicher Abgeschiedenheit — reetgedecktes, altes niedersächsisches Bauernhaus — bietet 5 Einbett-, 27 Zweibett- und 1 Vierbettzimmer mit Dusche/WC, Radio, Telefon, teilweise Balkon und TV, ÜmF ab 52,00 DM, HP 20,00 DM, VP 33,00 DM; 6 behagliche Appartements ab 148,00 DM für 2 Personen/Tag inkl. Frühstück, jede weitere Person 30,00 DM; 2 geräumige Ferienwohnungen in niedersächsischem, reetgedecktem Landhaus mit Teich und Pferdekoppel 150 m vom Hotel entfernt, ab 115,00 DM für 2 Personen/Tag, weitere Personen möglich, Nebenkosten. Bei Hotelzimmern Einzelübernachtung möglich. Für alles gilt: Kurzurlaub möglich, Kinderermäßigung, Vermietung ganzjährig. Pauschalangebot für Tagungsteilnehmer, Hunde dürfen auf Anfrage mitgebracht werden.

Freizeitangebote am Haus:
Hallenbad, Tischtennis, Fernsehraum, Video, Sauna, Solarium, Fitneßraum, Tennis, Aufenthaltsräume, Liegewiese, Kinderspielplatz, Terrasse, moderne Tagungsräume, Kutschfahrten, Grillplatz.

Hotel Brunnenhof, Inh. Sabine Wörner,
Kölau Nr. 7, 3117 Suhlendorf (Niedersachsen)
Tel. (0 58 20) 17 55

Niedersachsen

Ausnahmsweise sind sich Forschung und Sage darüber einig, daß früher eine Burg Dannenberg existiert hat, die wahrscheinlich der Sicherung der Elblinie gegen die Slawen diente. Dannenberg (Elbe) an der Elbuferstraße ist heute das Tor zum Naturpark Elbufer-Drawehn, liegt eingebettet in das Wiesengrün der Jeetzel und in waldiger Umgebung. In der Stadt gibt es ein Nebeneinander alter Fachwerkhäuser und moderner Geschäfte — sie ist Verwaltungs-, Schul- und Einkaufszentrum eines großen Umkreises. Zu den Ausläufern der Lüneburger Heide, zum Forstgebiet der Göhrde und zu den Höhenzügen an der Elbe hin hat man von Waldemarturm aus einen herrlichen Ausblick. Elb- und Binnendeiche, weite Wiesen und tiefe Wälder laden zum Wandern, Reiten und teilweise auch zum Radfahren ein. Als Start und Ziel eignet sich dazu natürlich das Reiterland Splietau besonders. Herr Dr. Vogt hat auf seinem Anwesen mit den typischen niedersächsischen Bauten ein Urlaubsdomizil erster Güte geschaffen, welches oft empfohlen wird und zahlreiche Stammgäste hat.

Anfahrt:

Über Bundesstraßen 216 von Lüneburg, 191 von Uelzen, 248 von Lüchow; Bahn- und Busstation in Dannenberg (2 km), von wo aus man Gäste auf Wunsch abholt.

Ausstattung der Reitanlage:

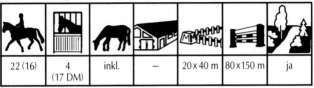

22 (16)	4 (17 DM)	inkl.	—	20 x 40 m	80 x 150 m	ja

Inmitten des scheinbar unberührten Naturparks Elbufer-Drawehn befindet sich das Reiterland Splietau — optimaler Ausgangspunkt für Aus- und Wanderritte durch die gesunde Natur. Reitstunde 18,00 DM, Springstunde 25,00 DM, Kurse für Reiterpaß und -abzeichen, kleines Hufeisen und Grundkurse — pauschal ab 445,00 DM/Woche für Unterkunft, VP und zweimal Reiten/Tag. Kinderreitferien (von 8 bis 17 Jahre), Familienurlaub und für Einzelreisende und Gruppen, Isländer- und Großpferde, Wanderreiten (auch Kurse).
Tierarzt, Hufschmied, Sattler 2 km.

Ausstattung der Pension:

Zwei Zweibettzimmer, vier Mehrbettzimmer sowie zwei Wochenendhäuser im Fachwerkstil. Die holzgetäfelten Zimmer, zum Teil mit Kamin, sind geschmack- und stilvoll eingerichtet und sorgen für Gemütlichkeit; alle Zimmer und Wohnungen sind zentralbeheizt und verfügen über Bad, Dusche/WC. Ob Kinderreitferien, Kursprogramm oder Familienurlaub — jeder kann sich wohl fühlen, auch Wanderreiter sind stets willkommene Gäste.

Freizeitangebote am Haus:

Tischtennis, Aufenthaltsraum, Liegewiese, Wochenendwanderritte pauschal ab 170,00 DM, Pauschale für Klassenfahrten ins Reiterland Splietau über vier Tage ab 148,00 DM, Reiterferien für Kinder mit Ganztagsbetreuung.

Empfehlenswerte Ausflugsziele:

Musikfestspiele in Hitzacker, Schloßkonzerte in Gartow, Musiktage in Dannenberg, Landgestüte in Celle und Redefin, Lüneburg, Salzwedel in der ehemaligen DDR, Altmark, Wendland, Naturpark Elbufer-Drawehn.

Auszeichnungen und Anerkennungen:

FN-anerkannter Reitstall A

Reiterland Splietau, Inh. Dr. K. Vogt,
3138 Dannenberg, Elbe (Niedersachsen),
Tel. (0 58 61) 84 02 oder 25 72

Niedersachsen

Für Familien, Paare und Singles, für Senioren und für alleinreisende Kinder und Jugendliche — der Ferienclub Lüneburger Heide ist für jeden ein wahres Urlaubsparadies. Die herrliche Lage inmitten der weiten Wälder der Göhrde und das große Clubgelände bedingen die beinahe uneingeschränkten Entfaltungsmöglichkeiten. Neben den Reitern kommen hier auch Tennisspieler, Angler, Golfer, Radfahrer, Computerfans und natürlich Wanderer schnell auf ihre Kosten. Auch lassen sich die Clubferien mit einem Schönheits- und Gesundheitsurlaub verbinden — das Angebot reicht von der kosmetischen Behandlung bis zur „Lüneburger-Heide-6-Tage-Kartoffelkur".

Als klassisches Reiterland hat sich die Lüneburger Heide bewährt und ist als solches auch dementsprechend beliebt. Im Ferienclub hat man diese Voraussetzungen erkannt und hat Reitern und denen, die es zu werden beabsichtigen, mittlerweile so einiges zu bieten. So entstand im Laufe der Zeit eine große, moderne Reitanlage, man schaffte Pferde an, stellte geschultes Personal ein und hat sich ein buntes Pro-

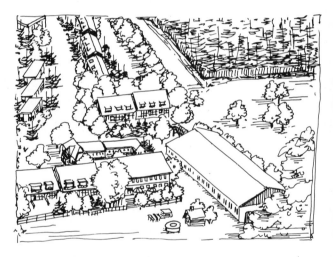

gramm für die Gäste ausgedacht, welches vom Trainieren in Leistungsgruppen über Geländereiten bis hin zu erlebnisreichen Touren mit dem Planwagen und Picknick im Grünen reicht.

Auszeichnungen und Anerkennungen:
FN-anerkannter Reitstall A

Freizeitangebote in der Umgebung:
Surfen auf dem Gartower See, Neun-Loch-Golfplatz, See zum Baden 10 km, Fitneßcenter, Angeln 3 km.

Empfehlenswerte Ausflugsziele:
Rundlingsdörfer, Hitzacker, Lüchow, Dannenberg, Altmark, Lüneburger Heide.

Anfahrt:

Göhrde liegt an der B 216 zwischen Lüneburg und Dannenberg, nächste Autobahnanschlüsse A 1 und A 7 in der Lüneburger Heide; nächste Bus- und Bahnstation in Hitzacker (3 km).

Ausstattung der Reitanlage:

60 (35)	35 (16 DM)	ja	20 x 45 m	20 x 40 m (S)	ja	ja

Ferienidylle rundum — zum einen für Kinder und Jugendliche, die in Gruppen betreut werden, zum anderen auch für Erwachsene (Familien); Reiten auf den Ponys verschiedener Rassen und auf Großpferden steht im Mittelpunkt, jeder Gast bekommt für die Dauer des Aufenthalts sein eigenes Reittier zugeteilt, entsprechend dem Können der Teilnehmer erfolgt Aufteilung in Leistungsgruppen, geritten wird zweimal am Tag, je nach Wetterlage in der Halle, auf dem Außenplatz oder im herrlichen Gelände, Reiterpaß und -abzeichen können erritten werden, sehr beliebt sind Reiterspiele, Geschlicklichkeitsturniere und Ritte „ins Schwarze", bei denen ein Troß Reiter und Planwagen morgens vor Sonnenaufgang in die freie Natur aufbricht, um das Erwachen „da draußen" mitzuerleben (Frühstück für Mensch und Tier werden im Planwagen mitgeführt). Alles in allem ein unheimlich vielseitiges und entspannendes Ferienvergnügen im Sattel. Auch Voltigieren und theoretischer Unterricht.
Tierarzt 10 km, Hufschmied 30 km, Sattler 25 km.

Ausstattung der Pension:

Auf dem weitläufigen Gelände stehen zehn Ferienhäuser mit 39 Ferienwohnungen zur Verfügung (Schlaf- und Wohnräume, Bad/WC, Einbauküche). Häuser im niedersächsischen Fachwerkstil erbaut, jede Wohnung bietet viel Platz (Einrichtung für 2 bis 4 Personen), Kosten ab 79,00 DM/Tag, in Vor- und Nachsaison ab 69,00 DM, Nebenkosten. Die Kinder und Jugendlichen sind in Mehrbettzimmern untergebracht, wo sich meist enge Freundschaften bilden, herzliches Verhältnis zu den Betreuern. Haustiere dürfen auf Anfrage mitgebracht werden. Vermietung ganzjährig.

Freizeitangebote am Haus:

Tennis, Kinderspielplatz, Fußball, Volleyball, Tischtennis, Gymnastik, Hallenbad, Sauna, Bogen- und Luftgewehrgeschießen, Skat-, Grill- und Lagerfeuerabende, gemeinsame Wanderungen, Pilze- und Beerensammeln, Computercamps, Backhaus, Teehütte.

Ferienclub Lüneburger Heide GmbH,
Gerlind und Joachim Stehr,
OT Sarenseck, 3139 Göhrde (Niedersachsen),
Tel. (0 58 62) 6 09

Niedersachsen

Der wichtigste Verkehrsweg zwischen Nord und Süd verläuft seit alters her zwischen Harz und Weser, parallel der Leine. Im Mittelalter entstanden an dieser Straße, durch einen recht lebhaften Handel bedingt, viele kleine, wohlhabende Städtchen, deren Schutzeinrichtungen Burgen, Stadtmauern mit Toren und Türmen waren. Davon konnte bis heute noch vieles gut erhalten werden und ist zu besichtigen.

Zudem kennzeichnen diese Region ausgedehnte Forstgebiete, die es zu durchwandern lohnt, sowohl im Wesergebiet als auch im Harz. Dieser ist traditionelles Urlaubsgebiet, verfügt über ein gut ausgebautes und ausgeschildertes Wanderwegenetz. In bunter Aufeinanderfolge wechseln sich hier Laub- und Tannenwälder mit rauschenden kleinen Wildbächen und großen Talsperren ab. Sehr bekannte Harzorte sind Clausthal-Zellerfeld, Bad Harzburg, Braunlage und im endlich wieder dazugehörigen Ostdeutschland Wernigerode, Nordhausen,

Schierke und viele mehr. Ein besonderes Erlebnis ist die Besteigung des über eintausend Meter hohen Brockengipfels. In vielen dieser heilklimatischen Orte werden Kuren angeboten.

Hohenhameln liegt allerdings recht eben zwischen Peine und Hildesheim. Der hier ansässige Reit- und Fahrverein kann auf eine lange Tradition zurückblicken (Gründung 1923). Im Laufe der vielen Jahre wuchs diese Organisation durch Zusammenschlüsse, Interesse und großes Engagement zu einer beachtlichen Größe heran. Man zählt heute über 600 Mitglieder. Die Sportanlage bietet fast unbegrenzte Möglichkeiten, natürlich auch für ihre Gäste. Seit 1973 befindet sich hier die einzige Fachschule für Voltigieren in der Bundesrepublik. Auch verfügt man hier über die offizielle Anerkennung als Ausbildungsbetrieb für Pferdewirte. Die jährliche Angebotspalette ist groß: Turniere, Lehrgänge für alle Leistungsstufen vom Breiten- bis zum Spitzensport, internationale Jugendbegegnungen. Unterbringung und Verpflegung im begehrten Pensionat.

Niedersachsen

Anfahrt:
Günstige Lage zwischen den Autobahnen 2, 39 und 7 an der B 494. Nächste Bahnstation in Hildesheim 17 km, Busse fahren bis Hohenhameln.

Ausstattung der Reitanlage:

15	75 (20 DM)	—	20 x 80 m	20 x 60 m	20 x 80 m	—

Auf einem 35 000 m² großen Gelände entstandene moderne Reitanlage mit durchorganisiertem, regem Betrieb. Für Urlauber werden Lehrgänge für alle Leistungsstufen in Dressur und Springen angeboten, auch in Voltigieren. In Ferienreitlehrgängen betreuen geschulte Ausbilder die zweiwöchigen Kurse für Kinder und Jugendliche.
Einfache Reitstunden 15,00 DM, Springstunde 18,00 DM.
Tierarzt, Hufschmied, Sattler 2 km.

Anerkennungen und Auszeichnungen:
FN-anerkannter Ausbildungsbetrieb für Pferdewirte mit Schwerpunkt Reiten; einzige deutsche Fachschule für Voltigieren.

Ausstattung der Pension:
Zum Reitverein gehörendes Pensionat mit freundlichen Zimmern und guter Gastronomie. 7 Doppelzimmer und 2 Mehrbettzimmer, teilweise mit Dusche, sonst Dusche und WC auf dem Flur, alles zentralbeheizt. Pensionspreise werden auf Anfrage bekanntgegeben. Vermietung ganzjährig, Kurzurlaub möglich.

Freizeitangebote am Haus:
Da es hier vornehmlich um eine intensive reiterliche Ausbildung geht, ist sonstiges Freizeitangebot nur in geringem Maße vorhanden. Aber es gibt viele Kommunikationsmöglichkeiten in den dafür eingerichteten Gemeinschaftsräumen, Grillplatz.

Freizeitangebote in der Umgebung:
Freibad und Fitneßcenter 500 m, Hallenbad 6 km, viele interessante Wander- und Radfahrwege.

Empfehlenswerte Ausflugsziele:
Hildesheim, Hannover, Braunschweig, Wolfenbüttel, Salzgitter, Harz — nun auch die idyllischen Ostgebiete.

Reit- und Fahrverein Hohenhameln,
Dehnenweg 30, 3156 Hohenhameln (Niedersachsen),
Tel. (0 51 28) 70 07

Niedersachsen

Von der Norddeutschen Tiefebene bis zum Hessischen Bergland reicht das Gebiet des Weserberglandes, von einem guten Dutzend waldbedeckter Gebirgszüge gebildet. Das einigende Band ist die Weser, welche bei Hann. Münden durch Zusammenfluß von Werra und Fulda entsteht. Fast parallel dazu verläuft das Leinetal vom Göttinger Bergland bis zum Hildesheimer Wald. Mitten in dieser an Märchen und Sagen reichen Mittelgebirgslandschaft, durch die sich auch die Deutsche Märchenstraße zieht, liegt Rinteln mit seinen prachtvollen Bauten der Weserrenaissance und Stadthöfen des alten Schaumburger Adels. Unweit davon kann man auch als Nichtadliger einen beinahe königlichen Urlaub auf dem Reiterhof Hohenrode verbringen. Der bewirtschaftete Bauernhof bietet seinen Gästen Ruhe und Erholung. Zu der großen, hellen Reithalle, in der meistens reger Betrieb herrscht, gehört eine rustikal eingerichtete Reiterstube mit Kamin, die ein beliebter Treffpunkt nach dem täglichen Reitvergnügen ist. In den

kuscheligen Betten läßt es sich bei gesunder Landluft gut einschlafen. Vielleicht macht sich der ein oder andere am darauffolgenden Morgen nach dem deftigen Frühstück ganz gern mal auf in die Berge der faszinierenden Umgebung. Die Wanderwege durch die Mischwälder des Weserberglandes sind gut beschildert. Es lohnt sich!

Freizeitangebot in der Umgebung:
Bademöglichkeiten, Wassersport, Fitneßcenter, Angeln, Sauna, Tennis/Squash 8 km, Segelflugplatz 7 km, Drachenfliegen 15 km, gutes Wanderwegenetz.

Empfehlenswerte Ausflugsziele:
Wesergebirge mit den vielen hübschen Ortschaften und Kurbädern, Extertal, Porta Westfalica, viele Burgen, Rattenfängerstadt Hameln, Freilichtmuseum in Detmold.

Niedersachsen

Anfahrt:
A 2 durchs Wesergebirge, Abfahrt Bad Eilsen auf B 238 bis Exten, dann auf Hauptstraße Richtung Hess. Oldendorf nach Hohenrode; Bahnstation in Rinteln (8 km), Bus hält am Ort (200 m), Gäste holt man von den Stationen auf Wunsch ab.

Ausstattung der Reitanlage:

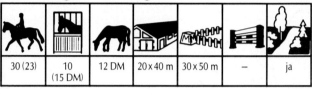

30 (23)	10 (15 DM)	12 DM	20 x 40 m	30 x 50 m	–	ja

Herrlicher Bauernhof mit großem Grundstück, Lage mitten im Dorf, täglich 2 Reitstunden/Gast, Stunde 7,00 bis 15,00 DM, Ausritte und Wanderritte ca. 15,00 DM/Stunde, Kutschfahrten nach Vereinbarung; Kurse, die zum Erwerb von Reiterpaß und -nadel sowie zum kleinen Hufeisen führen, Kinderermäßigung bis 20 %, Unterricht in verschiedenen Alters- und Leistungsgruppen, Pferdebestand: Shetland- und Welshponys sowie Haflinger und Großpferde, landwirtschaftlicher Betrieb.
Tierarzt und Sattler 8 km, Hufschmied 5 km.

Ausstattung der Pension:
Idyllisch gelegenes bäuerliches Anwesen, weiträumig, gepflegte Pension mit 3 Doppel- und 6 Mehrbettzimmern, Bad/WC/Dusche auf der Etage, ÜmF 29,00 DM/Tag, HP 33,00 DM/Tag, VP 37,00 DM/Tag, Kinderermäßigung bis 50 %, Schulklassen VP 30,00 DM, Vermietung ganzjährig, außer in den Ferienzeiten Einzelübernachtung und Kurzurlaub möglich; geeignet für größere Veranstaltungen, Haustiere auf Anfrage gestattet, Nahrungsmittel aus eigener Produktion, Reiterferien für Kinder, Fremdsprachenkenntnisse des Personals vorhanden.

Freizeitangebote am Haus:
Aufenthaltsräume mit TV, Liegewiese, Kinderspielplatz , Tischtennis, Terrasse, Fahrradverleih, Zelten und Camping auf Anfrage.

Tip:
Imkerhonig, Hausschlachtwurst, Weseraal.

Reiterhof Hohenrode, Inh. Gerda Schulze,
Hünenburgstraße 8,
3260 Rinteln-Hohenrode (Niedersachsen),
Tel. (0 57 51) 3 1 02

Niedersachsen

Im westlichsten Gebiet Niedersachsens, dem Emsland, erfährt man, daß die Ebene keinesfalls langweilig sein muß. Das weite, stille Land ist von Wald und Moor geprägt, die Ems und der Dortmund-Ems-Kanal machen es beschiffbar. Der Ort Haren ist Ausgangspunkt des Haren-Rutenbrock-Kanals in die Niederlande, was ihn zu einem wichtigen Zentrum macht. See-, Küsten- und Binnenmotorschiffe kennt man hier zur Genüge. Aber das allein macht Haren und Umgebung nicht aus. Charakteristisch für diese Gegend sind Ruhe und Einsamkeit, die jedem Gast Entspannung und Erholung vom Alltagsstreß garantieren. Auf dem Reiterhof Lüssing kann man sich den Tag einteilen, wie man will. Die einen legen Wert auf reiterliches Fortkommen und trainieren hart und regelmäßig, was in der großen Anlage des Hofes gut möglich ist. Andere machen ausgedehnte Spazierritte durch die Wälder, deren zahlreiche Sandwege fast ganzjährig dazu einladen. Und wenn man nicht im Sattel sitzt, macht man es sich in der Pension gemütlich. Unter Gleichgesinnten finden auch Alleinreisende schnell interessante Gesprächspartner. In lustiger Runde hält man es vorm Kamin schon mal bis nach Mitternacht aus.

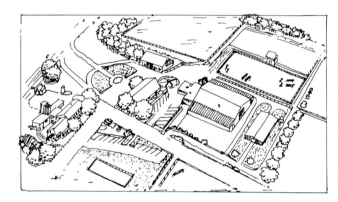

Auszeichnungen und Anerkennungen:
FN-anerkannter Reitstall

Freizeitangebote am Haus:
Gemütliche Reiterschänke direkt an der Reithalle, Aufenthaltsraum, Liegewiese, Terrasse, Ponyreiten für kleine Gäste, Kutschfahrten.

Freizeitangebote in der Umgebung:
Bootfahren und Anlagen an der Ems (500 m), Frei- und Hallenbad, Sauna, Tennis 3 km, See zum Baden und Wassersporttreiben 5 km, Wandern.

Empfehlenswerte Ausflugsziele:
Wildpark Hilter, Emser Schweiz, Hafen und Schleusen an der Ems, Wasserschloß Dankern, Niederlande.

Anfahrt:

Haren liegt nahe an der B 70 zwichen Papenburg und Meppen im Emsland; von Süden kommend von Autobahn in Rheine auf B 70, BAB Hansalinie, Abfahrt Wildeshausen-West, dann B 213 Cloppenburg — Meppen — B 70. Bahn- und Busstationen in Haren, wo man Gäste gern abholt.

Ausstattung der Reitanlage:

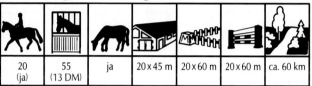

20 (ja)	55 (13 DM)	ja	20 x 45 m	20 x 60 m	20 x 60 m	ca. 60 km

Um sich einmal ganz intensiv dem eigenen Pferd zu widmen, sich mit ihm oder einem Schulpferd Entspannung zu verschaffen, lohnt sich ein Aufenthalt bei Familie Lüssing. Stets aktives Reiterleben für Leistungssportler, genau wie für Freizeitreiter, phantastisches Gelände, herrliche Reitanlage, jede Reitstunde 13,00 DM, Ausritte mit Begleitung, Kutschfahrten, Erwerb von Reiterpaß und -abzeichen möglich, Ermäßigung für Kinder bis 8 Jahre, Turnierplatz mit Richterturm. Tierarzt und Sattler 5 km, Hufschmied 15 km.

Ausstattung der Pension:

Die idyllisch gelegene Pension Lüssing verfügt insgesamt über 100 Betten (2 Einbettzimmer und 17 Zweibettzimmer mit Dusche/WC, teilweise mit Balkon, 2 Mehrbettzimmer mit Dusche/WC. ÜmF 28,00 DM, HP 34,00 DM, VP 40,00 DM, Kinderermäßigung und Ermäßigung in Vor- und Nachsaison auf Anfrage. Weiterhin 17 Ferienwohnungen, für 2 — 4 Personen 200,00 DM/Woche, 4 — 6 Personen 310,00 DM/Woche, Nebenkosten, Hunde auf Anfrage erlaubt, Reiterferien für Kinder ab 10 Jahre, Kurzurlaub und Einzelübernachtung möglich, Vermietung ganzjährig, gutbürgerliche Küche mit emsländischer Kost.

Reiterhof Lüssing
Raken 7, 4472 Haren/Ems (Niedersachsen)
Tel. (0 59 32) 22 39

Rheinland

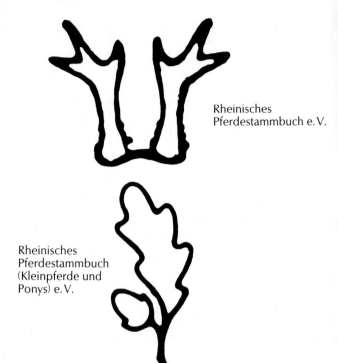

Rheinisches
Pferdestammbuch e.V.

Rheinisches
Pferdestammbuch
(Kleinpferde und
Ponys) e.V.

Fruchtbare Ackerbauzonen, interessante Großstädte und landwirtschaftlich reizvolle Erholungsregionen schließt das Pferdezuchtgebiet Rheinland ein, welches bis in die frühen 50er Jahre hinein ein Hochzuchtgebiet der Rasse Kaltblut war. Erst seit 1954 betreut das Rheinische Pferdestammbuch mit Sitz in Bonn auch Warmblut-, Kleinpferde- und Ponyzüchter. Im Jahre 1957 kam es zur Auflösung des Landgestütes Wickrath, und fortan übernahm das Landgestüt in Warendorf (Westfalen) auch für die Stuten der rheinischen Züchterschaft die Bereitstellung von Vatertieren. Eine völlige Neuorientierung in der Pferdezucht nahm ihren Lauf, wobei wertvolles Zuchtmaterial veredelt oder gar aus anderen Gebieten zugekauft wurde. So kam es zu einer schnellen Entwicklung, und heute kann das rheinische Warmblutpferd in jedem Leistungvergleich gegen andere antreten.

Auktionsort war bislang ausschließlich Aachen, doch neuerdings gibt es auch gemeinsame Veranstaltungen mit dem Westfälischen Pferdestammbuch in Münster.

(Ponys)

Westfälisches Pferdestammbuch e.V.

Westfalenland — Pferdeland! Eine vielfach begründbare Aussage, denn nicht nur die etwa 9 000 eingetragenen Zuchtstuten und die großartigen sportlichen Erfolge westfälischer Pferde sind dabei ausschlaggebend. Die Pferdezucht in diesem Gebiet hat einfach eine uralte, sich von anderen Gebieten unterscheidende Tradition. Die Bodenstruktur läßt in Westfalen eine Vielzahl ertragreicher Dauerweiden zu, die die Grundlage für eine hochentwickelte Tier- und somit auch Pferdezucht bilden. Typisch ist die Vielzahl kleiner westfälischer Pferdezüchter, die teilweise über Jahrhunderte die Familientradition pflegen und heute stolze Besitzer von bodenständigen, durchgezüchteten Stuten sind, deren Stammbäume ausschließlich familieneigene weibliche Ahnen aufweisen. Diese Tiere mußten sich in den Klein- und Mittelbetrieben ihr Brot stets hart verdienen, wobei eine natürliche Zuchtauslese gegeben war. Heute genießt die westfälische Pferdezucht ganz besonders hohes Ansehen in bezug auf Charakter, Temperament, Vielseitigkeit und Leistungsstärke ihrer Vertreter. Aber Westfalen ist mehr, nämlich bedeutendstes und größtes Kleinpferde-Zuchtgebiet Deutschlands, das größte Haflingerzuchtgebiet außerhalb der Alpen, und schließlich war es ein sehr bedeutendes Kaltblutzuchtgebiet mit internationaler Anerkennung. Kein Wunder, daß sich auch im Bereich Pferdesport Bedeutendes in Westfalen angesiedelt hat. Dort findet man nicht nur großartige Sportler, sondern gleich die ganze Dachorganisation in der Reiterstadt Warendorf, wo auch das Westfälische Landgestüt mit seinen ruhmreichen Vererbern und der Deutschen Reitschule ansässig ist. Der pferdebegeisterte Urlauber findet auf Schritt und Tritt Gesinnungsgenossen, ausgezeichnete Reitbedingungen und faszinierende Landschaften.

Nordrhein-Westfalen

Zwischen dem geschichtsträchtigen Teutoburger Wald und dem Weserbergland findet man abseits vom Verkehrslärm in romantischer Einzelhoflage das Gut Externbrock. Seine namentliche Bezeichnung läßt sich bis in das 11. Jahrhundert zurückverfolgen. Bereits seit dem Jahre 1908 ist dieses Anwesen im Besitz der Familie Wente, welche bereits seit über 60 Jahren Ferien auf dem Bauernhof anbietet. Das spricht natürlich für Qualität, wenn der Gästestrom solange anhält. Ob es dafür ein Rezept gibt? Am besten hinfahren und ausprobieren! Schnell wird man sich dort in Haus, Hof und Garten heimisch fühlen. Stets sind die Gastgeber bemüht, die Wünsche der Gäste möglichst individuell zu erfüllen. Willkommen ist grundsätzlich jeder, egal welchen Alters (Kinder ab 10 Jahre auch allein), ob allein, zu zweit, in Familie oder als Gruppe. Auch die eigenen Pferde von zu Hause haben hier Platz im Stall und auf der Weide. Auf dem Gut stehen derzeit 25 Großpferde und Deutsche Reitponys zur Verfügung,

die alle geländesicher sind und in der Dressur ausgebildet. Das Ehepaar Wente-Beermann erteilt persönlich Reitunterricht, teilt die Pferde nach dem Können der Reiter ein, plant gemeinsam mit den Gästen die Gestaltung des nächsten Tages in bezug auf das Reiten. Seit 1983 ist der Reitstall durch die FN anerkannt.

Das Wohnhaus ist im rustikalen, ländlichen Stil eingerichtet, wobei viele Überbleibsel aus vergangener Zeit vorhanden sind. 48 Betten stehen den Gästen zur Verfügung, warmes und kaltes Wasser auf den Zimmern, Etagenduschen.

An Ausflugszielen herrscht hier absolut kein Mangel. Teutoburger Wald und Weserbergland halten viele Überraschungen parat. So bekannte Kurorte wie Bad Pyrmont, Bad Driburg, Bad Hermannsborn, Städte wie Paderborn, Hameln, Detmold und Höxter sind immer wieder eine Augenweide. Und dazwischen erholsame Wälder, Berge und Täler. Der Aufenthalt lohnt sich!

Auszeichnungen und Anerkennungen:
DLG-Gütezeichen, FN-anerkannter Reitstall.

Anfahrt:

A 44 Abfahrt Warburg, über B 252 nach Nieheim oder A 33 Abfahrt Paderborn-Zentrum, über B 64 bis B 252, dann nach Nieheim; Bahnstationen in Steinheim (7 km) und Altenbeken (20 km), Bus hält in 200 m Entfernung, Gäste holt man auf Wunsch dort ab.

Ausstattung der Reitanlage:

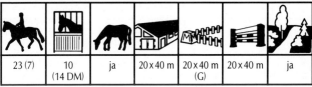

23 (7)	10 (14 DM)	ja	20 x 40 m	20 x 40 m (G)	20 x 40 m	ja

In romantischer Einzelhoflage entdeckt man das Gut Externbrock in der beschaulichen Landschaft zwischen Teutoburger Wald und Weserbergland. Jahrzehntelange Erfahrung mit Urlauberbetreuung und Reiten im Urlaub. Zwei Reitwarte FN stehen zur Verfügung; die Schulpferde sind in den Klassen A und L ausgebildet. Reitstunde 14,00 DM, Springen und Ausreiten 15,00 DM/Stunde. Reiterpaß kann auf Anfrage belegt werden. Gastpferde können am Unterricht teilnehmen. Tierarzt und Sattler 2 km, Hufschmied 15 km.

Ausstattung der Pension:

Großes, rustikal eingerichtetes Bauernhaus, weit über hundert Jahre alt. 17 Doppel- und 8 Mehrbettzimmer, teilweise mit Balkon und Dusche, Zentral- oder Ofenheizung. ÜmF 29,00 bis 33,00 DM, HP 37,00 DM bis 42,00 DM, VP 41,00 bis 49,00 DM. Küchenbenutzung, Schonkost möglich, Kinderermäßigung, Kurzurlaub und Einzelübernachtung möglich, Vermietung ganzjährig. Hausprospekt anfordern!

Freizeitangebote am Haus:

Tischtennis, Aufenthaltsräume, Park mit Liegewiese, Kinderspielplatz, Terrasse, Grillabende am Lagerfeuer.

Freizeitangebote in der Umgebung:

In zahlreichen Kurorten medizinische Heilbäder und Massagen, Minigolf, Kegeln, Freibad und Hallenbad, Sauna, Fitneßcenter, Sportplatz 2 km, Angeln 1 km, Tennis/Squash, Golf, Thermalbad 15 km, Radfahren, Wandern.

Empfehlenswerte Ausflugsziele:

Porzellanmanufaktur Fürstenberg, Schlösser, Reichsabtei Corvey in Höxter, ehemalige Benediktinerabtei Marienmünster, Hermannsdenkmal, Safari-Park Stukenbrock.

Tip:

Mundgeblasenes Glas.

„Gut Externbrock", Inh. Familie Wente-Beermann
3493 Nieheim (Nordrhein-Westfalen)
Tel. (0 52 74) 2 24

Nordrhein-Westfalen

Wer seinen Urlaub oder seine Ferien ganz effektiv nutzen will, findet am Rande des Naturparks Hohe Mark bei Manfred Altmann in Hamminkeln beste Gelegenheit dazu. Am schönen Niederrhein zwischen Bocholt und Wesel hat er seine Reit- und Fahrschule Gervershof errichtet, ein Domizil für jeden Pferdefreund, ein durchorganisierter Lehrgangsbetrieb mit Ferienidylle. Jährlich werden hier über 20 Lehrgänge für Anfänger, Fortgeschrittene und Freizeitreiter durchgeführt, die zum Erwerb von Reiterpaß, Nadel oder Abzeichen führen sollen bzw. zum Erwerb des Fahrabzeichens. Mit großem persönlichen Engagement gestaltet Herr Altmann diese Lehrgänge sehr vielseitig und effektiv. Seine Schüler werden dem Ausbildungsstand entsprechend fortgebildet. Der Besucher kann dort den Umgang mit dem Pferd, die Longen- und Cavalettiarbeit, Anatomie, Veterinärkunde und viele andere Grundlagen ebenso beherrschen lernen wie die höheren Dressurlektionen und das Stilspringen. Zur Fahrausbildung nach dem Achenbachsystem stehen drei Gespanne zur Verfügung. Doch auf

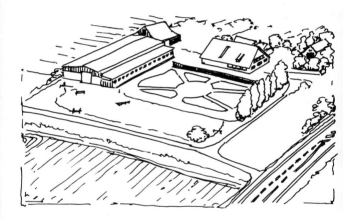

dem Gerwershof wird nicht nur gefordert, sondern auch viel geboten. Zur Auflockerung des Unterrichts lädt man Fachleute aus Turnier- und Breitensport als Referenten ein, organisiert Besuche auf namhaften Gestüten, fährt zur Trabrennbahn und in eine moderne Tierklinik. Auch gibt es gemeinsame Planwagenfahrten, Diaabende, Jagden und abendliches Grillen. Das eigene Pferd kann selbstverständlich mitgebracht werden und wird auf Wunsch sogar von erfahrenem Personal ausgebildet. Nach einem solchen Intensivurlaub in Hamminkeln, dessen Umgebung übrigens auch für andersartige Unternehmungen sehr viele Möglichkeiten bietet, kann man reiterlich sicherlich ein gehöriges Stück vorankommen. Und wer die Gemeinschaft liebt, fühlt sich in dieser internatsähnlichen Atmosphäre ganz besonders wohl.

Als Reit- und Fahrbetrieb von der FN und vom Landesjugendamt anerkannt.

Anfahrt:

A 3 von Oberhausen, Richtung Arnheim, Abfahrt Bocholt – Wesel auf die B 473 nach Loikum, Bahnstation Hamminkeln 2,5 km, auf Wunsch werden Gäste abgeholt.

Ausstattung der Reitanlage:

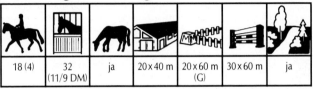

18 (4)	32 (11/9 DM)	ja	20 x 40 m	20 x 60 m (G)	30 x 60 m	ja

Lehrgangsgebühren: 28,00 bis 35,00 DM/Tag. Weidegang im Preis der Boxenmiete enthalten. Lehrgangsprogramme werden auf Anforderung zugeschickt. Tierarzt 2 km, Hufschmied 4 km, Sattler 8 km.

Ausstattung der Pension:

Internat mit Mehrbettzimmern und 2 Dz., Vermietung ganzjährig, Badezimmer/WC auf der Etage, ÜmF 19,00 DM, HP 21,00 DM, VP 30,00 DM, hauseigene Küche, Küchenbenutzung nach Absprache mögl.

Freizeitangebote am Haus:

Kasino, Schulungsraum, Aufenthaltsraum, Liegewiese, Möglichkeit zum Angeln.

Freizeitangebote in der Umgebung:

Freibad 2 km, Hallenbad 1,5 km, See mit Bademöglichkeit 3 km, Fitneßcenter 2 km, Tennis- und Squashplatz 4 km, Sportplatz 4 km.

Empfehlenswerte Ausflugsziele:

Freilichttheater, Römermuseum und archäologischer Freizeitpark in Xanten, namhafte Gestüte, Wanderungen zu Fuß oder per Fahrrad am Niederrhein.

Reit- und Fahrschule Gervershof,
Gerwersweg 1, 4236 Hamminkeln (NRW),
Tel. (0 28 52) 44 74

Nordrhein-Westfalen

Ein Ferienparadies speziell für Kinder schuf Familie Einhaus in Senden. Hier auf ihrem Bauernhof Gut Barber, einem gepflegten, großzügig angelegten Gelände mit modernem Wohntrakt und der ländlichen Atmosphäre, gibt es die tollsten Ferienerlebnisse. Zu Gast können hier Mädchen im Alter von 7 bis 15 Jahren und 7- bis 13jährige Jungen sein. Jedem Kind stehen täglich zwei Reitstunden zu, welche auf Haflingern, Welshponys oder anderen Kleinpferden absolviert werden können. Ansonsten wird den kleinen Gästen hier viel Freiraum gelassen für Spiel, Spaß und Unternehmungen, was natürlich alles beaufsichtigt wird. So entwickeln sich oftmals enge Freundschaften zwischen den Ferienkindern, was zum Genuß des Aufenthalts beitragen kann. Das Münsterland, diese ausgesprochen reizvolle Landschaft, welche reich an Sehenswürdigkeiten und Ausflugsgebieten ist, bietet ohnehin genug Abwechslung und weckt den Unternehmungsgeist. Doch eine direkt an Senden grenzende Spezialität ist die Davert — ein Stück urwüchsige Natur, wo in düsteren Zeiten noch Hexen ihr

Unwesen trieben. Doch keine Angst, die Zivilisation ist weit genug vorgedrungen, daß man sich hier sicher fühlen kann. Längst haben sich Wochenendausflügler diesen reizvollen Landstrich erobert und nutzen ihn zur Erholung. Da geht es zu Fuß, per pedes oder für die Gäste von Gut Barber auch hoch zu Roß oder mit dem Planwagen vorbei an alten Bauernschaften, mittelalterlichen Wasserburgen und Adelshöfen, durch stille Wälder, über Wiesen und Felder. Man findet Heidelandschaften ebenso vor wie Sumpf- und Feuchtgebiete, die ins Moor übergehen. Und wem es nicht gruselt, dem zeigt man in der mittelalterlichen Garwinsburg noch gern die Reliquien aus der Zeit der Hexenprozesse.

Anfahrt:

Verkehrsgünstige Lage in der Nähe des Autobahnkreuzes Münster-Süd, A 43, Abfahrt Senden, A 1 vom Kamener Kreuz Richtung Münster, Abfahrt Ascheberg, dann auf B 58 und B 235 über Lüdinghausen nach Senden oder Hauptstraße über Otmarsbocholt, Reiterhof an der Straße nach Appelhülsen. Bahnstation Appelhülsen (3 km). Gäste werden auf Wunsch abgeholt. Busse halten direkt am Gut Barber.

Ausstattung der Reitanlage:

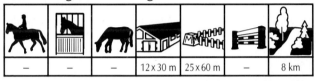

| – | – | – | 12 x 30 m | 25 x 60 m | – | 8 km |

Weiträumiger, gepflegter Ponyhof in ländlicher Idylle, bietet den Kindern viel Freiraum, kein konkretes Ausbildungsprogramm, Grundregeln der Reiterei und Freude am Umgang mit dem Pferd werden hier vermittelt. Erwerb des Reiterpasses möglich, Ausritte 10,00 DM/Stunde, Planwagenfahrten nach Absprache, normale Reitstunde 10,00 DM, alles unter Aufsicht eines Reitwartes.

Ausstattung der Pension:

Großes, neuwertiges Gästehaus, Innenausstattung mit modernen bis alten ländlichen Elementen, Unterbringung in 3- bis 8-Bett-Zimmern, teilweise mit Dusche ausgestattet, sonst Bad und WC auf der Etage, alles zentralbeheizt. Bettwäsche und Handtücher sind mitzubringen, ÜmF 30,00 DM, VP inkl. Reitstunden, Versicherung und Betreuung 62,00 DM/Tag, Anreise jeweils samstags nachmittags, Abreise samstags vormittags, Dauer des Aufenthaltes beliebig. Übernachtung und vier Mahlzeiten für Kindergruppen pro Kind und Tag 32,00 DM.

Freizeitangebote am Haus:

Aufenthaltsraum, Liegewiese, Spielplatz, Terrasse, kleiner Laden, wo Süßigkeiten und anderes zu erwerben sind. Betreuung der Ponys, abends gemeinsames Grillen, Disko usw.

Freizeitangebote in der Umgebung:

Freibad, Hallenbad, Fitneßcenter, Squash, Sauna, Sportplatz 4 km, Fluß mit Bademöglichkeiten 500 m, Wandern und Radfahren in der Umgebung.

Empfehlenswerte Ausflugsziele:

Münster, Wasserburgen des Münsterlandes, Wildpferdepark in Dülmen, Blaudruckerei Nottuln, Schloß Senden.

Reiterhof „Gut Barber", Familie Einhaus,
Bredenbecker Heide, 4403 Senden (Westfalen),
Tel. (0 25 97) 10 51

Nordrhein-Westfalen

Dort, wo die weite Parklandschaft der Münsterschen Bucht im Norden durch den Teutoburger Wald begrenzt wird, liegt Emsdetten. Wie überall im schönen Münsterland erfreuen auch hier die stolzen Fassaden der alten Bauernhäuser die Augen des Reisenden. Mitten in diesem anmutenden Land hat sich auch Familie Haerkötter niedergelassen und eine Pension mit Hof und Reitgelegenheit aufgebaut, die mittlerweile regen Zuspruch erfährt. Ganz abseits vom Straßenverkehr, inmitten von Wäldern, Wiesen und Heide steht das frischrenovierte Häuschen, umgeben von einer gepflegten Gartenanlage mit Ruhebänken, Liegewiesen, Kinderspielplätzen, Tischtennisplatte und Grillplatz. Die familiäre Atmosphäre des Hauses und seine aufmerksame Betreuung bieten einen angenehmen Urlaub für jung und alt. Mit den Pferden, welche hier zur Verfügung stehen, kann man die reizvolle Gegend ganz nach Belieben durchstreifen, denn ein Reitwegenetz hat man hier noch nicht angelegt. Wenn der Wunsch der

Gäste besteht, spannt Vater Haerkötter auch schon mal die Ponys vor die Kutsche, und ab geht es durch das nicht nur völlig ebene Münsterland. Wallhecken, Buchenwäldchen und lange Alleen, äußerst gepflegte Anwesen, saftige Weiden, Felder und die vielen Wasserläufe gestalten diese Landschaft geradezu künstlerisch. Mittelpunkt ist selbstverständlich die Domstadt Münster mit einer etwas verträumten Atmosphäre, welche man aber auch in den anderen bekannten Städtchen wie Warendorf, Rheda-Wiedenbrück, Coesfeld usw. wiederfindet. Geradezu bilderbuchartig erscheinen dem Reisenden dann schon die bekannten münsterländischen Wasserburgen und -schlösser. Allein dafür lohnt sich ein Aufenthalt in dieser Gegend.

Freizeitangebote in der Umgebung:
Freibad 3 km, Hallenbad, Sauna, Tennis/Squash, Sportplatz 4 km, Angeln 5 km, Wassersport 6 km, Radwandern.

Nordrhein-Westfalen

Anfahrt:
Von A 30 und A 1 aus gut zu erreichen über verschiedene Bundesstraßen. Hollingen liegt etwas südlich von Emsdetten — Richtung Greven, B 481.
Nächste Bahnstation in Emsdetten (4 km) — Gäste holt man auf Wunsch gern ab.

Ausstattung der Reitanlage:

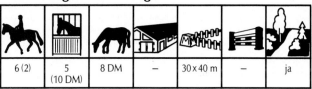

6 (2)	5 (10 DM)	8 DM	—	30 x 40 m	—	ja

In ländlicher Abgeschiedenheit gelegener Hof mit größerem, gepflegten Anwesen. Viele Möglichkeiten, sich intensiv mit dem Partner Pferd zu beschäftigen, jedoch kein Reitunterricht, um sattelfest zu werden. Urlauber jeder Altersgruppe sind willkommen, für die kleinen Gäste stehen verläßliche Ponys zur Verfügung. Auch eigene Pferde können zu Gast sein. Ein Reitwegenetz ist hier noch nicht angelegt worden, man darf die Natur mit Rücksichtnahme auf Wirtschaftsflächen und Wohngrundstücke also nach Herzenslust durchstreifen. Reitstunde 10,00 DM. Hin und wieder — je nach Bedarf — werden auch Planwagenfahrten veranstaltet. Tierarzt, Sattler 4 km, Hufschmied 10 km.

Ausstattung der Pension:
Neu renoviertes Landhaus (Backsteinbau) auf gepflegtem, großflächigen Anwesen. Alternative Landwirtschaft, Haustiere, familiäre Atmosphäre. 3 Einzel-, 2 Doppel- und 8 Mehrbettzimmer, teilweise mit Dusche/WC (dann 4,00 DM Zuschlag). In allen Zimmern fließt w. u. k. Wasser. Bad und Duschen auf den Etagen. ÜmF 31,00 DM, HP 39,00 DM, VP 44,00 DM. Kinderermäßigung 50 %; 2 Ferienwohnungen für 4 – 6 Personen, Wohnzimmer, 2 Schlafzimmer, Küche, Dusche, WC (behindertengerecht gestaltet!), 5 Personen 60,00 DM/Tag, jede weitere Personen 10,00 DM, zuzüglich Strom- und Heizkosten. Vermietung ganzjährig, Kurzurlaub und Einzelübernachtung möglich. Geeignet für Seminare und Tagungen bis 35 Personen. Hunde und andere Haustiere darf man auf Anfrage mitbringen. Angebot selbsterzeugter Nahrungsmittel.

Freizeitangebote am Haus:
Kaminzimmer, Fernsehraum, Bauernmalerei und Blumenstecken — selbst erlernen, Planwagenfahrten Fahrradverleih, Kinderspielplatz, Liegewiese, Terrasse, Grillplatz, Tischtennisplatte.

Pension Harkotten, Inh. Maria Haerkötter,
Hollingen 19, 4407 Emsdetten (Nordrhein-Westfalen),
Tel. (0 25 72) 7 1 57

Nordrhein-Westfalen

Inmitten der anmutigen Parklandschaft des Münsterlandes, umgeben von Rhododendronbüschen, mächtigen alten Bäumen und gepflegten Rasenflächen, steht das behäbige Gebäude, welches jährlich vielen Kindern im Alter von 7 bis 14 Jahren ein beliebtes Ferienziel ist. Etwa 50 Ponys verschiedener Größen werden von den Mädchen und Jungen liebevoll umsorgt und geritten — ein wahres Paradies für Pferdefreunde. Franz-Josef Schulze-Schleithoff erteilt als geprüfter und erfahrener Reitlehrer einen gewissenhaften und individuellen Reitunterricht, wobei er von geschulten, freundlichen Helferinnen unterstützt wird. Auf eine fundierte Grundausbildung im Sattel wird hier viel Wert gelegt, nur damit vereint kann sich der Spaß am Reitsport eines Tages zum Erfolg entwickeln. Es steht eine sehr gute Reitanlage zur Verfügung, auf dem Tagesprogramm sind aber auch ausgedehnte Ritte auf den eigenen Reitwegen durch Wälder, Wiesen und Felder verzeichnet.

Der erzieherische Wert eines Ferienaufenthalts ist groß, denn jedes Kind betreut sein Pony nach festgelegtem Tagesplan.

Darüber hinaus bleibt aber auch genug Zeit für gemeinsame Spiele und Unternehmungen. Die Kinder werden durch Frau Schulze-Schleithoff äußerst liebevoll betreut. Das prächtige, große Gutshaus strahlt eine angenehme, gepflegte Atmosphäre aus, in der sich jedermann nur wohl fühlen kann.

Auszeichnungen und Anerkennungen:
DLG-Gütezeichen, FN-anerkannter Reitstall

Empfehlenswerte Ausflugsziele:
Die nahe gelegenen Baumberge sind ein beliebtes, attraktives Gebiet zum Wandern, das flache Münsterland reizt zum Radfahren in alle Richtungen. Münster selber ist äußerst sehenswert.

Anfahrt:

A 1 auf der Höhe von Münster, Abfahrt Münster-Nord, auf Haupt- und Nebenstraßen Richtung Billerbeck nach Havixbeck; Bus- und Bahnstationen in Havixbeck, von wo man Gäste gern abholt.

Ausstattung der Reitanlage:

(50)	–	–	20×40 m (2 Stück)	20×40 m (2 Stück)	60×80 m	10 km

Weit ab vom Verkehrslärm, idyllisch gelegenes Anwesen, dessen Anfänge bis ins 12. Jahrhundert zurückreichen. Vorzügliche Reitanlage und -ausbildung, aufgenommen werden Kinder im Alter von 7 bis 14 Jahren, großer erzieherischer sowie auch Erholungswert. Die Kinder betreuen ihre zugeteilten Ponys unter ständiger Aufsicht selbständig. Täglich 2 Reitstunden sind in den Preis für die Vollpension einbegriffen.

Ausstattung der Pension:

Prächtiges, großes, altes Gutshaus, umgeben von gepflegten Rasenflächen, riesigen Bäumen und duftenden Rhododendronbüschen im Sommer. Äußerst gepflegte Wohn- und Schlafräume, gutes Essen und recht individuelle Betreuung durch die Inhaberin persönlich. Die Vollpension kostet 65,00 DM/Tag, beinhaltet 4 Mahlzeiten und 2 Reitstunden. 12 Mehrbettzimmer stehen zur Verfügung.

Freizeitangebote am Haus:

Liegewiese, Aufenthaltsräume; großer Kamin, der beim abendlichen Beisammensitzen eine urgemütliche Atmosphäre verbreitet; Kinderspielplatz, großes Grundstück.

Freizeitangebote in der Umgebung:

Viele Sportstätten in Havixbeck und Münster.

Pony- und Reiterhof Schleithoff,
Mechthild Schulze-Schleithoff, Herkentrup 4,
4409 Havixbeck bei Münster (Nordrhein-Westfalen),
Tel. (0 25 07) 12 27

Nordrhein-Westfalen

Warendorf — Musik in den Ohren von Pferdefreunden, vielleicht besonders in denen von Kindern, wie sie jährlich zahlreich auf dem Hof Schulze Niehues zu Gast sind. Von hieraus werden Pferdezucht und -sport in ganz Deutschland gelenkt und unterstützt. Hier befindet sich gleichfalls das Westfälische Landgestüt mit seinen bekannten Vererbern. Aber um ein „großer" Reiter zu werden und richtig gute Pferde zu reiten, muß man eben klein anfangen. Und dabei hilft Familie Schulze Niehues schon seit über 20 Jahren, indem Kinder und Jugendliche aus nunmehr allen Teilen Deutschlands auf ihrem Hof herrliche Reiterferien mit guten Entwicklungsmöglichkeiten verbringen können. Durch Grundlagen- und Aufbautraining, theoretischen Unterricht, Erlangen von körperlicher Geschmeidigkeit und Verständnis für das Tier werden die jungen Gäste vom Fachpersonal an die Reiterei herangeführt bzw. weitergebildet. Das Zusammenleben findet hier in ganz lockerem Rahmen statt, viele Freundschaften bil-

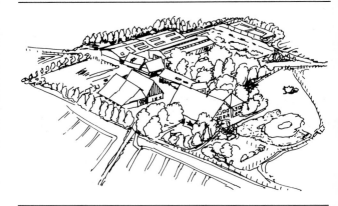

den sich bei der gemeinsamen Freizeitgestaltung. Da werden die erwähnten Warendorfer Einrichtungen besucht, man geht zum Schwimmen ins Abenteuerbad Everswinkel, nutzt das geräumige Anwesen der Gastgeber oder lernt vielleicht mal die parkähnliche Landschaft des Münsterlandes kennen. Außerhalb der Ferienzeiten heißt man hier Schulklassen, Sonderschulen und Seminargruppen ganz herzlich willkommen.

Auszeichnungen und Anerkennungen:
FN-anerkannte Reitschule, DLG-Gütezeichen.

Freizeitangebote in der Umgebung:
Abenteuerbad in Everswinkel, Besuch des Deutschen Olympiadekomitees für Reiterei und des Westfälischen Landgestüts in Warendorf, viele Sportstätten in nächster Umgebung.

Empfehlenswerte Ausflugsziele:
Das reizvolle Münsterland mit vielen Wasserburgen und -schlössern sowie interessanten Städten wie Münster, Warendorf, Telgte u. v. m.

Anfahrt:

A 1 Abfahrt Münster auf B 64, oder A 2 Abfahrt Rheda-Wiedenbrück auf B 64 über Beelen nach Warendorf, dann nach Freckenhorst, Bus- und Bahnstationen in Warendorf, wo man Gäste gern abholt.

Ausstattung der Reitanlage:

ja	40 (15 DM)	–	20×40 m 20×60 m	20×60 m 20×60 m	20×60 m	ja

Nahe der bekannten Reiterstadt Warendorf gelegene, gut ausgestattete Reiterschule (während der Ferienzeiten ausschließlich für Kinder u. Jugendliche, sonst Seminare, Schulklassen, Sonderschulen, therapeutisches Reiten). Reitstunde 15,00 DM, Saison-Preisliste mit Prüfungsgebühren, Gruppentarife usw. bitte anfordern. Jedes Kind erhält täglich 2 praktische und 1 theoretische Reitstunde, Erwerb von Kleinem Hufeisen, Reiterpaß und -abzeichen möglich, Pferde sind bis Klasse L ausgebildet, Aus- und Weiterbildung von Privatpferden wird übernommen, Planwagen- und Ponykutschfahrten.

Ausstattung der Pension:

Unterbringung in gemütlichen Drei- bis Fünfbettzimmern, kindgerechter Tagesablauf, stete Beaufsichtigung gewährleistet, Reitausbildung bildet mit Spielen und Ruhepausen ausgewogenes Verhältnis. Vollpension mit 4 Mahlzeiten, Betreuung und Freizeitprogramm 49,00 DM/Tag, Reitausbildung 36,00 DM/Tag; Einrichtung auch für Behinderte gerecht gestaltet.

Freizeitangebote am Haus:

Tennisplatz, großer Freizeitraum mit Tischfußball und -tennis, Bastelstunden, Gruppenspiele, Reiterspiele, Reitturnier, Lagerfeuer.

Hof Schulze Niehues, Flintrup 3-Freckenhorst,
4410 Warendorf 2 (Nordrhein-Westfalen),
Tel. (0 25 81) 4151

Nordrhein-Westfalen

Neben dem Reiter- und Pferdemekka Warendorf mit dem Sitz des Deutschen Olympiade-Komitees für Reiterei, der Deutschen Reiterlichen Vereinigung (FN), dem Warendorfer Landgestüt mit seinen erfolgreichen Vererbern und nicht zuletzt der Deutschen Reitschule, ist der Ort Everswinkel wohl etwas unscheinbarer. Aber niemand sollte glauben, daß die Reiterwelt am Stadtrand von Warendorf zu Ende sei. Keinesfalls, schon viele Jahre züchtet Familie Zurmussen auf ihrem tausendjährigen Schulzenhof erfolgreich Ponys und Kleinpferde und ist jährlich vielen Kindern im Alter von 7 bis 14 Jahren ein beliebtes Ferienziel. Da herrscht ein Treiben — jedes Kind betreut während der Dauer seines Aufenthalts sein eigenes, ihm anvertrautes Pony. Die Tiere werden von der Weide geholt, geputzt, gesattelt, geritten und hinterher entsorgt. Je nach reiterlichem Geschick werden die Kinder in Anfänger- und Fortgeschrittenengruppen eingeteilt, die von qualifiziertem Personal entsprechend geschult werden. So wird jedem die Möglichkeit gegeben, voranzukommen und die Freude am Reiten zu behalten.

Außerdem gibt es auf dem geräumigen Anwesen der Familie Zurmussen viel Bewegungsfreiheit für jede Art Spiele oder auch zum Ausruhen. Gewohnt wird im alten, behäbigen Gutshaus in Mehrbettzimmern, wo man abends tief unter die Betten kriecht und bei der gesunden Landluft fest einschläft.

Auszeichnungen und Anerkennungen:
DLG-Gütezeichen

Freizeitangebote in der Umgebung:
Freibad, Hallenbad, Sauna, Fitneßcenter 6 km, Wandern und Radfahren durch das schöne Münsterland.

Empfehlenswerte Ausflugsziele:
Landgestüt und Deutsche Reitschule in Warendorf, Städte Münster, Telgte und Warendorf.

Anfahrt:
A 1 Abfahrt Münster-Nord oder -Süd, auf Hauptstraße Richtung Osten direkt nach Everswinkel oder über B 64 Richtung Warendorf; Bahnstation in Warendorf (6 km), nächste Busstation 1 km, Gäste holt man wunschgemäß von Bus und Bahn ab.

Ausstattung der Reitanlage:

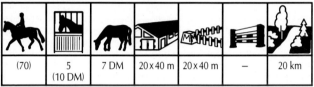

(70)	5 (10 DM)	7 DM	20 x 40 m	20 x 40 m	–	20 km

Ganz typisch westfälisch ist der tausendjährige Schulzenhof Zurmussen, auf dem Kinder im Alter von 7 bis 14 Jahren herrliche Ferien verbringen können. 70 Ponys und Kleinpferde (Herr Zurmussen ist erfolgreicher Züchter) stehen für die Gäste bereit. In der Vollpension sind täglich zwei Stunden Reitunterricht oder ein zweistündiger Ausritt inbegriffen. Jedes Kind pflegt sein eigenes Pony und hilft beim Füttern mit. Je nach reiterlichem Können kommt man in die Anfänger- oder Fortgeschrittenengruppe. Gastpferde können am Unterricht teilnehmen.
Tierarzt 6 km, Hufschmied 5 km, Sattler 7 km.

Ausstattung der Pension:
Die Kinder wohnen in 4- bis 6-Bett-Zimmern im herrlichen alten Gutshaus, benutzen einen Gemeinschaftsduschraum mit Kabinen, WC auf der Etage. VP inkl. zwei Reitstunden 66,00 DM/Tag; außerhalb der Ferien auch für Schulklassen; familiäre Betreuung der Kinder, vier reichhaltige Mahlzeiten täglich im Speisesaal; Vermietung ganzjährig.

Freizeitangebote am Haus:
Aufenthaltsraum, Kinderspielplatz, Liegewiese, Möglichkeiten zum Fußball-, Basketball-, Volleyball- und Tischtennisspielen, Reiterspiele und kleine Ponyturniere, viel Bewegungsfreiheit auf dem Grundstück.

Ponyhof Georgenbruch, Inh. Familie Zurmussen,
Müssingen 25,
4416 Everswinkel (Nordrhein-Westfalen),
Tel. (0 25 82) 12 16

Nordrhein-Westfalen

Als Arminius, ein Stammesführer der Cherusker, im Jahre 9 unserer Zeit drei römische Legionen bei der berühmten Schlacht im Teutoburger Wald besiegte, muß er dort recht unwegsames Gelände vorgefunden haben. Das hat sich bis zum heutigen Datum doch geändert. Nachdem sich noch einige Völkerstämme in den Jahrhunderten an diesem Landstrich verdingten, wurde er nun in Friedenszeiten zu einem Anziehungspunkt für Reisende, Urlauber, Kurgäste, Wissenschaftler und viele mehr. Mit seinen 110 km Länge begrenzt er von Nordwesten nach Südosten ansteigend die weite, parkähnliche Ebene des Münsterlandes. Es wurden auf seinem Territorium zwei Naturparks geschaffen, wovon einer als „Nördlicher Teutoburger Wald — Wiehengebirge" bezeichnet wird. An seiner südlichen Begrenzung, etwa an der Nord-Süd-Luftlinie Osnabrück—Warendorf, liegt der kleine, staatlich anerkannte Erholungsort Lienen, der mit seiner abwechslungsreichen, malerischen Umgebung jährlich viele Touristen und Ur-

lauber anlockt. Auf dem Gebiet der Urlauberbetreuung und -beherbergung hat sich der Reiterhof Hunsche schon sehr verdient gemacht. Hier bietet man ein buntes Ferien- und Urlaubsprogramm für kleine und große Gäste an, die sich in erster Linie für Pferde und das Reiten interessieren. Auf dem Rücken von Ponys, Haflingern und westfälischen Warmblutpferden kann man als Neueinsteiger seine ersten Reitstunden in der Bahn bekommen, als schon sattelfester „Kenner" darf man die oftmals scheinbar unberührte Natur durchstreifen. Auch bietet dieser Hof Platz für einige Gastpferde. Das übrige Urlaubsprogramm kann man in Lienen und Umgebung sehr individuell und vielfältig gestalten. Kinder sind mit und ohne Eltern jederzeit willkommene Gäste. Sie erfahren hier beste Betreuung und haben viel Bewegungsfreiheit — immer unter Aufsicht!

Empfehlenswerte Ausflugsziele:
Viele nette, kleine Orte im Teutoburger Wald, Osnabrück mit Waldzoo, Bischofsstadt Münster mit Allwetterzoo, Rheda-Wiedenbrück.

Anfahrt:

Sehr günstig über A 1 Abfahrt Lengerich zu erreichen, Hauptstraße direkt nach Lienen, von A 30 oder A 33 über B 51 oder 68 durch Teutoburger Wald. Nächste Bahnstation in Lengerich (5 km), Bus hält in Lienen (300 m), Gäste holt man wunschgemäß von den Stationen ab.

Ausstattung der Reitanlage:

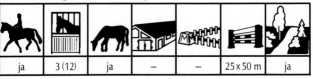

| ja | 3 (12) | ja | – | – | 25 x 50 m | ja |

Noch in der Ebene des Münsterlandes, in allernächster Nähe zum malerischen, hügeligen Teutoburger Wald gelegener Reiterhof mit Schulbetrieb. Reitponys, Haflinger, Westfälisches Warmblut stehen als Schulpferde zur Verfügung; Reit- und Springstunde 13,00 DM, ½ Stunde Unterricht an der Longe 10,00 DM, mehrstündige Ausritte mit ortskundiger Begleitung bis 65,00 DM. Mit Gastpferden kann am Unterricht teilgenommen werden. Sehr familienfreundlicher Hof, doch finden auch Ferienkinder schnell Kontakt — spezielle Reiterferien in der Gruppe mit sehr buntem Programm wie Verkleidungsreiten, Geschicklichkeitsreiten und Schnitzeljagd zu Pferde.

Ausstattung der Pension:

Freundliche Wohngebäude (Backsteinbauten) mit sauberem, gepflastertem Innenhof; 2 Einzel-, 3 Doppel- und 2 Mehrbettzimmer, größtenteils mit Dusche, 1 mit Balkon, 1 mit Terrasse; Bäder, Duschen und WC auf den Etagen; ÜmF 24,00 bis 29,00 DM, HP 30,00 bis 35,00 DM, VP 34,00 bis 39,00 DM. Ermäßigung in Vor- und Nachsaison 10 %, Kinderermäßigung 50 %, Schonkost möglich, Produkte aus eigener landwirtschaftlicher Produktion im Angebot, für Seminare und Tagungen geeignet, Hunde u. a. kleine Haustiere sind auf Anfrage mitzubringen; Vermietung ganzjährig, Einzelübernachtung und Kurzurlaub möglich.

Freizeitangebote am Haus:

Buntes Programm für Kinder (Schnitzeljagd zu Pferde, Geschicklichkeits- und Verkleidungsreiten, Kartoffellaufen, besondere Überraschungen zum Nikolaustag und zu Ostern), Spielpony für ganz kleine Gäste, Nachtwanderungen mit Picknick, Lagerfeuer, Liegewiese, Kinderspielplatz, Terrasse, Aufenthaltsraum, Fahrradverleih.

Freizeitangebote in der Umgebung: Aasee-Wellenbad in Ibbenbüren, Hallenbad mit 86 m langer Röhrenrutsche in Georgsmarienhütte, Bootfahren auf Charlottensee in Bad Iburg, Disko in Lengerich, Tennis in Lienen, Forstlehrwanderungen, Angeln, Sauna.

Reiterhof Hunsche, Helga Hunsche,
Reiterweg 5, 4543 Lienen (Nordrhein-Westfalen),
Tel. (0 54 83) 5 74

Nordrhein-Westfalen

Wer in der Kunst des Reitens Fortschritte machen will und auch während der Ferien bereit ist, auf einen Lehrer zu hören, der ist mit Sicherheit auf dem Birkenhof gut aufgehoben. Hier werden schon seit vielen Jahren in den Oster-, Sommer- und Herbstferien Reitlehrgänge für Jugendliche im Alter von 10 bis 16 Jahren durchgeführt. Jeder Teilnehmer kümmert sich während des Lehrganges um „sein" Pflegepferd, was unter der Aufsicht von erfahrenem Personal seinen Anlauf nimmt. So wird schnell und sicher das notwendige Vertrauen zwischen Mensch und Tier gewonnen, welches auch notwendig ist, um erfolgreich am Reitunterricht teilzunehmen. Dieser wird durch den ausgebildeten Reitlehrer Herrn Heitmann und eine weitere ausgebildete Lehrerin erteilt. Neben der theoretischen Ausbildung umfaßt dieser Unterricht täglich zwei Reitstunden, Springen oder Dressur, je nach Sicherheit des Reiters. Man führt natürlich dann auch Ausritte in die nähere Umgebung durch. In den Sommer- und Herbstferien

schließen die Lehrgänge mit der Reitprüfung „Kleines Hufeisen" ab. Beim Osterlehrgang wird das „Deutsche Reitabzeichen" abgenommen. Auch eigene Pferde können mitgebracht werden. Auf die ganztägige Betreuung der Gäste legt man hier viel Wert. Außerhalb des Unterrichts und der Arbeit mit und an den Pferden wird die Zeit durch Lagerfeuer, Volleyballspiele, Grillen, Nachtwanderungen, Schwimmen und andere Dinge abwechslungsreich gestaltet. Außerhalb der Lehrgänge steht das Haus für Schulfreizeiten, Projektwochen und Jugendgruppen zur Verfügung. Gütersloh — im herrlichen Münsterland gelegen — bietet in seiner nächsten Umgebung interessante Ausflugsziele an. Die ruhige, friedliche Atmosphäre dieser ebenen und doch vielgestaltigen Landschaft ist zur Erholung bestens geeignet.

Anerkennungen und Auszeichnungen:
FN-anerkannte Reitschule.

Nordrhein-Westfalen

Anfahrt:

Günstige Lage an der A 2, Abfahrt Rheda-Wiedenbrück auf B 61. Nächste Bahnstation in Gütersloh (6 km), Busstation in Gütersloh-Blankenhagen (1 km). Man holt Gäste auf Wunsch gern ab.

Ausstattung der Reitanlage:

21 (6)	5 (15 DM)	ja	20 x 40 m	20 x 60 m (S)	80 x 80 m	20 km

Die Anerkennung als Reitbetrieb durch die FN zeugt schon von Qualität. Sehr gepflegter, geräumiger Hof mit ebensolchen Ställen. Zwei ausgebildete Reitlehrer halten hier Unterricht ab, der in den Oster-, Sommer- und Herbstferien in durchorganisierte Lehrgänge gefaßt ist, die mit der Prüfung zum „Deutschen Reitabzeichen" bzw. zum „Kleinen Hufeisen" abschließen. Termine für Lehrgänge sind dem Anmeldeformular zu entnehmen. Reit- und Springstunde 15,00 bzw. 21,00 DM. Längere Kutschfahrten 40,00 DM. Ausritte mit Begleitung nach Vereinbarung. Voltigieren möglich. Pauschalangebot für Lehrgangswoche (Jugendliche 10 bis 16 Jahre) 420,00 DM, jeder Unterricht, Unterbringung und Verpflegung im Preis enthalten.

Ausstattung der Pension:

Alle Gebäude sind stattliche Backsteinbauten, robuste, für Jugendgruppen zweckmäßig gestaltete Innenarchitektur, welche viel Bewegungsfreiraum läßt und doch ideal für das gemütliche Beisammensein ist. 1 Doppelzimmer mit Bad für Betreuer, 4 Mehrbettzimmer, Dusche und WC auf dem Flur, alles zentralbeheizt. 4 Mahlzeiten pro Tag. Pauschalangebot für 1 Lehrgangswoche 420,00 DM. Außerhalb der Ferienzeiten und Lehrgänge steht das Haus für Schulfreizeiten, Projektwochen und Jugendgruppen zur Verfügung.

Freizeitangebote am Haus:

Lagerfeuer, Kutschfahrten, Grillen, Schnitzeljagden, Nachtwanderungen, Liegewiese, Kaminzimmer, Spielzimmer mit Bücherecke.

Freizeitangebote in der Umgebung:

Frei- und Hallenbad 4 km, Wassersport (Paddeln) 3 km, Sauna 3 km, Tennis/Squash 2 km, Wandern im Münsterland oder Teutoburger Wald.

Empfehlenswerte Ausflugsziele:

Gütersloh, Rheda-Wiedenbrück, Bielefeld, Teutoburger Wald, Wasserschlösser und -burgen im Münsterland.

Reitschule Birkenhof, Hans-Ulrich Heitmann,
Im Wiedey 112,
4830 Gütersloh (Nordrhein-Westfalen),
Tel. (0 52 41) 3 71 22

Nordrhein-Westfalen

Es ist nicht nur die ausgesprochen reizvolle Lage, die den Pony- und Reiterhof Porta Westfalica jährlich zu einem Anziehungspunkt für viele Kinder und Jugendliche aus dem In- und Ausland macht. Das besonders große Engagement und die Liebe, womit das Ehepaar Bermpohl seit 1967 seinen Hof betreibt, sind mittlerweile Garanten für einen großen Gästestrom geworden.

Die schier unberührte Natur im Landschaftsschutzgebiet des Wesergebirges nahe des Luft- und Kneippkurortes Porta Westfalica bietet ideale Möglichkeiten zur vielseitigen Feriengestaltung. Ein besonderes Anliegen der Inhaber ist es, in den jungen Gästen durch die Möglichkeit des ganztägigen Umgangs mit den Pferden und anderen Haustieren die Liebe zur Kreatur und die Achtung ihr gegenüber reifen zu lassen. Darin sieht man hier einen hohen (selbst)erzieherischen Wert.

Eine keinesfalls geringere Bedeutung wird aber auch der Reitausbildung (täglich 2 Stunden) auf kind- und jugendgeeigneten Reitponys,

Haflingern und größeren Schulpferden zugemessen. Dabei findet der unterschiedliche Ausbildungsstand von Anfängern und Jugendlichen große Beachtung durch das Fachpersonal, welches auch theoretischen Unterricht erteilt und den jungen Reitern Grundlagen der Pflege und Haltung von Pferden vermittelt. Der nach pädagogisch-didaktischen Erkenntnissen ausgerichtete Unterricht wird durch Reiterspiele, Geschicklichkeitsübungen, Musikreiten und Ausritte in Wald und Feld aufgelockert.

Größtenteils können die Kinder und Jugendlichen ihren Aufenthalt auf dem Bermpohlschen Hof nach eigenen Wünschen gestalten, soweit das Personal die Aufsicht dabei behält. So werden Klönabende am Lagerfeuer, Wildbeobachtungen in freier Natur, Gesellschaftsspiele und Besuche im Badezentrum organisiert.

Auszeichnungen und Anerkennungen:
FN-anerkannter Reitstall

Freizeitangebote in der Umgebung:
Freibad, Hallenbad und Sauna jeweils 3,5 km, Wandermöglichkeiten, gemeinsame Ausritte, Stadtbesuche.

Anfahrt:

A 2 Hannover – Oberhausen, Abfahrt Porta Westfalica/Veltheim, weiter auf Veltheimer, Eisberger, Lohfelder und Lange Straße bis Südhang (ca. 10 Min.). Nächste Bahnstation in Minden (24 km), nächste Busstation in Porta Westfalica (7 km). Auf Wunsch werden Gäste abgeholt.

Ausstattung der Reitanlage:

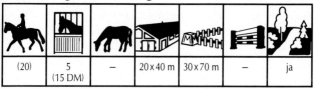

(20)	5 (15 DM)	–	20 x 40 m	30 x 70 m	–	ja

Großzügige Hofanlage in einmaliger Landschaft des Wesergebirges, 70 000 m² großes Grundstück, ganztägige familiäre, pädagogische Betreuung der jungen Gäste auf dem Hof, Kosten für Reitstunden im Gesamtpreis enthalten, Ausbildungsstand der Schulpferde Kl. A – L, Unterricht dem Ausbildungsstand der jungen Reiter entsprechend, Teilnahme am Unterricht mit Gastpferden möglich, keine speziellen Lehrgänge, Pauschalangebot für Kinder und Jugendliche im Alter von 7 bis 15 Jahren in den Schulferien. Tierarzt 8 km, Hufschmied 12 km, Sattler 5 km.

Ausstattung der Pension:

Vorbildliche Unterbringung der jungen Gäste in gemütlichen Mehrbettzimmern des Ferienhauses oder im Blockhaus auf dem Gehöft. Alle Zimmer zentralbeheizt, Bad, Dusche und WC auf dem Flur. Pauschalangebot (Unterbringung, 4 Mahlzeiten, 2 Stunden Reitunterricht und Betreuung) 65,00 DM pro Tag und Kind. An- und Abreise gelten als 1 Tag, soweit Anreise ab 14 Uhr, Abreise bis 11 Uhr erfolgt. Personal verfügt über englische und französische Sprachkenntnisse. Vermietung ganzjährig zu allen Ferienzeiten.

Freizeitangebote am Haus:

Aufenthaltsraum, Liegewiese, Kinderspielplatz, Lagerfeuer, 70 000 m² Grundstück, ganztägiger Umgang mit allen Tieren auf dem Hof möglich, außerdem ist Porta Westfalica Luft- und Kneippkurort!

Empfehlenswerte Ausflugsziele:

Porta Westfalica mit Kaiser-Wilhelm-Denkmal (phantastische Aussicht in das Wesertal), Domstadt Minden, Rattenfängerstadt Hameln, Kloster Corvey in Höxter, zahlreiche Luftkurorte und Heilbäder, wie Bad Pyrmont, Bad Eilsen und Bad Oeynhausen.

Pony- und Reiterhof Porta Westfalica,
Familie Burkhard Bermpohl,
Südhang 87, Postfach 1139,
4952 Porta Westfalica-Lohfeld (Nordrhein-Westfalen),
Tel. (0 57 06) 21 08

Nordrhein-Westfalen

Etwa neunzig Kilometer zieht sich das schmale Wiehengebirge vom Portadenkmal mit dem alten Wilhelm I. auf dem Wittekindsberg nach Nordwesten und verliert sich, immer flacher werdend, schließlich in der Gegend von Bramsche in der Norddeutschen Tiefebene. Beim Überqueren einer der zahlreichen Paßstellen findet man sich als Autofahrer binnen weniger Minuten in einer völlig andersgearteten Landschaft wieder. Zwischen dem anmutigen Ravensberger Hügelland im Süden und der ernsten Weite des norddeutschen Flachlands im Norden erhebt sich die Wand des Wiehengebirges.

Einer der vielen idyllischen Orte in dieser Gegend ist Rödinghausen am Südrand des Gebirges, von wo aus einladende Wanderwege abgehen. So hat der Wanderer beispielsweise vom 274 m hohen Nonnenstein aus einen weiten Blick ins Land. Doch nicht nur die Natur

verwöhnt hier den Besucher. Für leibliches Wohl und Urlaubsvergnügen fühlt sich Familie Quest in Rödinghausen verantwortlich. Die gemütliche Bauernhofpension mitten im Grünen läßt einen jeglichen Alltagsstreß und -ärger vergessen. Friedlich grast das Vieh auf den Weiden, Reiten und Kutschefahren werden Hausgästen kostenlos geboten, und im Hintergrund lockt das Panorama des Wiehengebirges. Auch sind Ausflüge in die umliegenden Kleinstädte wie Lübbecke, Bünde und Herford lohnenswert und erholsam.

Freizeitangebote am Haus:
Aufenthaltsraum mit Bibliothek, großer Balkon, Liegewiese, großer Garten, Spielgeräte, Tischtennis, Fahrradverleih, Kinderspielplatz, direkt am Wald gelegener Hof.

Freizeitangebote in der Umgebung:
Sauna und Fitneßcenter 5 km, Freibad 6 km, Hallen- und Thermalbad 8 km, Tennis/Squash 7 km, Sportplatz 2 km, Wassersport 10 km.

Empfehlenswerte Ausflugsziele:
Wildpark Gut Ostenwalde, Saurierspuren, Roßmühle, Aussichtstürme im Wiehengebirge, Großes Torfmoor bei Lübbecke.

Anfahrt:

A 30 zwischen Osnabrück und Porta Westfalica, Abfahrt Bünde-Ennigloh, auf Hauptstraße ans Ziel, nächste Bahnstation in Bünde (8 km), Bushaltestelle 1,5 km, Gäste holt man dort wunschgemäß ab.

Ausstattung der Reitanlage:

(3)	3 (10 DM)	10 DM	–	100 x 150 m	–	15 km

Für Mensch und Tier Entspannung bietender landwirtschaftlicher Familienbetrieb mit vielen Tieren, großem Garten und im Hintergrund dem Panorama des schmalen Wiehengebirges. Das Reiten auf den 3 Haflingerpferden ist für Hausgäste kostenlos, ebenso die Kutschfahrten nach Vereinbarung.
Tierarzt, Hufschmied und Sattler 8 km.

Ausstattung der Pension:

Das von Wiesen und Obstbäumen umgebene Gästehaus verfügt über zwei Einbettzimmer mit Balkon, fünf Doppelzimmer (4 mit Balkon, 1 mit Dusche) sowie 2 Mehrbettzimmer. Bad, Duschen und WCs im Haus. ÜmF 20,00 DM, HP 27,00 DM, VP ab 32,00 DM, 50 oder 75 % Kinderermäßigung, Kurzurlaub möglich, Vermietung ganzjährig, Angebot selbsterzeugter Produkte, mitgebrachte Haustiere auf Anfrage gestattet, geeignet für Seminare und Tagungen, Reiterferien für Kinder.

Bauernhofpension Quest,
Vor den Bäumen 5, 4986 Rödinghausen (NRW),
Tel. (0 57 46) 3 06

Nordrhein-Westfalen

Wer Spaß am Umgang mit Pferden hat und die Verbindung zur Natur sucht, den heißt man auf dem „Reiterhof Fanny" herzlich willkommen. Hier im Bergischen Land zwischen Sauerland und Rhein präsentiert sich die Natur besonders mannigfaltig. Die von Bächen und Flüssen getränkten Berg- und Talregionen offenbaren hin und wieder Stauseen, die ganz besondere Anziehungspunkte für Erholungssuchende sind. Die äußerst günstige Entfernung zu der Handelsmetropole Köln ist vielleicht ein besonderer Reiz, bei Familie Fahnenschmidt in Much Urlaub zu machen. Von der Großstadtnähe ist nichts zu spüren, und doch bietet sie dem Interessierten allerhand Möglichkeiten.

Aber wer mit Sack und Pack erst einmal auf dem Reiterhof Einzug gehalten hat, der vergißt vielleicht für die nächste Zeit Stadtbummel, Theater und Kino. Da erwarten ihn nämlich brave, geschulte Pferde von Groß- und Kleinformat, die man schnell ins Herz schließen kann.

Egal, welches Können und welche Erfahrungen der einzelne mitbringt, jedem wird hier qualifizierter Reitunterricht erteilt. Dazu stehen eine Reithalle, ein Außenplatz und freies Gelände zur Verfügung. In den Oster-, Sommer- und Herbstferien werden sogar Lehrgänge durchgeführt. Des öfteren finden Turniervorstellungen, Planwagen- und Kutschfahrten sowie gemeinsame Ausritte statt. Kindern wird auch der Aufenthalt ohne Eltern ermöglicht, doch ebenso herzlich eingeladen ist die ganze Familie, die in gemütlichen Ferienwohnungen untergebracht werden kann. Für Ferienkinder stehen mehrere zentralbeheizte Mehrbettzimmer mit Dusche zur Verfügung. Selbe Räumlichkeiten bietet Familie Fahnenschmidt auch Schulklassen als Jugendherberge an. Im Swimmingpool vor dem Haus kann sich ein jeder schnell erfrischen. In den Sommertagen zwischen Pferdepflege und -beritt herrscht hier reges Treiben, welches die Geselligkeit fördert und schon viele Freundschaften entstehen ließ.

Empfehlenswerte Ausflugsziele:
Tropfsteinhöhle Wiehl, Schloß Hauburg, Luftkurort Much, Herrenteich.

Anfahrt:

A 4 zwischen Köln und Olpe, Abfahrt Wiehl, auf B 56 nach Much, oder A 3 Frankfurt — Köln, Abfahrt Siegburg-Troisdorf, auf B 56 nach Much, nächste Bahnstation in Siegburg und Overath, Bus Köln — Much, auf Wunsch holt man Gäste von Bus und Bahn ab.

Ausstattung der Reitanlage:

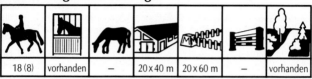

| 18 (8) | vorhanden | — | 20 x 40 m | 20 x 60 m | — | vorhanden |

Reitstunde 15,00 DM, Ausritte mit ortskundiger Begleitung 20,00 DM, qualifizierter Unterricht für Anfänger und Fortgeschrittene, Ponyreiten für die Kleinen, Voltigieren für Kinder ab 5 Jahre, Lehrgänge in den Oster-, Sommer- und Herbstferien, Mitbringen eigener Pferde möglich — telefonische Absprache notwendig. Tierarzt, Hufschmied und Sattler 10 km.

Ausstattung der Pension:

Wohnen in ländlicher Atmosphäre, 3 moderne Ferienwohnungen für jeweils 2 — 5 Personen mit Dusche und WC, zentralbeheizt, Liegewiese, Terrasse, Swimmingpool, Kinderspielplatz; 8 Doppelzimmer und 6 Mehrbettzimmer jeweils mit Dusche, einige davon mit Balkon, Vollpension 45,00 DM. Für Gruppenreisen bis zu 35 Personen (z. B. Schulklassen) werden Pauschalangebote gemacht. Vermietung erfolgt ganzjährig. Die einzelnen Zimmer werden auch als Ferienwohnung vermietet.

Freizeitangebote am Haus:

Aufenhaltsraum, Liegewiese, Swimmingpool, Kinderspielplatz, Betreuung der Ferienkinder, mit denen viel unternommen wird.

Freizeitangebote in der Umgebung:

Freibad und Hallenbad 5 km, Fitneßcenter, Tennis, Squash, Golf 5 km, Angeln 2 km, Sauna 3 km.

„Reiterhof Fanny", Günter Fahnenschmidt,
Niederheiden 22, 5203 Much (Nordrhein-Westfalen),
Tel. (0 22 45) 26 97

Nordrhein-Westfalen

Zwischen Ruhr und Sieg, Rhein- und Sauerland befindet sich das von viel gewundenen, oftmals zu Talsperren aufgestauten Flüssen durchschnittene und schön bewaldete Bergische Land. Hier, in dieser zu jeder Jahreszeit reizvollen Gegend, bietet das Reiterhotel Reichshof besonders für Kinder und Jugendliche paradiesische Ferien. Zur Verfügung stehen hier dreißig Ponys verschiedener Rassen sowie zwanzig Warmblutpferde, die in den Disziplinen Dressur und Springen teilweise bis Klasse M ausgebildet und dementsprechend als Schulpferde einsatzbereit sind. Erfahrene Reitlehrer erteilen Unterricht in der Halle, im Parcours oder auf der Reitbahn. Von Sitzübungen an der Longe bis zum Erlernen schwieriger Dressurlektionen und der Bewältigung anspruchsvoller Parcours wird hier alles gelehrt für jung und alt. Wer die Sache sehr ernst nimmt, kann also während seines Aufenthaltes auf dem Reichshof mit seinen reiterlichen Fähigkeiten ein gutes Stück vorankommen und trotzdem noch entspannen, denn dem Sprichwort

„Erst die Arbeit, dann das Vergnügen" wird hier sehr entsprochen, wenn man den Reitunterricht überhaupt als Arbeit bezeichnen kann. Jedenfalls für die Abwechslung besonders während der Ferien ist hier stets gesorgt. Außerordentlich beliebt und reizvoll sind mehrstündige Ausritte durch die Wiesen und Wälder des oberbergischen Landes, aber auch die abendlichen Lagerfeuer mit Wurstgrillen, Kinderpartys, Sketchabenden, Zaubervorstellungen und vielem mehr. Einen ganz besonderen Spaß bietet den Kindern im Sommer das große Schwimmbecken vorm Hotel, und im Winter sind die umliegenden Wiesenhänge ideales Ski- und Rodelparadies. Und, liebe Eltern, keine Angst, Ihre Kinder befinden sich stets unter Aufsicht von erfahrenem Personal und sind sogar über den Reichshof haftpflichtversichert. In dem modernen Hotel werden die Mädchen und Jungen getrennt in 6-Bett-Zimmern untergebracht. Für das leibliche Wohl sorgt die hauseigene Küche mit vier Mahlzeiten pro Tag. Da kann also, wie bei allen sportlichen Aktivitäten, verlorene Energie wieder aufgetankt werden. Sehr zu empfehlen ist der Reichshof übrigens auch für Wochenendaufenthalte, dort feierte man schon viele tolle Kindergeburtstage, die zum Erlebnis für die ganze Familie wurden.

FN-anerkannter Reitstall, Meisterbetrieb und anerkannt vom Landesjugendamt.

Anfahrt:

A 4 Köln/Olpe, Abfahrt Reichshof-Eckenhagen Richtung Wildbergerhütte, nächste Bahnstation in Gummersbach (25 km), nächste Busstation in Heidberg (0,5 km), Besucher werden auf Wunsch von Bus und
Bahn abgeholt.

Ausstattung der Reitanlage:

50 (30)	30 (15/10 DM)	5 DM	15 x 30 m	20 x 40 m	40 x 80 m	ja (unbe-grenzt)

Romantische Lage in abwechslungsreicher Gegend. Dreißig Ponys verschiedener Rassen sowie zwanzig Großpferde stehen für den Reitbetrieb zur Verfügung. Eigene Pferde können auf Anfrage mitgebracht
werden. Eine Ferienwoche für Kinder mit zwei Reitstunden/Tag kostet
458,00 DM, Lehrgangskosten (Reiterpaß und Abzeichen) für Jugendliche 280,00 bis 430,00 DM, für Erwachsene 330,00 bis 530,00 DM,
kleines Hufeisen 35,00 DM. Kosten pro Reitstunde sind für Jugendliche und Erwachsene auf Leihpferden oder eigenen Pferden unterschiedlich, sie liegen bei Gruppenunterricht zwischen 10,00 und
20,00 DM, bei Einzelunterricht zwischen 30,00 und 40,00 DM, bei
10er-Karte gibt es 10 Prozent Rabatt. Durchführung von 2-Tages-Rit-
ten, Sternenritten, Neujahrs- und Karnevalsritten, Turnierteilnahme.
Tierarzt 15 km, Hufschmied und Sattler 3 km.

Ausstattung der Pension:

Großes modernes Hotel mit ganzjährigem Betrieb, 18 6-Bett-Zimmer
und 2 Dz. mit Bad/WC, ÜmF 24,00 DM, HP 34,00 DM, VP 40,00 DM,
hauseigene Küche. Hotel ist geeignet für Seminare und Tagungen. Auf
Anfrage sind Zelten und Camping möglich. Haustiere können ebenfalls auf Anfrage mitgebracht werden.

Freizeitangebote am Haus:

Aufenthaltsraum, Liegewiese, Kinderspielplatz, Schwimmbecken, Terrasse, im Winter Ski- und Rodelmöglichkeiten, Angeln möglich.

Freizeitangebote in der Umgebung:

Hallenbad 8 km, See zum Baden 18 km, Fluß mit Bademöglichkeit 1
km, Fitneßcenter, Tennis und Squash 8 km, Golf 3 km, Sportplatz 3
km, viele Wander- und Reitwege.

Empfehlenswerte Ausflugsziele:

Vogelpark Eckenhagen, Wiehltalsperre, Tropfsteinhöhlen, Wild-
schwein- und Rehgehege.

Reiterhotel Reichshof, Günter Apfel,
5226 Reichshof 31 bei Wildbergerhütte (NRW),
Tel. (0 22 97) 6 24

Nordrhein-Westfalen

Noch immer schauen Leute etwas ungläubig drein, wenn vom Reiseland Ruhrgebiet die Rede ist. Natürlich behalten Zechen, Hütten und andere Industriebetriebe ihre Bedeutung und ihren Platz, doch die gestaltete Landschaft hat darüber hinaus oft Ungeahntes zu bieten. Tiergärten und Parks, begrünte Halden, Sportanlagen, manifestierte Seen und Kanäle. Und zwischen den Städten und Stadtteilen weite Flächen, die heute noch wie eh und je von Bauern beackert werden. Man merkt gar nicht, im größten Industriegebiet Europas zu sein. Gerade Gevelsberg, gelegen in dem von reichbewaldeten Höhen umgebenen Tal der Ennepe, ist ein gutes Beispiel, wie Fortschritt und Naturverbundenheit in Einklang zu bringen sind.

Frau Hella Wirths hat den Urlaubern außerdem ohnehin viel zu bieten. Sie ist ganz begeisterte Züchterin von Trabrennpferden und Pudeln. Außerdem hält sie aber Ponys und Großpferde für die Gäste zum Reiten. Sie bietet Möglichkeiten, Reiterpaß und -abzeichen sowie das Kleine Hufeisen zu erwerben, Ausritte in die herrliche Umgebung,

die von Wiesen und Wäldern auf Bergen und an Flußläufen geprägt ist. Die Pensionszimmer sind neu ausgebaut. Beachtlich ist auch das Freizeitangebot am Haus, von dem reger Gebrauch gemacht wird.

Auszeichnungen und Anerkennungen:
FN-anerkannter Reitstall A, Trabrennstall.

Freizeitangebote in der Umgebung:
Sauna 2 km, Tennis/Squash, Sportplatz (500 m), Freibad 3 km, Thermalbad, See zum Baden und Wassersport, Angeln, Golf 6 km, Wanderwege.

Empfehlenswerte Ausflugsziele:
Bergisches Land bietet viele Stauseen, alte Hammerwerke und Mühlen, Schloß Bensberg, hübsche kleine Industriestädte sowie viel bewaldete Berge und offene Täler als Ausflugsziele an.

Anfahrt:

Sehr günstige Verbindung zur A 1 zwischen Remscheid und Hagen und direkt an der B 7; Bahnstation in Gevelsberg (3 km), Bus hält in Silschede (500 m); Gäste holt man auf Wunsch von den Stationen ab.

Ausstattung der Reitanlage:

ja	25 (15 DM)	ja	ja	40 x 40 m	50 x 50 m	ja

Eingebettet in das westfälische Ruhrgebiet findet man den Ort Gevelsberg, umgeben von Wäldern und Wiesen auf Bergen und an Flußläufen. Inhaberin Frau Wirths besitzt Trainerlizenz A und S, hält Ponys, große Warmblutpferde und Traber; Laufboxen für Gastpferde, Kondi-Trainer, Waschbox, Solarium, Reitstunde 13,00 bis 17,00 DM, Möglichkeiten für Erwerb von Reiterpaß und -abzeichen sowie Kleinem Hufeisen, Kutschfahrten mit Ponys, Ausritte, Reitlehrgänge für Anfänger und Fortgeschrittene, Reiterferien für Kinder von 5 bis 18 Jahren, Tierarzt und Sattler 3 km, Hufschmied 10 km.

Ausstattung der Pension:

Die Inhaberin, Frau Wirths, stellt ihren Gästen neu ausgebaute Gästezimmer sowie ein Blockhaus zur Verfügung. Preisliste bitte anfordern. Haustiere dürfen auf Anfrage mitgebracht werden. Kurzurlaub möglich, Vermietung ganzjährig. Pudelzwinger „von der Hermannsvilla".

Freizeitangebote am Haus:

Solarium, Hallenbad 8 x 4 m, Aufenthaltsraum, Liegewiese, Kinderspielplatz, Grillplatz, Terrasse, Zelten und Camping auf Anfrage.

Hella Wirths,
Sunderholzer Weg 24,
5820 Gevelsberg-Silschede (NRW)
Tel. (0 23 32) 5 06 03

Aus dem

**Fachzeitschriften-
Programm:**

Magazin für Pferdezucht und Reitsport

Reiter und Pferde
in Westfalen

K 4066 E

Nr. 11, 15. November 1990, 15. Jahrgang, DM 5,50

„Reiter und Pferde in Westfalen",
Magazin für Pferdezucht und Reitsport,

wendet sich im Pferdeland Nr. 1 an die Mitglieder der westfälischen Reit- und Fahrvereine, an Züchter und Mitglieder des Westfälischen Pferdestammbuches e. V. sowie an alle Aktiven mit Reiterausweis, an Richter, Parcoursaufbauer, Freizeit- und Nachwuchsreiter.

Organ: *Offizielles Organ des Provinzial-Verbandes westfälischer Reit- und Fahrvereine e. V., des Westfälischen Pferdestammbuches e. V. und der Kommission für Pferdeleistungsprüfungen in Westfalen.*

Erscheinen: *monatlich*

Bezugspreis (1991): *DM 53,40 (jährlich, einschließlich Zustellgebühr und Mehrwertsteuer).*

**Landwirtschaftsverlag GmbH
Postfach 48 02 49 · 4400 Münster-Hiltrup
Telefon 0 25 01 / 8 01-0**

Verband
hessischer
Pferdezüchter e. V.

Verband der
Ponyzüchter
Hessen e. V.

In der Vergangenheit war das Land Hessen aufgrund seiner kleinbäuerlichen Struktur wenig für die Pferdezucht prädestiniert. Die Warmblutzucht basierte früher auf der Oldenburger Grundlage. Beim Umzüchtungsprozeß wurde stark auf Vollblüter und Trakehner zurückgegriffen, später setzte man fast ausschließlich Hannoveraner Hengste zur Bedeckung ein. Die Züchter im Norden und im Süden des Landes Hessen gingen lange Zeit getrennte Wege, und es war nicht einfach, die Zuchtzielvorstellungen für die moderne Reitpferdezucht zu vereinheitlichen. Entscheidende Impulse gab es, als 1972 der Verband Hessischer Pferdezüchter gegründet wurde. Der Stutenbestand stieg, und die Mitgliederzahl blieb sehr gleichmäßig.

Heute braucht das „Hessische Pferd" (Zuchtstutenpopulation 3 500) den Vergleich zu anderen nicht zu scheuen. Das 1870 von Kassel nach Dillenburg verlegte Landgestüt hat zu den Zuchterfolgen ganz wesentlich beigetragen.

Als Ort für hessische Auktionen fungiert Darmstadt-Kranichstein.

Hessen

Stundenlang kann man im Naturpark Habichtswald, der sich von Kassel nach Westen bis zum Edersee mit dem Schloß Waldeck und von Fritzlar im Süden bis fast hinauf nach Warburg im Norden erstreckt, über das weiche Mattengras wandern. Mit der Fläche von ca. 300 ha und einem Baumbestand von etwa 800 Gehölzen ist allein der südlich von Kassel gelegene Schloßpark Wilhelmshöhe eine Attraktion. Doch mit seiner Artenvielfalt in Flora und Fauna steht der Habichtswald dem kaum nach. Dort kann man mit etwas Geduld und Glück noch Tierarten zu sehen bekommen, welche in anderen Gebieten Deutschlands bereits ausgestorben sind. Der Bestand an Fledermäusen, Waldkäuzen, Spechten, Meisen und Hohltauben beispielsweise ist hier noch beachtlich hoch. Dachs, Marder, Iltis und Wiesel fühlen sich hier ebenso wohl wie Waschbär, Schwarz-, Rot- und Rehwild. Wenn das kein gutes Zeichen ist . . . Von verschiedenen Anhöhen im Gelände (400 bis 600 m) hat man eine weite Sicht ins Land und kann bei klarem Himmel sogar bis zum Thüringer Wald sehen. Am Dörnberg befindet sich eines der bekanntesten Segelflugzentren Deutschlands, dessen Segler vom Frühjahr bis zum späten Herbst stundenlang über dem Warmetal kreisen. Der Edersee im Westen ist übrigens die zweitgrößte Talsperre in den alten Bundesländern. Der Naturpark hat also schon so manche Besonderheit zu bieten. Und da hat sich Familie Schneider einfach angepaßt. Auf ihrem Hof wird dem Urlaub im Habichtswald die Krone aufgesetzt. Die hervorragende Ausstattung des Landhotels, die gute Küche und nicht zuletzt die Reitmöglichkeiten sorgen bei den Gästen für Zufriedenheit und Entspannung.

Freizeitangebote in der Umgebung:
Freibad 100 m, Hallen- und Thermalbad, See zum Baden 10 km, Angeln 2 km, Sportplatz im Ort, gut ausgebautes Wanderwegenetz im Naturpark Habichtswald.

Empfehlenswerte Ausflugsziele:
Heimatmuseum in Naumburg, Freilichtbühne Niederelsungen, Steinkammergrab, Riesensteine, Naturpark Habichtswald.

Anfahrt:

von A 44 oder A 49 Nähe Kassel aus günstig über Bundes- und Hauptstraßen zu erreichen, Bahnstation in Bad Wildungen (10 km), Bus hält im Ort, Gäste holt man auf Wunsch von den Stationen ab.

Ausstattung der Reitanlage:

22 (12)	4 (12 DM)	6 DM	—	20 x 40 m	—	30 km

Abseits von Lärm und Hektik im romantischen Fachwerkdorf Heimarshausen gelegener Ferienhof mit viel Bewegungsfreiheit. Vom Hof geht es direkt in die freie Natur — in den Naturpark Habichtswald. Jeder Gast findet das passende Pferd für sich (Ponys, Haflinger, Warmblutpferde zum Reiten und Kutschieren). Jede Reitstunde kostet 12,00 DM, an Kremserfahrten bezahlt man einen Anteil entsprechend Teilnehmerzahl. 50% Ermäßigung für Kinder bis 10 Jahre. Tierarzt und Hufschmied 10 km, Sattler 20 km.

Ausstattung der Pension:

Die Bezeichnung Landhotel hat Familie Schneider ihrem gastlichen Haus nicht zu unrecht verliehen. Bis zu 60 Personen können hier in 6 Einzel-, 8 Doppel- und 18 Mehrbettzimmern untergebracht werden, die alle mit Dusche/WC und teilweise sogar mit Balkon ausgestattet sind. Preisliste bitte anfordern. Die gutbürgerliche Küche, deftige Hausmannskost, Produkte aus eigener Schlachtung und selbstgebackener Kuchen sind das ganze Jahr über ein zusätzlicher Anziehungspunkt für die Gäste. Auch sind hier Wildgerichte sehr beliebt. Einzelübernachtung und Kurzurlaub möglich, für Seminare und Tagungen geeignet, Vermietung ganzjährig.

Freizeitangebote am Haus:

Kinderspielplatz, Liegewiese, Sonnenterrasse, großer, gemütlicher Aufenthaltsraum mit Kamin, Sauna und Solarien, Tennisplätze, Kutschfahrten, Bar, Grillabende im Freien, Fahrradverleih, Zelten und Camping auf Anfrage.

Ferienhof Schneider,
Kirschhäuser Straße 7, 3501 Naumburg 4 (Hessen),
Tel. (0 56 22) 17 98

Hessen

Der Talhof — inmitten von Feldern und Wiesen im reizvollen Edertal gelegen. Ringsum bewaldete Hügel — man blickt bis zu den
Ederseebergen mit der Silhouette des alten Fürstenschlosses Waldeck,
der Stammburg des Waldecker Fürstengeschlechtes, die sich auf stei-
lem Bergkegel 200 m über dem Edertal erhebt.

Auf dem Gelände ihres bäuerlichen Betriebes mit umfangreichem
Viehbestand eröffnete das Ehepaar Biederbeck Anfang der 70er Jahre
einen Reit- und Pensionsbetrieb, dessen guter Ruf weit ins Landesin-
nere drang. Wer hier zu Gast sein will, muß weder Kenner noch Könner sein. Viele Urlauber hatten hier den ersten intensiven Kontakt zum
Pferd, woraus sich oft nie gekannte Freundschaften bildeten, die zum
schönsten und nachhaltigsten Ferienerlebnis wurden. Und so kam es
auch, daß es auf dem Talhof richtige Stammgäste gibt. Besonders bewährt für diese Ferienvergnügen haben sich die goldmähnigen, zutraulichen Haflingerpferde. Davon stehen hier ca. 30 Tiere neben eini-

gen Warmblutpferden, Kaltblütern und Ponys. Für jeden Gast wird
sich also stets der passende Partner finden, wobei die „Dicken" (Kaltblüter) natürlich im Gespann gehen. Familie Biederbeck hat sich nämlich etwas ganz Besonderes ausgedacht. Um Familienurlaube zu ermöglichen, wo nicht jedes Mitglied reiten möchte oder kann, geht
man gemeinsam auf Tour. Die einen im Sattel, die anderen auf dem
Kremser. So kann man ein ganzes Wochenende verbringen. Übernachtungsmöglichkeiten gibt es dann in festen Unterkünften oder gar
in Zelten — ganz romantisch. Wer länger bleibt, kann auch Reitstunden auf dem Hof nehmen, wo Außenplatz und Halle zur Verfügung
stehen. Stundenausritte werden begleitet, aber man kann sich auch
ein Pferd mieten und sich allein auf den Weg machen. Die Möglichkeiten sind fast unbegrenzt, nur für die höheren Klassen in der Dres-
sur- und Springreiterei kann man hier nicht geschult werden.

Auszeichnungen und Anerkennungen:
Kleeblatt-Betrieb, besonders kinderfreundlich.

Freizeitangebote am Haus:
Aufenthaltsraum, Liegewiese, Kinderspielplatz, Terrasse, Fahrradverleih, Streichelzoo, Mithilfe im Reitstall und in der übrigen Landwirtschaft möglich.

Freizeitangebote in der Umgebung:
Freibad und Hallenbad 5 km, See mit Bade- und Wassersportmöglich-
keiten 9 km, Golf, Angeln, Sauna jeweils 5 km, Tennis 4 km, Wandern,
Busfahrten.

Anfahrt:

Über B 251 Korbach–Kassel, Anschluß an A 44; B 485 führt direkt durch das Edertal, in Bad Wildungen auf B 253, welche die A 49 südlich von Kassel kreuzt. Reiterhof liegt 200 m hinter Ortsausgangsschild Richtung Edersee. Nächste Bahnstation Bad Wildungen (3 km), Busstation im Ort (0,5 km). Gäste werden auf Wunsch abgeholt von Bus und Bahn.

Ausstattung der Reitanlage:

35 (9)	ja (10 DM)	5 DM	20 x 40 m	20 x 40 m	60 x 40 m	40 km

Bäuerlicher Betrieb mit umfangreichem Viehbestand, viel Bewegungsfreiheit für Mensch und Tier, mitten im reizvollen Edertal nahe dem Edersee gelegen. Ferienaufenthalte für Familien, Gruppen, Schulklassen sowie Kinder ohne Begleitung möglich; qualifiziertes Personal steht zur Verfügung. Sonderprogramme sind anzufordern. 1 Stunde Reiten/Tag für Hausgäste kostenfrei (einschließlich Versicherung), zusätzliches Reiten: Haflinger 8,00 DM/Stunde, Warmblüter 10,00 DM/Stunde, Dressur- und Springstunde: Abteilung 12,00 DM, einzeln 14,00 DM; ca. 30 Haflinger und 5 Warmblutpferde mit Ausbildungsstand bis Kl. A, Shetland- und Welshponys. Alle Tiere zuverlässig im Gelände. Kutsch- und Planwagenfahrten möglich. Tierarzt und Hufschmied 4 km, Sattler 30 km.

Ausstattung der Pension:

Im neuerbauten Wohnhaus stehen den Gästen freundliche, ruhige Zimmer mit fließend warmem und kaltem Wasser zur Verfügung. 8 Einzelzimmer, 8 Doppelzimmer (1 mit Balkon, 2 davon mit Dusche), 10 Mehrbettzimmer (4 mit Balkon, 3 mit Dusche); sonst Bad, Dusche und WC auf der Etage, ÜmF 20,00 bis 28,00 DM, HP 24,00 bis 32,00 DM, VP 32,00 bis 40,00 DM, Kinderermäßigung 25 bis 50 %, Ermäßigung in Vor- und Nachsaison 10 %, Vermietung ganzjährig. 1 Ferienwohnung für 2 bis 6 Personen mit Wohn- und Schlafraum sowie Kochnische, Bad, Terrasse, Liegewiese, Kinderspielplatz, pro Tag für 2 Personen 30,00 DM, jede weitere Person 7,50 DM, Endreinigung 30,00 DM. Kurzurlaub und Einzelübernachtung möglich; geeignet für Seminare. Für große Gruppen separate Preisliste anfordern.

Empfehlenswerte Ausflugsziele:

Edersee, Schloß Waldeck, Steinkammergrab bei Züschen, Kneipp-Kurorte, Dom- und Kaiserstadt Fritzlar, Bad Wildungen, Kassel.

Pension „Talhof", Marlis und Heinrich Biederbeck,
3593 Edertal-Wellen (Hessen),
Tel. (0 56 21) 26 82

Hessen

Ein Besuch in der von Mischwäldern bedeckten, romantischen Mittelgebirgslandschaft zwischen Rhein, Main und Neckar — dem Odenwald — kann zu jeder Jahreszeit eine Erholung sein. Man zählt ihn zu Deutschlands reizvollsten Mittelgebirgen, was bei der Anzahl hier entstandener Luftkurorte und Urlauberdomizile kaum eine Übertreibung sein kann. Wer diesen Landstrich bereist, bemerkt schnell seine Vielfalt. Der vordere Odenwald ist eine recht zerteilte, mit Laubwald besetzte Kuppenlandschaft, wobei im Hinteren Odenwald breite, langgezogene, überwiegend mit Nadelwald bestandene Höhenrücken das Landschaftsbild bestimmen. Interessant ist auch zu wissen, daß im östlichen Teil des Waldgebietes einst die Grenze des Römischen Reiches gegen Germanien verlief — der Limes, der es wert ist, bewandert zu werden. Apropos wandern — da existiert seit 1960 der über 2000 km² große Naturpark Bergstraße/Odenwald mit einem weitverzweigten Netz von Wanderwegen. Und mitten in dieser prächtigen Landschaft, direkt zwischen der Nibelungenstraße und der Deut-

schen Ferienstraße Alpen—Ostsee, ward einst ein Hofgut erbaut durch den Grafen von Erbach-Fürstenau. Auf dieses traditionsdurchtränkte Anwesen laden Sie heute die Familien Heiermann und Krämer zu einem fürstlichen Urlaub ein. In den alten Gemäuern hat sich allerdings viel verändert. Man wohnt in modernen, geräumigen Zimmern oder gar Ferienwohnungen mit viel Komfort. Den Gästen stehen ein beheiztes, überdachtes Schwimmbad, eine Sauna mit Ruheraum und Tauchbecken sowie einige Aufenthaltsräume zur Verfügung. Für das leibliche Wohl ist hier wirklich wie zu Fürstenzeiten gesorgt. Jede Woche wird auf diesem landwirtschaftlichen Anwesen geschlachtet. Der abendliche Genuß der hauseigenen Brennereierzeugnisse sollte nicht verschmäht werden. Für Kinder gibt es ausreichend Reitgelegenheit in der überdachten Reitbahn. Täglich werden Ausritte durch die umliegenden Waldgebiete geführt.

Anfahrt:

A 5 zwischen Darmstadt und Heidelberg, Möglichkeiten über B 26 ab Darmstadt, dann auf B 45 nach Michelstadt oder Abfahrt Bensheim auf B 47 Richtung Michelstadt direkt nach Rehbach. Nächste Bahnstation in Michelstadt (5 km), wo man Sie gern abholt. Bus hält in Rehbach.

Ausstattung der Reitanlage:

Wunderschönes, herrschaftliches Gut mit 30 000 m² Hoffläche. Ackerbau- und Grünlandbetrieb, Nutz- und Streicheltiere werden gehalten.

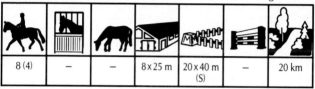

8 (4)	–	–	8 x 25 m	20 x 40 m (S)	–	20 km

Für die Gäste stehen Großpferde, Islandponys und andere Ponys bereit, auf denen die kleinen Gäste des Hauses in der Bahn unentgeltlich reiten dürfen. Täglich werden Ausritte angeführt durch die umliegenden Waldgebiete, wobei die Reitstunde 15,00 DM kostet. Reitkappen werden gestellt.

Ausstattung der Pension:

Die Unterbringungsmöglichkeiten in den alten Gemäuern des Hofgutes sind sehr vielseitig. Alle Zimmer sind modern und komfortabel gestaltet. Im Angebot sind 2 Einzel-, 2 Doppel- und 3 Mehrbettzimmer, zentralbeheizt, wobei Dusche und WC auf der Etage zu nutzen sind. Sehr begehrt sind die 9 Ferienwohnungen für jeweils 4 – 5 Personen mit Schlaf- und Kinderzimmer, Wohnraum mit Küchenzeile, Dusche/Bad mit WC, teilweise Balkon oder Terrasse, zentralbeheizt. 1 Wochenmiete beträgt hier 730,00 DM, wobei alle Nebenkosten enthalten sind (Benutzung sämtlicher Komforts im Haus, Reiten für Kinder usw.). So rechnet man auch bei der Zimmervermietung, wo ein Doppelzimmer 250,00 DM/Woche kostet. Preisliste bitte anfordern. Die Verpflegungskosten werden extra gerechnet (einzelne Mahlzeiten, Halb- und Vollpension möglich). Kinderermäßigung sowie 10 % Ermäßigung in Vor- und Nachsaison. Vermietung ganzjährig, Kurzurlaub und Einzelübernachtung möglich.

Freizeitangebote am Haus:

Reiten für Kinder, überdachtes und beheiztes Schwimmbad, Sauna mit Ruheraum und Tauchbecken, Streichelzoo, Kinderspielplatz, Liegewiese, Grillplatz, Tischtennis, Party- und Aufenthaltsraum, Genuß hauseigener Erzeugnisse (wöchentliche Viehschlachtung, Brennereierzeugnisse).

Feriengut Hohenloher Hof, Heiermann u. Krämer,
Langenbrombacher Straße 1,
6120 Michelstadt-Rehbach, Odenwald (Hessen)
Tel. (0 60 61) 23 21

Hessen

Das, was in frühen Zeiten der Nibelungenhelden Jagdrevier war, ist heute ein überaus geschätztes Feriengebiet, der Odenwald. Und mittendrin, umgeben von anmutigen, alten Fachwerkstädtchen, liegt das Brombachtal, in welchem die Familie Arras mit ihrem Ponyhof jährlich vielen Kindern und Jugendlichen ein beliebtes Feriendomizil ist. Die günstige Mittelgebirgslage des Ortes hat ganzjährig ein ausgesprochen mildes, niederschlagarmes Klima. Ein sich durch die dichten, sagenumwobenen Mischwälder ziehendes und weit verzweigtes Wegenetz ist geradezu einladend für mehrstündige Ausflüge zu Fuß oder hoch zu Roß. Alle Kinder, die im Haus Waldeck Reiterferien machen möchten, müssen ein Mindestalter von 8 Jahren haben. Gleich nach Ankunft erhält jeder Gast für die Dauer seines Aufenthaltes ein Pony oder ein Reitpferd zur Pflege und Betreuung soweit nicht eigene Pferde mitgebracht werden. Auch in alle anfallenden Stallarbeiten werden die Gäste eingebunden. Es gibt einen festgelegten Tagesplan, an den sich alle zu halten haben. Doch das hört sich strenger an, als

es ist. Fast jede Tagesstunde verbringen die Kinder und Jugendlichen mit ihren vierbeinigen Freunden, können sie selbst füttern, putzen, reiten, sie bei Bedarf waschen, frisieren usw. Natürlich geschieht das alles unter Aufsicht von erfahrenem Personal. So auch die mehrstündigen Ausritte durch die im Frühjahr erwachenden, im Sommer saftig grünen, im Herbst herrlich bunten, und im Winter verschneiten Mischwälder des Brombachtals. Wer könnte dabei keine Entspannung finden? Und wenn die Pferdchen zum Abend geputzt und gut versorgt in ihren Boxen stehen, nimmt das gesellige Leben der Reiter seinen weiteren Verlauf. Dann werden Grill- oder Filmabende veranstaltet, Nachtwanderungen und -fahrten durchgeführt, und einen vielleicht traurigen, aber immer wieder lebhaften Abschied feiert man auf einer Diskoparty. Doch warum Tränen vergießen? Immerhin hat man ja bis zum 17. Lebensjahr die Gelegenheit, immer wiederzukommen. Auszeichnungen und Anerkennungen: FN anerkannter Reit- und Schulbetrieb.

Anfahrt:

Von dem in der Nähe von Darmstadt gelegenen Dieburg führt die B 45, südliche Richtung Eberbach, Abfahrt bei Bad König ins Brombachtal, nächste Bahnstation Zell und Bad König (3 km), Gäste werden auf Wunsch dort abgeholt, Busstation im Ort.

Ausstattung der Reitanlage:

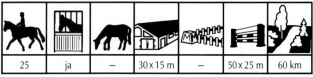

| 25 | ja | – | 30 x 15 m | – | 50 x 25 m | 60 km |

Idyllische Lage mitten im Odenwald mit weitem Blick ins Land, abwechslungsreiche Mittelgebirgslandschaft, 25 Schulpferde, Stockmaß 1,05 bis 1,80, ausgebildet in Dressur und Springen bis Klasse 11, 1 Woche Reiterferien inkl. Vollpension und 1 Reitstunde pro Tag kostet 420,00 DM. Anmeldung nur verbindlich bei Anzahlung von 50,00 DM, jede Reitstunde in der Gruppe 15,00 bis 18,00 DM, auf Anfrage können Gastpferde mitgebracht werden. Tierarzt und Hufschmied 20 km, Sattler 15 km.

Ausstattung der Pension:

Gemütliche Pension mit recht massiver Einrichtung, Vermietung ganzjährig, 15 Mz., zentral beheizt, sanitäre Einrichtungen auf der Etage, Urlaub nur als Reiterferien im ein- oder mehrwöchigen Rhythmus möglich, Kurzurlaub für Gruppen nach Absprache möglich, hauseigene Küche.

Freizeitangebote am Haus:

Kleiner Tierpark mit Ziegen, Hasen, Meerschweinchen, Esel usw.; hauseigenes Schwimmbecken, 10 x 4 m, Tischtennisplatte, Liegewiese, Aufenthaltsraum, Terrasse, jeden Tag Abendprogramm.

Freizeitangebote in der Umgebung:

Schwimmbäder und andere Sportstätten in den umliegenden Ortschaften, endlose Wanderwege durch die herrlichen Mischwälder.

Empfehlenswerte Ausflugsziele:

Burgen, Schlösser und Mühlen sind in nächster Umgebung zu besichtigen, Limes (alter römischer Schutzwall gegen die Germanen) zieht sich mit unzähligen römischen Türmen und Römerkastellen gleich hinter Bad König und Michelstadt entlang.

Reiter- und Ponyhof Pension Haus Waldeck,
Familie Arras,
Steinertsweg 36,
6126 Brombachtal-Odenwald (Hessen),
Tel. (0 60 63) 22 97

Hessen

In landschaftlich sehr reizvoller Gegend, in Eichenzell in der Rhön, bietet Frau Belz Quartiere an. Auf ihrem Hof wird Land- und Forstwirtschaft betrieben, neben den Pferden gibt es noch andere Stallinsassen. Urlaub auf dem Bauernhof heißt die Devise. Den Gästen stehen 4 Warmblutpferde zum Voltigieren, Dressur- und Springreiten zur Verfügung sowie 2 Reitponys. Unter Anleitung eines Reitwartes können hier Anfänger und Fortgeschrittene bis Klasse 11 ausgebildet werden, Reiterpaß und -abzeichen sowie das kleine Hufeisen erwerben, wobei auch theoretischer Unterricht abgehalten wird. Auf Ausritten werden sie gerne begleitet. Und da gibt es zu jeder Jahreszeit genug zu sehen. Die Rhön, ein Mittelgebirge mit Gipfeln bis zu 950 m Höhe, bietet sehr vielfältige Strukturen. Die an Eichenzell grenzende Hohe Rhön ist eine mit Gras und Hochmooren bedeckte Hochfläche, woran

sich westlich die Vorderrhön mit kegelförmigen Bergkuppen anschließt — ein Domizil für Segel- und Drachenflieger. Sehr waldreich ist dann die südlicher liegende Rhön mit dem aussichtsreichen Kreuzberg (932 m). Beliebte Luftkurorte sind das nahe gelegene Gersfeld und Bischofsheim, wo auch Wintersport betrieben wird. Weiterhin liegen viele begehrte Heilbäder in der Umgebung. Einen Besuch ist auch die alte Bischofsstadt Fulda wert, wo einem das Schloß mit seiner barocken Anlage in fürstbischöfliche Zeiten des 18. Jahrhunderts zurückversetzt. Ein Urlaub in Eichenzell kann auch zum Natur-, Kunst- und Geschichtsstudium werden. Ganz nach Ihrem Geschmack!

Freizeitangebote am Haus:
Aufenthaltsraum mit TV, Liegewiese, Kinderspielplatz, Terrasse, Fahrradverleih, Grill, Gästeküche, Tischtennis.

Freizeitangebote in der Umgebung:
Segeln und Drachenfliegen von den Bergkuppen der Vorderrhön, ausgedehntes Wanderwegenetz, Hallen- und Freibad 15 bzw. 13 km, Thermalbad 15 km, Fitneßcenter 13 km, Tennis 2 km, Angeln, Sauna 13 km, Sportplatz 2 km, Wintersport in der Rhön, Sommerrodelbahn. Haustiere können auf Anfrage mitgebracht werden.

Anfahrt:

A 7, aus Würzburg kommend, Richtung Fulda, Abfahrt Fulda-Süd auf B 27 über Dölbach nach Zillbach; aus Frankfurt kommend, von der A 66 auf die B 27. Nächste Bahnstation in Fulda (15 km), Bushaltestelle im Ort, Gäste werden auf Wunsch abgeholt.

Ausstattung der Reitanlage:

6 (2)	6 (18/12 DM)	–	20 x 40 m	20 x 50 m	30 x 40 m	unbegrenzt

Weiterhin sechs Anbindestände für Gastpferde 15,00/10,00 DM. Bauernhof mit friedlicher Atmosphäre in Mittelgebirgslage südlich von Fulda, umgeben von Rhön, Spessart und Vogelsberg. Reitbetrieb steht nicht im Vordergrund, Erteilung von Unterricht durch einen Reitwart, dem Wunsch der Gäste entsprechend, Lehrgänge für „kleines Hufeisen", Reiterpaß und -abzeichen möglich, Teilnahme am Unterricht mit Gastpferd möglich, jede Reitstunde 15,00 DM, Ausritte werden nach Absprache begleitet, Leihpferde haben Ausbildungsstand bis Klasse L, 2 Voltigierpferde vorhanden, Tierarzt 15 km, Hufschmied 8 km, Sattler 2 km.

Ausstattung der Pension:

3 Doppel-, 1 Mehrbettzimmer, zentral beheizt, Bad, Dusche und WC auf der Etage, ÜmF 20,00 DM, HP 26,00 DM, VP 32,00 DM, Kinder bis 12 Jahre 15% Ermäßigung, in Vor- und Nachsaison 10% Rabatt, Vermietung ganzjährig, auf Anfrage werden vorgenannte Zimmer auch als Ferienwohnung vergeben, Kurzurlaub möglich, alle Zimmer neu renoviert. Wochenende mit ÜmF 99,00 DM, 1 Woche HP 330,00 DM inkl. 1 Reitstunde pro Tag, Verkauf selbsterzeugter landwirtschaftlicher Produkte.

Empfehlenswerte Ausflugsziele:

Berge und Täler der vielgestaltigen Rhön, Barockstadt Fulda, Thüringen (auf ehemaliger DDR) mit der Wartburg bei Eisenach, Freilichttheater Bad Hersfeld (45 km).

Tip:

Spezialitäten sind hier Rhönforellen und Hausmacherwurst, begehrte Andenken sind Holzschnitzereien aus der Rhön.

Elfriede Belz,
Am Zillbach 8, 6405 Eichenzell, OT Zillbach (Hessen),
Tel. (0 66 56) 4 84

Hessen

Es kann nicht nur die verkehrsmäßig äußerst günstige Lage ganz in der Nähe des Wirtschaftszentrums Frankfurt am Main sein, die dem Rosenhof so viele Besucher verschafft. Sicher, bei der hohen Bevölkerungsdichte im Rhein-Main-Gebiet besteht auch ein großer Bedarf an Ferienquartieren, doch da stellt ein jeder auch Ansprüche — das ist der springende Punkt. Und auf dem Rosenhof versteht man es einfach, diesen Ansprüchen gerecht zu werden, nicht umsonst trägt man hier Anerkennungsplaketten der Deutschen Reiterlichen Vereinigung, des Landesjugendamtes und der DLG. In einer heimeligen Atmosphäre ganz abseits von jeglichem Massentourismus können hier gleichzeitig 35 junge Menschen (ab 9. Lebensjahr) erholsame Ferientage verbringen. Man wohnt in gemütlichen Zwei- und Mehrbettzimmern, die im ländlichen Stil eingerichtet sind, wird mit vier Mahlzeiten am Tag gut versorgt, wobei der Tag gleich mit einem reichlich bestückten Frühstücksbüfett beginnt. Die Reiterei wird ausgezeichnet geregelt. Jeder Gast sitzt mindestens 2½ Stunden am Tag im Sattel, wobei davon eine Stunde qualifizierter Unterricht durch eine Lehrerin

erteilt wird. Jeder Ausbildungsstufe wird man stets gerecht mit entsprechenden Pferden und Anleitungen.

In Gruppen reitet man 1½ Stunden durch die landschaftlich sehr reizvolle Umgebung. Auch gehören Voltigieren, Longieren, Reiterspiele, Picknickfahrten mit dem Planwagen und theoretischer Unterricht zum Programm auf dem Rosenhof, welcher außerhalb der Schulferien auch der älteren Generation die Tore geöffnet hält.

Hessen

Auszeichnungen und Anerkennungen:
Vom Landesjugendamt; FN-Anerkennung; Reitstall A; DLG-Gütezeichen.

Anfahrt:
A 45 und A 66 treffen am Hanauer Kreuz (Höhe Frankfurt am Main) aufeinander, von dort über Erlensee Verbindungsstraße nach Bruchköbel; nächste Bahnstation in Bruchköbel (3 km), Bus hält in Oberissigheim (0,5 km).

Ausstattung der Reitanlage:

35 (25)	6 (15 DM)	–	17 x 35 m	18 x 40 m	–	40 km

Hessischer Bauernhof, der seit mehr als 20 Jahren pferdebegeisterten jungen Menschen im Alter ab 8 Jahren erholsame Reiterferien bietet; Haflinger, Norweger, Araber, Deutsche Reitponys und Warmblüter warten auf die Gäste, umfangreiches Programm für unterschiedlichsten Ausbildungsstand – qualifizierter Reitunterricht, Ausritt in der Gruppe, Longieren, Voltigieren, Reiterspiele, Picknickfahrten mit dem Planwagen und Pferdepflege; jede Stunde im Sattel 15,00 DM, kleines Hufeisen, Reiterpaß und -abzeichen können ggf. erworben werden, Teilnahme an Jagden und Vielseitigkeitslehrgängen möglich. Tierarzt 15 km, Hufschmied 10 km, Sattler 6 km.

Ausstattung der Pension:
Die Wohnräume befinden sich in 2 Häusern, 2 Doppel- und 10 Mehrbettzimmer, Duschen und WCs auf den Etagen, alles zentralbeheizt. VP inkl. 2½ Stunden Reiten 70,00 DM/Tag. An- und Abreisetag in der Regel Samstag; Wochenpauschale von 490,00 DM enthält VP, Reiterei, Betreuung und Versicherung; Schonkost möglich; Vermietung ganzjährig, außerhalb der Schulferien Einzelübernachtung möglich, Kurzurlaub möglich; kleine Haustiere gestattet auf Anfrage, geeignet für Seminare und Tagungen kleiner Gruppen.

Freizeitangebote am Haus:
Kaminzimmer zum Grillen und Spielen, Liegewiese, Kinderspielplatz, Terrasse, Zelten und/oder Camping auf Anfrage möglich.

Freizeitangebote in der Umgebung:
Frei- und Hallenbad 3 km, See zum Baden, Sauna, Wassersport 4 km, Fitneßcenter, Tennis/Squash, Sportplatz 2 km, Angeln 1 km.

„Rosenhof", Inh. Gabriele von Schwerdtner,
Langstraße 14,
6454 Bruchköbel, OT Oberissigheim (Hessen),
Tel. (06183) 25 25 oder 25 95

E

Pferdezuchtverband
Sachsen-Anhalt e. V.

(Ponys
und
Kleinpferde)

Landwirtschaftlich galt die Provinz Sachsen-Anhalt als reichste Provinz Preußens. Bedingt durch die Vielfalt der Bodenstruktur und der damit in Zusammenhang stehenden Bodennutzung hat sich die Pferdezucht auch in bestimmten Gebieten besonders herausgebildet. Stets waren die Züchter in der Altmark (nördlich von Magdeburg) besonders aktiv und fortschrittlich.

Im 19. Jahrhundert bis über den Ersten Weltkrieg hinaus bildeten Kaltblutpferde belgischer Herkunft die größte Anzahl am Gesamtpferdebestand. Nach dem Ersten Weltkrieg nahm die Zucht des schweren Warmblutpferdes auf Oldenburger Grundlage einen erheblichen Aufschwung. Große Landwirtschaftsausstellungen animierten die Züchter dazu, sich mehr zu organisieren. So wurde 1923 dann auch ein Verband für die Züchtung eines provinzialsächsischen Warmblutpferdes auf hannoverscher Grundlage gegründet. An dieser Zucht hielt man auch in der DDR fest, wobei sich das Gestüt Radegast besonders herauskristallisierte. Die Pedigrees der dort gezüchteten und ausgebildeten Pferde lassen sich auf Hannoveraner zurückführen.

Viele LPGs haben sich zu DDR-Zeiten in der Pferdezucht verdient gemacht. Nicht nur in der Altmark, allerdings dort ganz besonders, gibt es bedeutende Zucht- und Sportstationen, die sich auch in Zukunft erhalten wollen und ihre Pferde verstärkt im Tourismus einsetzen werden. Zum Teil konnten, wie auch in Radegast, die altehrwürdigen Gutshäuser und -höfe mit ihren prächtigen, großen Stallungen erhalten werden, die den Besucher sich um einige Jahrzehnte zurückversetzt fühlen lassen. Beinahe grenzenlos sind die Reitmöglichkeiten durch so reizvolle Gegenden wie die Letzlinger und die Dübener Heide, die von Ackerbau- und Grünlandbetrieben geprägte Altmark, den wunderschönen Ostharz und andere Gebiete Sachsen-Anhalts.

Sachsen-Anhalt

Durch sehr starkes persönliches Engagement passionierter Pferde-
leute ist es trotz politischer Querelen in der DDR gelungen, Pferdesport und -zucht in attraktiver Form zu erhalten.

So auch im Hauptgestüt Sachsen-Anhalt in Radegast. Als Versuchsgut
wurde es 1928 von der Martin-Luther-Universität Halle-Wittenberg ge-
pachtet und ging 1945 in deren Besitz über. Später wurde es für For-
schungszwecke dem Tierzuchtinstitut der Universität übergeben. Neben dem Kaltblüter wurde in Sachsen-Anhalt früher das Oldenburgi-
sche Pferd gezüchtet, welches sich nach dem Zweiten Weltkrieg nicht
akklimatisieren konnte. Daher wurden vom damaligen Institutsleiter
einige Zuchtstuten und ein Hengst aus dem Zuchtgebiet Hannover
angekauft. Auf diesen Pferden basiert noch die heutige Zucht in Radegast. Durch Remontierung des Stutenbestandes aus der eigenen
Zucht und Zukauf von Beschälern aus Hannover gelang es, die Blutli-
nien rein hannoveranisch zu züchten. So laufen heute in Radegast 100

Zuchtstuten und drei bis vier Hengste entsprechender Abstammung.
Aufgrund des hohen Grünlandanteils des Betriebes (50 ha Wiesen
und Weiden) werden die Pferde sehr natürlich aufgezogen und gehalten. Im nahegelegenen Prussendorf werden die jungen Tiere ausgebildet und für den großen Sport vorbereitet. Dort steht eine große Reitanlage mit zwei Hallen, Außenplatz und herrlichem Gelände auch für
reitbegeisterte Gäste zur Verfügung, die mit eigenem Pferd anreisen
oder ein hiesiges „mieten" können. Auch werden in Zukunft Aufzucht
und Ausbildung von Gastpferden übernommen.

Auszeichnungen und Anerkennungen:
Hauptgestüt Sachsen-Anhalt

Freizeitangebote in der Umgebung:
Angeln 1,5 km, Sportplatz 1 km, Freibad 2 km, Tennis 3 km, Sauna 12
km, Wandern.

Empfehlenswerte Ausflugsziele:
Landschaftsschutzgebiet Fuhneaue, Kloster Petersberg, Altstadt Halle/
Saale, Naumann-Museum Köthen.

Tip:
Historische Gaststätte „Prinz von Anhalt" (200 Jahre alt) in Radegast.

Anfahrt:

Radegast liegt 18 km nordöstlich von Halle/Saale, Autobahn Dessau—Leipzig, Abfahrt Zörbig/Bitterfeld, von dort 8 km zum Gestüt. Bahnstationen in Zörbig und Köthen, Busstation in Radegast, Gäste werden dort auf Wunsch abgeholt.

Ausstattung der Reitanlage:

ja	20 (10 DM)	6 DM	20 × 60 m	ja	50 × 100 m	ca. 20 km

Aus dem langjährigen Versuchsgut der Martin-Luther-Universität Halle-Wittenberg profilierte sich im Jahre 1969 das Gestüt Radegast. Seit den 50er Jahren bereits durchorganisierte Pferdezucht auf hannoverscher Basis. Momentan 100 Zuchtstuten und drei bis vier Hengste hier stationiert, ca. 50 ha Wiesen und Weiden, was für eine gesunde Aufzucht sorgt. Junge und ältere ausgebildete Pferde stehen für die Gäste zur Verfügung, Reitstunde in Bahn, Halle und Gelände 15,00 DM, Springstunde 20,00 DM, Kutschfahrten 35,00 DM, Ermäßigung für Kinder bis 12 Jahre 50%, zusätzlich 15 Anbindeständer à 6,00 DM/Tag, Pensionspferde können untergestellt und bei Bedarf ausgebildet werden. In Zukunft werden hier auch Möglichkeiten angeboten, sein Pferd aufziehen und ausbilden zu lassen. Hufschmied und Sattler auf dem Hof, Tierarzt 2 km.

Ausstattung der Pension:

Auf dem großen, gepflegten Anwesen des Gestütes stehen sieben Einbett- und acht Doppelbettzimmer mit Bad/WC/Dusche in einem Gästehaus zur Verfügung. ÜmF 50,00 DM, Kinderermäßigung 30%, in Vor- und Nachsaison 25% Ermäßigung, Kurzurlaub möglich, für Seminare und Tagungen geeignet, Haustiere können auf Anfrage mitgebracht werden. Vermietung ganzjährig.

Freizeitangebote am Haus:

Fahrradverleih, Aufenthaltsraum, Kutschfahrten, Studium des Lebens auf einem herrlichen Gestüt.

Hauptgestüt Sachsen-Anhalt,
Zörbiger Straße 1,
O-4375 Radegast (Sachsen-Anhalt),
Tel. Radegast 201 / 2 10

Pferdezucht-
verband
Rheinland-Nassau e. V.

Landesverband
der Pferdezüchter
Pfalz-Saar e. V.

Pferdezuchtverband
Rheinland-Nassau
(Ponys) e. V.

Das an der Grenze zu Frankreich liegende Pferdezuchtgebiet
Rheinland-Pfalz-Saar hatte stets unter politischem Einfluß zu
leiden. Sein Landgestüt Zweibrücken, welches in Deutschland
das kleinste seiner Art ist, wechselte in den 200 Jahren seines
Bestehens mehrfach zwischen Frankreich und Deutschland
den Besitzer. Aus der Fusion der Zuchtverbände Rheinland-
Nassau und Pfalz-Saar entstand im Jahre 1977 der Pferdezuchtverband Rheinland-Pfalz-Saar, welcher die recht tradi-
tionslose Warmblutzucht in diesem Gebiet aufbauen mußte.
Das geschah unter Einsatz von Vollblütern und Trakehnern sowie durch Verwendung von hannoverschen und westfälischen
Hengsten. Jährlich werden in Zweibrücken Auktionen abgehalten.

Rheinland-Pfalz

Zwischen dem zum westfälischen Sauerland gehörenden Rothaargebirge, dem hessischen Wittgensteiner Land und dem Taunus liegt der Westerwald. In dieser Landschaft, einer unregelmäßig kuppigen Hochfläche, verdiente man sich den Lebensunterhalt von jeher meist beim Abbau von Ton, Braunkohle und Basalt. Es ist ein ausgesprochenes Kleinstbauernland, doch verfügt es zu jeder Jahreszeit über ganz besondere Reize.

Der „Reiterhof Montabaur" liegt mitten im Naturpark Nassau zwischen Bad Ems und Limburg an der Lahn, wo das Stadtbild von engen Gassen und malerischen alten Fachwerkhäusern geprägt ist. Somit ist die Lage von Stahlhofen nicht nur durch die Nähe zum fruchtbaren Lahntal ausgesprochen eindrucksvoll, sondern von hieraus gibt es eine schier unbegrenzte Anzahl an Ausflugszielen. Allein ein Besuch der alten Residenz der Trierer Kurfürsten — Koblenz —, wo Mosel und Rhein sich vereinen, kann ein unvergeßliches Urlaubserlebnis sein.

Aber in erster Linie sollte man auf dem Hof der Familie Gies wirklich ans Reiten denken. Die Bedingungen dazu sind hier in jeder Weise hervorragend. Da kommt einfach jeder Urlauber auf seine Kosten. Die Reitanlage, direkt am Wald gelegen mit Blick weit ins Land, ist großzügig angelegt und bleibt dabei aber wohnlich und gemütlich. Der Pferdebestand setzt sich aus Warmblutpferden und Reitponys zusammen, die in der Dressur und im Springen ausgebildet sind. Für ihre Gäste hat Familie Gies verschiedene Reitkurse zusammengestellt, bietet Einzelunterricht, Wanderritte und Ausritte an. Die Möglichkeiten, hier einen unvergeßlichen Urlaub auf dem Pferderücken zu verleben, sind sehr vielfältig. Das gleiche kann man über die einfallsreiche Ausstattung der Pension sagen. Ein Besuch lohnt sich wirklich!

Auszeichnungen und Anmerkungen:
FN-anerkannter Reitstall.

Empfehlenswerte Ausflugsziele:
Alte Residenzstadt Koblenz, wo die Mosel sich im Rhein verliert, Bischofssitz Limburg an der Lahn — liebenswerte alte Fachwerkstadt.

Anfahrt:
A 3 zwischen Siegburg – Limburg (Lahn), Abfahrt Montabaur auf B 49, dann auf Hauptstraße nach Stahlhofen. Nächste Bus- und Bahnstation in Montabaur (5 km), von wo aus man Gäste gern abholt.

Ausstattung der Reitanlage:
Idyllisch am Wald gelegener Hof mit Blick weit ins Land, großzügig angelegt.

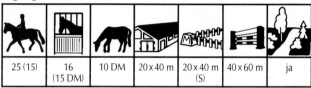

25 (15)	16 (15 DM)	10 DM	20 x 40 m	20 x 40 m (S)	40 x 60 m	ja

Einfache Reitstunde 16,00 DM, Springstunde 17,00 DM, zweistündige Ausritte mit Begleitung 34,00 DM, Wanderritt über 3 Tage 280,00 DM. Es liegen sehr gut ausgearbeitete, verlockende Angebote für verschiedene Kurse vor. Zum einen wird Reiturlaub für Kinder und Jugendliche angeboten, zum anderen für Einzelurlauber und Familien. Es sind Kurse für Anfänger und Fortgeschrittene sowie Lehrgänge zum Erhalt von Reiterpaß oder -abzeichen. Auch Wochenendpauschalen und Kinderermäßigungen werden angeboten. Bitte Programme anfordern! Eigene Pferde können auf Anfrage gern mitgebracht werden.
Tierarzt 20 km, Hufschmied und Sattler 25 km.

Ausstattung der Pension:
Modernes Haus, komfortabel und gemütlich eingerichtet. Überall ist viel Holz verarbeitet worden, sowohl in den Schlafräumen als auch im Eßraum, der Hofschänke und im kuschelig warmen Kaminzimmer. Ein Einzel-, 5 Doppel- und 6 Mehrbettzimmer mit Balkon. Duschen nur bei Einzel- und Mehrbettzimmern, sonst auf der Etage wie auch die WC. Alles zentralbeheizt. ÜmF 35,00 DM, HP 45,00 DM, VP 52,00 DM, ansonsten Pauschalangebote. Ermäßigung für Kleinkinder bis 4 Jahre. Vermietung ganzjährig, Kurzurlaub möglich. Hunde u. a. kleine Haustiere dürfen auf Anfrage mitgebracht werden. Personal verfügt über englische und französische Sprachkenntnisse.

Freizeitangebote am Haus:
Aufenthaltsraum, Liegewiese, Kinderspielplatz, große Terrasse, Zelten auf Anfrage möglich, Fahrradverleih.

Freizeitangebote in der Umgebung:
Freibad 8 km, Hallenbad, Sauna, Fitneßcenter 5 km, Thermalbad 10 km, See mit Bademöglichkeiten und Wassersport 15 km, Angeln 1 km, Sportplatz 200 m, Wandern.

„Reiterhof Montabaur", Familie Irmgard Gies,
Am Alten Forsthaus,
5431 Stahlhofen, Westerwald (Rheinland-Pfalz),
Tel. (0 26 02) 55 60

Rheinland-Pfalz

Die Geschichte des Rückerhofes geht bis in die Mitte des 17. Jahrhunderts zurück. Viele Jahre war der Vater des heutigen Inhabers Pächter der damaligen Staatsdomäne mit Schnapsbrennerei, bis er das Anwesen in den sechziger Jahren erwerben konnte. Heute wirtschaftet Carl Rücker hier, und das nicht schlecht, wie man sich leicht überzeugen kann. Schollentreue und Naturverbundenheit sind lebensführende Richtschnur. Die Gäste des Hauses können aktiv oder passiv am Landleben teilnehmen, ja sogar ein Ferien-Bauerndiplom beim Chef erwerben. Etwa 30 Gelände- und Wanderreitpferde leben auf dem Hof. Zuverlässig bewegen sie sich unterm Sattel durch die liebliche Landschaft des Naturparks Nassau, der ebenfalls für Wanderer und im Winter für Skifahrer eine Erlebniswelt ist. Der Rückerhof liegt am Rande des Dorfes Welschneudorf — einer ehemaligen Hugenotten-Siedlung. Auf dem Dorfplatz und am Waldrand tummeln sich die Kinder, beim Metzger und Bäcker trifft man sich zum Dorfschnack. Da ist die Welt noch in Ordnung.

Die Wohnmöglichkeiten bei der Familie sind ganz zauberhaft. In kleinen Fachwerkhäuschen, die zum Beispiel auf „Omas Obstwiese" oder auf der „Gänseweide" stehen, wohnt jede Partei separat und idyllisch im Grünen.

Auszeichnungen und Anerkennungen:
FN-anerkannter Reitbetrieb, Anerkennung durch die Vereinigung der Freizeitreiter in Deutschland e. V. (VFD), DLG-Gütezeichen.

Freizeitangebote in der Umgebung:
Bademöglichkeiten 8 km, Sauna, Angeln 2 km, Tennis/Squash, Sportplatz 300 m, Wassersport, Golf 15 km, Ski-Langlauf, Kegeln und Massagebank 1 km.

Empfehlenswerte Ausflugsziele:
Naturpark Nassau, Burgen an Rhein und Mosel, Koblenz, Bad Ems, Montabaur.

Anfahrt:

Günstige Lage zwischen A 3, A 48 und A 61, Höhe Koblenz/Limburg, gut über Bundes- und Hauptstraßen zu erreichen; nächste Bahnstation Bad Ems (8 km), Bus hält im Ort (100 m), Gäste werden dort auf Wunsch abgeholt.

Ausstattung der Reitanlage:

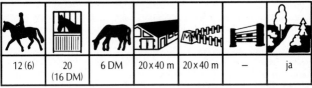

12 (6)	20 (16 DM)	6 DM	20 x 40 m	20 x 40 m	–	ja

Am Rande von Welschneudorf gelegener großer Hof, auf dem das bäuerliche Brauchtum sehr gepflegt und den Gästen nach Belieben vermittelt wird. Schwerpunkt Wanderreiten, binnen kurzer Ausbildungszeit genießen die Gäste Abenteuerritte mit Packpferd durch den herrlichen Naturpark Nassau. Reitstunde 16,00 DM, Einzelunterricht 35,00 DM, 1 Stunde Kutschfahrt 80,00 DM, Planwagenfahrt bis 13 Personen 100,00 DM/Stunde, ½ Stunde longieren 15,00 DM, Ständer statt Box 10,00 DM/Tag, Pauschalangebote für Reiterwochenende mit kräftigem Frühstück, viergängigem Bauernmahl am Abend und romantischer Übernachtung oder für eine ganze Woche Wanderreiten (Preisliste bitte anfordern), die Pferde hier sind zuverlässige Reitponys, Pintos und Hannoveraner, Wochen- und Wochenendkurse (Dressur, Springen, Fahren).
Tierarzt und Sattler 8 km, Hufschmied 25 km.

Ausstattung der Pension:

Sehr vielfältiges, einladendes Angebot: kleine Fachwerkhäuser auf „Omas Obstwiese", auf der „Gänseweide", in der „Quittenhütte", dem „Gästehaus im Kräutergarten" mit Bauernstuben und Galerienwohnungen, „Kuhzimmer" und „Blauem Zimmer"; Zimmer ÜmF ab 30,00 DM/Tag, HP ab 68,00 DM/Tag, Ermäßigungen für Kinder und für Vor- und Nachsaison 25 %, Ferienwohnungen unterschiedlicher Größe ab 99,00 DM/Tag, Nebenkosten; geeignet für Tagungen und Seminare, Haustiere auf Anfrage gestattet, Angebot selbsterzeugter Nahrungsmittel, Kurzurlaub und Einzelübernachtung möglich, ganzjährige Vermietung.

Freizeitangebote am Haus:

Aktive oder passive Teilnahme am ursprünglichen Bauernhof-Leben, Planwagen- und Kutschfahrten, Liegewiese, Kinderspielplatz, Terrasse, „Kutscherstube" und „Gutsherrendiele", Erntedankfest, Tanz in den Mai u. v. m.

Rückerhof, Inh. Fam. Rücker,
5431 Welschneudorf (Rheinland-Pfalz),
Tel. (0 26 08) 2 08

Rheinland-Pfalz

Allein die interessante Geschichte des Hofes ist Reiz und Verführung genug, um hierherzukommen. Schon im Jahre 1415 fand er als Mühle Grimpel Erwähnung, hintereinander ließen ihn einige Grafen bewirtschaften, bis er im Jahre 1896 als staatliche Domäne zu den größten Höfen im Westerwald zählte. Der Charakter der bodenständigen Gebäude (aus Bruchstein und Schiefer) hat sich bis zum heutigen Datum erhalten, aufgelockert mit den Farben der Westerwälder Architektur. In den Jahren 1985/86 wurde der Hof Krempel zu einem modernen Reit- und Ferienzentrum umgebaut, so daß man nun hinter den Fassaden der altehrbaren Gebäude den Komfort unserer Zeit genießt. All die gemütlichen Zimmer im Gästehaus am Ententeich sind mit Dusche und WC bzw. Bad ausgestattet. In den hübschen Ferienwohnungen im Herrenhaus fühlen sich die Gäste schnell heimisch. Das setzt sich fort, nachdem man erste Bekanntschaft mit der urigen „Gutsschänke", ihrer schmackhaften Westerwälder Küche und ande-

ren Spezialitäten, mit den frischen Bieren vom Faß und vollmundigen Weinen geschlossen hat. Die Vielfalt des Freizeitangebots ist hier riesengroß. Bedingt durch die geographische Lage in einer bekannten Ferienlandschaft im Herzen Deutschlands, findet hier ein jeder die passende Beschäftigung. Ob als Wanderer, Skiläufer, Angler, Reiter, Wassersportler oder sonstiger Erholungsuchender, vom Hof Krempel aus erreicht man alles in Kürze. Die schönen alten Stallgebäude beherbergen für Sie zehn gut ausgebildete Schulpferde und drei Ponys, auf welchen man in der neuerbauten Halle, auf dem zum Hof gehörenden Außenplatz oder auch durch den romantischen Westerwald reiten kann. Für Gastpferde stehen geräumige Boxen frei.

Empfehlenswerte Ausflugsziele:
Krombach-Stausee, Weilburger Schloß, Limburg, Weilburg, Wetzlar, Montabaur.

Tip:
Fisch und Wild nach Westerwälder Art, Westerwälder Keramik.

Anfahrt:

A 3 Abfahrt Limburg-Nord, auf B 54 bis Irmtraut, dann auf Hauptstraße nach Elsoff, oder A 45 Abfahrt Haiger/Burbach, auf B 54 bis Rennerod, dann weiter auf Hauptstraße; nächste Bahnstation Limburg oder Westerburg (18/6 km), wo man Gäste gern abholt; Bus hält vorm Haus.

Ausstattung der Reitanlage:

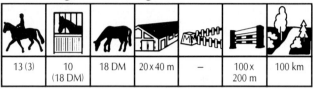

13 (3)	10 (18 DM)	18 DM	20 x 40 m	–	100 x 200 m	100 km

Auf großem, altem, traditionsreichem Bauernhof mitten im Hohen Westerwald gelegene Anlage; Hof wurde 1985/86 zu modernem Reit- und Ferienzentrum ausgebaut; komfortable Ausstattung in den alten Gemäuern; den Gästen stehen 10 gut ausgebildete Reitpferde und -ponys zur Verfügung, auf denen qualifizierter Unterricht erteilt werden kann und die auch geländesicher sind; Reitstunde 14,00 bis 18,00 DM, Springstunde 20,00 DM, Ausritt 19,00 DM/Stunde, Kutschfahrt 25,00 DM/Stunde, Reiterpaß und -abzeichen möglich, Lehrgänge laut Plan.

Tierarzt 10 km, Hufschmied 15 km, Sattler 20 km.

Ausstattung der Pension:

Moderner Komfort hinter den Fassaden geschichtsträchtiger, romantischer Häuser auf dem Hof Krempel; im Gästehaus am Ententeich warten 10 Doppelzimmer mit Dusche oder Bad sowie 3 Mehrbettzimmer mit Dusche auf ihre Gäste. ÜmF 41,00 bis 45,00 DM, Ermäßigung für Kinder bis 12 Jahre 50 %; Ferienwohnungen im Herrenhaus. Vermietung ganzjährig, Kurzurlaub und Einzelübernachtung möglich; geeignet für Seminare und Tagungen; Hunde u. a. kleine Haustiere darf man auf Anfrage mitbringen; Personal verfügt über englische und französische Sprachkenntnisse.

Freizeitangebote am Haus:

Gutsschänke mit schmackhafter Westerwälder Küche, frischen Bieren und mundigen Weinen, Biergarten „Entenfang", Sauna, Liegewiese, Terrasse, Kinderspielplatz.

Freizeitangebote in der Umgebung:

Freibad, See mit Bademöglichkeit, Tennis/Squash 5 km, Wassersport 6 km, Hallen- und Thermalbad 15 km, Angeln 500 m, Jagdmöglichkeiten und Sportplatz 2 km, Wintersport, Wandern.

Hof Krempel, Reit- und Ferienzentrum,
Inh. Claudia Jahncke, 5439 Elsoff (Westerwald),
Tel. (0 26 64) 8176

Rheinland-Pfalz

W arum ist es am Rhein so schön?" singt man noch heute. Darauf mag es viele Antworten geben, doch ein jeder muß seine eigene finden. Warum es beispielsweise auf dem Birkenhof unweit des Rheins so schön ist, erfährt man am besten bei einem Besuch dort. Und da gibt es mehrere Möglichkeiten. Am beliebtesten sind natürlich die Reiterferien bei Familie Ewenz.

Auf der großen, modernen Anlage mitten im Naturpark Rhein-Westerwald fernab von Lärm und Verkehr können sich Mädchen im Alter von 9 bis 16 Jahren, auf deren Aufenthalt man sich hier eingerichtet hat, recht ausgelassen bewegen und ihren Ideen und Gedanken zur Freizeitgestaltung freien Lauf lassen. Nicht nur der intensive Umgang mit den Pferden formt hier die Charaktere, sondern auch die Gemeinschaft mit anderen Jugendlichen den ganzen Tag über. Die Unterbringung erfolgt in hellen, geräumigen 8-Bett-Zimmern. Die jungen Menschen lernen hier praktisch spielend, miteinander zu leben, gegensei-

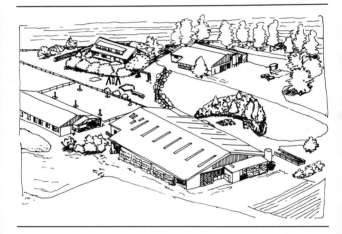

tiges Verständnis zu entwickeln und vor allem auch, der Kreatur Pferd genügend Achtung und Sympathie entgegenzubringen. Die Wochenpauschalen in den Reiterferien beinhalten tägliche Vollpension mit 4 Mahlzeiten und eine Reitstunde. Weiterhin werden mit den Kindern Wanderungen, Reiterspiele, Picknicks, Besuche von Freizeitbädern und vieles mehr gemacht.

Außerhalb der Ferienzeiten hat man sich auf dem Birkenhof auf Klassenfahrten spezialisiert. Dafür werden mehrtägige Pauschalaufenthalte angeboten, die neben qualifiziertem Reitunterricht auch ebensolchen Tennisunterricht beinhalten. Aktuelle Preislisten sind anzufordern.

Das von Kleinstbauern-Wirtschaft geprägte Gebiet des Westerwaldes wartet auf Gäste, für die man auch in so herrlichen Städten wie Neuwied am Rhein stets die Arme weit offenhält.

Auszeichnung und Anerkennung:
Reitschule FN

Anfahrt:

Liegt direkt an der B 256, welche von der A 3 zwischen Montabaur und Siegburg abgeht; von A 48 zwischen Koblenz und Autobahnkreuz Dernbach auf B 9 oder B 42, dann auf B 256; nächste Busstation 1 km (Bonefeld oder Kurtscheid), Bahnstation in Neuwied (15 km), Gäste holt man gern von den Stationen ab.

Ausstattung der Reitanlage:

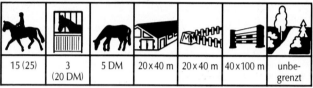

15 (25)	3 (20 DM)	5 DM	20 x 40 m	20 x 40 m	40 x 100 m	unbe- grenzt

Sehr großzügig angelegte Reitanlage, umgeben von herrlichen Hochwäldern und Wiesentälern; Mädchen im Alter von 9 bis 16 Jahren können hier die Ferien verbringen; sehr abwechslungsreiches Freizeitprogramm, fundierte Ausbildung am und auf dem Pferd; 1. Woche 400,00 DM, jede weitere Woche 320,00 DM, zusätzliche Reitstunde 13,00 DM; Wochenpauschalen beinhalten täglich Vollpension mit 4 Mahlzeiten und 1 Reitstunde, Reitsachen sind mitzubringen, aber hier auch leihweise zu erwerben; Klassenfahrten auf dem Birkenhof außerhalb der Ferienzeiten für 4. bis 10. Klassen, 5tägiges Komplettangebot beinhaltet Vollpension, Reit- oder Tennisstunden, viele gemeinsame Unternehmungen, spezielle Wochenend- oder Sonderangebote sowie Termine für das Ablegen der Prüfungen zum Reiterabzeichen oder -paß im Extraprospekt — bitte anfordern! Kurs für Reiterpaß 85,00 DM, Reiterabzeichen 100,00 DM. Für mitgebrachte Pferde stehen neben Boxen auch einige Anbindestände zur Verfügung.

Ausstattung der Pension:

Während der Reiterferien für Mädchen im Alter von 9 bis 16 Jahren Unterbringung in geräumigen, gemütlichen 8-Bett-Zimmern, Pauschalangebote siehe unter vorherigem Punkt; 5 Einzel- und 10 Doppelzimmer, alle mit Balkon und Dusche, 8 Mehrbettzimmer, Dusche, Bad, WC auf den Etagen. Tagespreise für ÜmF 25,00 bis 65,00 DM, HP 45,00 bis 85,00 DM, VP 60,- bis 100,00 DM, Preislisten und Broschüren können angefordert werden.

Freizeitangebote am Haus:

Liegewiese, Kinderspielplatz, Aufenthaltsraum, Terrasse, Beschäftigung mit den Pferden, Wandern.

Freizeitangebote in der Umgebung:

Frei- und Hallenbad, Fitneßcenter, Tennis, Sauna 5 km, Angeln und Fluß mit Bademöglichkeit 10 km, Sportplatz 500 m.

Reiter-Pension Birkenhof, Inh. Familie Ewenz
5455 Bonefeld (Rheinland-Pfalz),
Tel. (0 26 34) 83 92

Rheinland-Pfalz

Als Reitparadies für Mädchen läßt sich die Ferienranch Klaes gewiß nicht zu Unrecht betiteln. Dort trifft man wirklich nur lachende, ausgelassene Kinder und Jugendliche an. Den ganzen Tag über herrscht hier ein reges Treiben, was sich größtenteils um die Pferde abspielt. Die ruhigen Nächte auf diesem Hof gewährleisten dann auch einen erholsamen Schlaf. Reitanfänger haben die Möglichkeit, erste Unterrichtsstunden unter fachkundiger Aufsicht in der Reithalle zu absolvieren. Wer schon fester im Sattel sitzt und ein großes Warmblutpferd in den Griff bekommt, der darf an den Ausritten durch die herrliche Gegend des Naturparks Südeifel teilnehmen. Da geht es über dumpf dröhnende Waldwege, Wiesen und Felder, ja sogar durch Wasserläufe. Ein Heidenspaß, der auch alle kleinen Gäste hier den Abschied immer schwer macht. Viele von ihnen kommen mehrmals in ihrer Jugend hierher, man darf ja vom 8. bis zum 16. Lebensjahr bei Familie Klaes zu Gast sein. Sie steckt auch sehr viel Engagement in die Ferienbetreuung an Mädchen.

Das Gebiet der Eifel bietet sich für solch ein Ferienparadies natürlich auch an: Das Mittelgebirge zwischen Rhein, Mosel und Ruhr ist geprägt durch über 200 Vulkandurchbrüche und dementsprechende Lavaergüsse während der erdgeschichtlichen Entwicklung. Dementsprechend konnte sich hier ein ganz individuelles Landschaftsbild gestalten, in dem sich weite Hochflächen mit windungsreichen Tälern und kleinen Seen abwechseln. In der nordwestlichen Eifel sind in neuerer Zeit mehrere große Talsperren angelegt worden, welche diesem Terrain besondere Reize verleihen. Sportangler und Wassersportler zieht es ebenso in die Eifel wie Wintersportler zum Schneereichtum in die Hocheifel.

Anfahrt:

A 1 (48) zwischen Trier und Koblenz, Abfahrt Wittlich, auf B 50 bis hinter Bitburg, dann auf Hauptstraße nach Wiersdorf; nächste Bahnstation in Bitburg-Erdorf, Bus hält am Hof.

Ausstattung der Reitanlage:

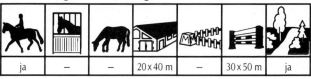

ja	—	—	20 x 40 m	—	30 x 50 m	ja

Im wildromantischen Naturpark Südeifel gelegener alter, gut erhaltener und gepflegter Bauernhof. Sehr verläßliche, kindergewohnte, gepflegte Großpferde verschiedener Rassen warten auf ihren Einsatz in der Reitbahn oder in der belebten Natur bei frischer Eifelluft. Sehr familiäres Leben, ausgezeichnete Betreuung und Beaufsichtigung der jungen Mädchen im Alter von 8 bis 16 Jahren, die hier ausschließlich zu Gast sind. Vollpension mit 1 Reitstunde/Tag 55,00 DM, jede zusätzliche Reitstunde 15,00 DM. Geöffnet zu allen Ferienzeiten, Weihnachten ab 26. 12.; Reiterpaß kann in den Osterferien „erkämpft" werden.

Ausstattung der Pension:

Man wohnt hier in einem der 11 Mehrbettzimmer, Dusche und WC auf der Etage, alles zentralbeheizt. Das geräumige alte Bauernhaus bietet genug Platz für verschiedene Freizeitbeschäftigungen. Überall gibt es Möglichkeiten, gemütlich zusammenzusitzen, zu plaudern, zu spielen und zu basteln. Die Stimmung ist hier eigentlich immer eine recht fröhliche, es wird viel gesungen und gelacht — wie man sich so ein Ranchleben eben vorstellt. Vollpension mit 1 Reitstunde/Tag kostet 50,00 DM. Erwachsene finden Unterkunft in Hotels, Appartements oder Bungalows im Ferienpark Südeifel.

Freizeitangebote am Haus:

Insgesamt sehr viel Bewegungsfreiheit auf dem Hof, viele Haustiere; Kaminecke, großer Hobbyraum, Aufenthaltsraum mit Blick in die Reithalle, Speiseraum, Liegewiese, Kinderspielplatz.

Freizeitangebot in der Umgebung:

Hallenbad im 1 km entfernten Dorint-Hotel, welches täglich genutzt werden kann von den Gästen der Familie Klaes.

Ferienranch Klaes, Inh. Rudolf Klaes,
Hauptstraße 2, 5521 Wiersdorf (Rheinland-Pfalz),
Tel. (0 65 69) 2 24

Rheinland-Pfalz

Zu ganz ungezwungenen Ferientagen in der Gesellschaft mit Tieren lädt Familie Willig ein. In der landschaftlich reizvollen Gegend des Nordpfälzer Berglandes findet man den kleinen Ort Bischheim nahe bei Kirchheim Bolanden. Den „Alten Hof", wie man diese Ferienidylle einst getauft hat, findet man am Ortsrand. Schon der große Innenhof wirkt sehr einladend, außerdem kann man dort gleich den ersten Kontakt aufnehmen zu den Welsh- und Reitponys, die wiehernd die Ferienkinder begrüßen. Als solche sind bei Familie Willig übrigens nur Mädchen im Alter von 8 bis 14 Jahren vorgesehen, die in modern eingerichteten Mehrbettzimmern (alle mit Dusche und WC) untergebracht werden. Außerhalb der Ferienzeiten werden auch andere Gäste beherbergt. Die Mädchen werden hier rund um die Uhr betreut, mit 4 Mahlzeiten am Tag gut versorgt, erhalten Reitstunden und können sich ansonsten völlig ungezwungen allein, miteinander oder mit den Tieren beschäftigen. Spielzimmer, Tischtennisplatte, Solarium, Grillplatz, Spielplatz und Terrasse stehen zur Verfügung. Das

Haus ist auch geeignet für Seminare und Tagungen mit einer Teilnehmerzahl bis zu 20 Personen.

Bischheim liegt unweit des fast 700 m hohen Donnersberges, der höchsten Erhebung der Nordpfälzer Berglandes. Nach nur wenigen Kilometern Fahrt Richtung Osten befindet man sich schon im herrlichen Rheintal. Das zu den ältesten Städten Deutschlands zählende Worms ist die nächstgelegene Stadt. Genießer des Traubensaftes werden wissen, daß hier die berühmte „Liebfrauenmilch" reift.

Auszeichnungen und Anerkennungen:
DLG-Gütezeichen „Ferien auf dem Bauernhof"

Empfehlenswerte Ausflugsziele:
Donnersberg 687 m, Steinemuseum Imsbach, Besucherbergwerk „Weiße Grube", Worms, Mainz, Kaiserslautern, Speyer, Heidelberg, Rheinfahrt.

Anfahrt:

A 63 Abfahrt Kirchheim – Bolanden, nächste Bahnstation in Alzey
(12 km), Bus hält im Ort, Gäste holt man auf Wunsch gerne ab.

Ausstattung der Reitanlage:

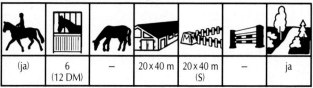

(ja)	6 (12 DM)	–	20 x 40 m	20 x 40 m (S)	–	ja

Weit ab vom Großstadtlärm und schlechter Luft liegt ein „Alter Hof",
der in den Ferienzeiten die Tore offenhält für Mädchen im Alter von 8
bis 14 Jahren, die Spaß am Reiten haben. In den Ställen hält man
Welsh- und deutsche Reitponys, die so weit ausgebildet sind, daß die
Kinder auf ihnen den Reiterpaß erwerben könnten. Eigene Pferde dürfen mitgebracht werden, aber nicht im Unterricht geritten werden. Jede Reitstunde kostet 12,00 DM, Kutschfahrten 60,00 DM für eine Kin-
dergruppe.
Tierarzt 2 km, Schmied kommt auf den Hof.

Ausstattung der Pension:

In einem wunderschönen, rustikalen Fachwerkgebäude auf dem Hof
befinden sich 3 Doppelzimmer mit Dusche/WC sowie 3 Mehrbettzimmer mit Dusche/WC (eines mit Balkon). Alle Zimmer sind im Landhausstil ausgestattet, Zentralheizung, Aufenthalts- und Eßraum sind
mit robusten, zum Teil sehr alten Möbeln ausstaffiert und erhielten
dadurch eine ganz persönliche Note. 1 Woche Reiterferien für Mädchen in Vollpension 420,00 DM. Sonst ÜmF 30,00 DM, HP 43,00 DM,
VP 48,00 DM. Schonkost möglich; Haustiere dürfen auf Anfrage mitgebracht werden; geeignet für Seminare und Tagungen bis zu 20 Personen; Vermietung ganzjährig; Kurzurlaub und Einzelübernachtung
möglich; Personal verfügt über englische und französische Sprachkenntnisse.

Freizeitangebote am Haus:

Kutschfahrten, Tischtennis, Basteln, Grillabende, Liegewiese, Aufenthaltsraum, Kinderspielplatz, Kaminraum mit Jagddecke im Keller, Solarium, Sauna, Weinprobe.

Freizeitangebote in der Umgebung:

Keltenwanderung zum Donnersberg, Weinwanderweg durchs Zillertal
u. a., Frei- und Hallenbad 3 km, Fitneßcenter 2 km, Tennis/Squash
4 km, Sportplatz 500 m, Wintersport 4 km.

Pony- und Ferienhof „Alter Hof", Inh. Winfried Willig,
Flörsheimer Straße 4,
6719 Bischheim (Rheinland-Pfalz),
Tel. (06352) 3575

Verband württembergischer
Pferdezüchter e.V.

Verband
württembergischer
Pferdezüchter
(Fjordpferde
und Ponys) e.V.

Aus Fusion zweier badischer und eines württembergischen Verbandes gründete sich im Jahre 1978 der Zuchtverband Baden-Württemberg. Durch die Einkreuzung normannischer Hengste in die einheimische, von orientalischen Rassen beeinflußte Stutenbasis züchtete man das württembergische Warmblutpferd, wie es noch in den 60er Jahren bestand. Dann fand ein Umzüchtungsprozeß statt, wobei es zu einem massiven Einsatz von Vatertieren der Rasse Trakehner kam. Heute verwendet man in erster Linie Hengste hannoverschen und französischen Ursprungs.

In Marbach a. L. befindet sich das Baden-Württembergische Land- und Hauptgestüt, welches sich mit dem Gründungsjahr 1573 als das älteste seiner Art in Deutschland rühmen darf. Marbach ist gleichzeitig Prüfstation für die Junghengste Baden-Württembergs sowie Auktionsort und Verkaufszentrum des Bundeslandes.

Baden-Württemberg

Welch ein Anblick, dieser Härtsfeldhof — weit und breit das einzige Reitanwesen in den weiten, anmutigen Fluren am nördlichen Rande der Schwäbischen Alb. Hier in dieser geräumigen Reitanlage kann man einen wirklichen Aktivurlaub verbringen. Da ist man auch als Einzelurlauber nie allein, denn die Möglichkeiten der Betätigung am und auf dem Pferd sind hier so vielseitig, daß es immer interessierte Gäste gibt. Vom üblichen, allgemeinen Reitunterricht über spezielle Spring- und Dressurausbildung, Pony- und Wanderreiten, Voltigieren bis hin zur Ausbildung und zum Fremdberitt des eigenen Pferdes können hier auch kranke und behinderte Menschen das Glück der Erde auf dem Rücken der Pferde genießen. Heilpädagogisches Reiten und Voltigieren, Hypotherapie und Reiten für Behinderte sind hier auf dem Härtsfeldhof gleichberechtigte Aktivitäten. Dieser Unterricht wird von Fachpersonal erteilt auf 7 speziell dazu ausgebildeten Pferden. Für den üblichen Reitbetrieb stehen 14 gut gerittene Warmblüter als Schulpferde zur Verfügung, 2 Voltigierpferde und Po-

nys für die kleinen Gäste. Für Abwechslung ist also gesorgt. Auch den eigenen Vierbeiner darf man nach Voranmeldung mit hierher bringen. Platz gibt es genug. Wenn die Boxen nicht mehr ausreichen, geht es eben auf die Weide. Das Land scheint hier ohne Ende, wirkt dabei aber nie eintönig. Wer tiefer in die Schwäbische Alb vordringt, wird sich an der Vielfältigkeit ihrer Erscheinung erfreuen. Da findet man im Nordwesten das zu den Flüssen in Steilufern abfallende Gebirge, tief eingeschnittene Täler und vorgelagerte Bergkegel, im Südosten dann die Hochebene, ausstaffiert mit Höhlen, Erdtrichtern und Trockentälern. Ganz große Naturfreunde lassen sich vielleicht zu ausgedehnteren Unternehmungen hinreißen. Geschichts- und Architekturfreunde werden sich eher für Städte wie das nahegelegene Nörtlingen begeistern — eine in Schönheit und Bedeutung Rothenburg ob der Tauber nicht nachstehende alte freie Reichsstadt an der Romantischen Straße.

Freizeitangebote in der Umgebung:
Freibad 5 km, Hallenbad 3 km, Thermalbad 18 km, See zum Baden und Surfen 25 km, Fitneßcenter, Tennis, Squash und Sauna 3 km, Angeln 10 km.

Empfehlenswerte Ausflugsziele:
Schwäbische Alb, alte freie Reichsstadt Nörtlingen, Donauwörth, Dinkelsbühl, Schwäbisch Gmünd.

Anfahrt:

A 7 zwischen Autobahnkreuz Ulm/Elchingen und Autobahnkreuz Feuchtwangen/Crailsheim, Abfahrt Aalen-Westhausen auf B 29 Richtung Nörtlingen. Nächste Bahnstation in Bopfingen (2,5 km), auf Wunsch werden die Gäste abgeholt, Bushaltestelle am Hof.

Ausstattung der Reitanlage:

14	5 (15 DM)	ja	20 x 40 m	—	25 x 50 m	ja (unbegrenzt)

Zusätzlich 2 Anbindestände à 12,00 DM/Tag, 7 ausgebildete Pferde zum therapeutischen Reiten, einige Ponys für Kinder, einladende Einzellage des Gehöfts mit großzügigem Umfeld, Reiten jeder Art möglich für groß und klein, Dressurstunde 16,00 DM, Springstunde 18,00 DM, Ausritte mit ortskundiger Begleitung mehrere Stunden 16,00 DM, Gastpferde werden in den Unterricht aufgenommen, ständig Durchführung spezieller Lehrgänge, Tierarzt 12 km, Hufschmied 2 km, Sattler 20 km.

Ausstattung der Pension:

Ferienpension in angenehmer Gastlichkeit, Holzverkleidungen, rustikale Möblierung, 3 Ez., 10 Dz. und 3 Mz. jeweils mit Dusche, Etagen-WC, Übernachtung und Frühstück 40,00 DM, HP 48,00 DM, VP 55,00 DM. Ferienwohnungen für 5 Personen 80,00 DM/Tag, keine Nebenkosten, Einzelübernachtung und Kurzurlaub möglich, ganzjährige Vermietung. Haustiere können auf Anfrage mitgebracht werden, Gästegarage vorhanden.

Freizeitangebote am Haus:

Liegewiese, gemeinsames Wandern, Bastel- und Spielabende, Grillen, gemütliches Reiterstübchen, Streicheltiere wie Hund, Katze, Hasen und Ziegenbock auf dem Hof, Kutschfahrten in die Umgebung.

„Härtsfeldhof", Martha Bruckmeyer,
Hohenberg 3, 7085 Bopfingen (Baden-Württemberg),
Tel. (073 62) 5773

Baden-Württemberg

Umgeben von mittelalterlichen Schönheiten wie der fränkischen Reichsstadt Dinkelsbühl in der fruchtbaren Ebene der Wörnitz, Rothenburg ob der Tauber mit seinen einzigartigen Reizen, die im fruchtbaren Ries zwischen Schwäbischer und Fränkischer Alb liegende Stadt Nördlingen mit ihrem kreisrunden Stadtkern und vielen anderen interessanten Orten liegt Ellwangen. Es sind die Züge der zur Fränkischen Terrasse zählenden Frankenhöhe, welche das Panorama um diesen Ort gestalten (Ellwanger Berge).

Sehr bezeichnend für das Landschaftsbild ist hier die völlig zerschnittene Sandsteinschicht der Frankenhöhe, welche romantische Täler entstehen ließ. Ellwangen liegt am Fluß Jagst, welcher bei Bad Wimpfen in den Neckar fließt. Der zu Ellwangen gehörige Ort Röhlingen, in welchem sich Familie Konle 1970 eine Reitanlage erbaute, liegt direkt am Limes, der bedeutenden Grenzbefestigung der Römer zwischen Oberrhein und Donau. Das macht dieses ohnehin interessante Terrain natürlich noch viel attraktiver.

Da paßt ein gutgehender Reiterhof mit Pension schon hin. Über Urlaubermangel haben die Konles nicht zu klagen. Man hat ja auch einen gewissen Ruf. Immerhin hat es Sohn Thomas aufgrund seiner nationalen und internationalen Erfolge 1988 zum Goldenen Reiterabzeichen gebracht. Ihm folgte ein Jahr später Bruder Hans-Peter. Tochter Elke war mit 16 Jahren baden-württembergische Meisterin im Springen. Viele andere Talente hat dieser Stall schon hervorgebracht. Ein Urlaub kann sich dort also lohnen. Etwa 12 Lehrpferde warten auf ihre Schüler. Aber man darf auch gern den eigenen Vierbeiner mitbringen. Die Reitanlage bietet viele Möglichkeiten. Inhaber Ulrich Konle und eine Kollegin stehen als FN-Reitlehrer zur Verfügung. Theoretische Probleme werden gern im Gästehaus „Hotel garni" und im Reiterstübl besprochen.

Anerkennungen und Auszeichnungen:
FN-anerkannter Reit- und Ausbildungsstall.

Anfahrt:
A 7 Abfahrt Ellwangen auf Hauptstraße Richtung Nördlingen. Bus- und Bahnstationen in Ellwangen (7 km), Bus fährt bis Röhlingen. Gäste werden von Ellwangen gern abgeholt.

Ausstattung der Reitanlage:

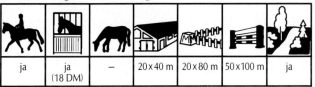

ja	ja (18 DM)	–	20×40 m	20×80 m	50×100 m	ja

Bekannter und bewährter Reit- und Ausbildungsstall, der große Erfolge zu verzeichnen hat. Reiterferien für Anfänger und Fortgeschrittene, Lehrgänge (Dressur und Springen), Vorbereitungslehrgänge für Reiterabzeichen, -paß und -nadel, Turniervorbereitung, Gelände-, Tages- und Wochenendritte, Ausbildung von Gastpferden, Gäste können hier Nachwuchspferde erproben. Ob Laie, Profi oder Amateur — jeder ist hier herzlich willkommen, da es hier auch allen Ansprüchen gerecht gemacht werden kann. Den Gästen stehen Ponys und Großpferde zur Verfügung. 2 FN-Reitlehrer unterrichten. Prospekt mit Preisliste bitte anfordern (sehr umfangreich).

Ausstattung der Pension:
Bestellung von Zimmern im Gästehaus „Hotel garni" stets möglich. Romantische Lage mitten in den Ellwanger Bergen. 14 Doppelzimmer mit Dusche und 5 Mehrbettzimmer. WC/Bad/Dusche auf Etage. EZ 70,00 DM, DZ 98,00 DM. Kinderermäßigung pauschal. Vermietung ganzjährig, Kurzurlaub möglich; geeignet für Seminare und Tagungen; Hunde u. ä. Haustiere dürfen mitgebracht werden auf Anfrage.

Freizeitangebote am Haus:
Aufenthaltsraum, Reiterstübl, Liegewiese, Kinderspielplatz, Terrasse.

Freizeitangebote in der Umgebung:
Freibad und Wassersport 4 km, Hallenbad und Sauna 7 km, Thermalbad 15 km, See mit Bademöglichkeit 2 km, Tennis, Wandern.

Empfehlenswerte Ausflugsziele:
Rothenburg ob der Tauber, Dinkelsbühl, Nördlingen, Crailsheim, Ellwangen.

Reit- und Ausbildungsstall KONLE, Inh. Familie Konle,
Hofackerstraße 16,
7090 Ellwangen-Röhlingen (Baden-Württemberg),
Tel. (07965) 1034 / Fax 1003

Baden-Württemberg

Im mittleren Schwarzwald liegt im landschaftlich besonders reizvollen Renchtal der bekannte heilklimatische Kur- und Erholungsort Bad Peterstal. Alle Einrichtungen, wie Hallen- und Freischwimmbad, Kurhaus und Kurpark, die einen modernen Badeort heute ausmachen, sind hier vorhanden. Überall herrscht eine behagliche Atmosphäre, was durch die Kinder- und Familienfreundlichkeit auf dem Hofpeterhof unterstrichen wird. Für die kleinen Gäste stellt Familie Huber Shetlandponys zur Verfügung, auf denen die allernächste Umgebung des Anwesens erkundet werden kann. Erwachsene und junge Leute finden hier andere Zerstreuung. Zum einen führt die Badische Weinstraße geradewegs durch den Ortenaukreis, so daß es kaum in Frage gestellt ist, woran sich der Urlauber des Abends ergötzt. Tagsüber sollte man sich die faszinierende Berglandschaft des mittleren Schwarzwaldes angucken, in dessen Tälern bezaubernde Dörfer eingebettet sind. Immer wieder erfreuen auch geschmackvoll gestaltete, typische Schwarzwaldhäuser und -höfe in Einzellage das Auge. Ausflüge in die Schweiz

oder nach Frankreich sind bei der ziemlich geringen Entfernung gut durchführbar.

Übrigens wurde der „Hofpeterhof" beim Wettbewerb des Ortenaukreises mit dem Sonderpreis „Schönes Gasthaus" ausgezeichnet.

Empfehlenswerte Ausflugsziele:

Freilichtmuseum Vogtsbauernhof, Trachtenmuseum Trieberg, Peterstaler Mineralwasserbetriebe, Baden-Baden, Offenburg, Freudenstadt, Freiburg, Bodensee, Straßburg.

170

Auszeichnungen und Anerkennungen:
DLG-Gütezeichen

Anfahrt:
A 5 zwischen Baden-Baden und Offenburg, Abfahrt Appenweier, B 28 Richtung Freudenstadt bis nach Bad Peterstal; Bahn- und Busstationen in Bad Peterstal (ca. 1 km); Gäste holt man dort gern ab.

Ausstattung der Reitanlage:

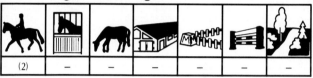

| (2) | – | – | – | – | – | – |

Familie Huber stellt den kleinen Feriengästen kostenlos zwei Shetlandponys zum Reiten zur Verfügung.

Ausstattung der Pension:
Auf dem Forsthof herrscht durchgehend eine ungezwungene, familienfreundliche Atmosphäre. Auf einer Anhöhe über dem Renchtal liegt das drei Häuser umfassende Anwesen. Ingesamt stehen im „Schwarzwald-Bauernhaus", dem „Ferien-Appartementhaus" und dem „Leibgedinghaus", die nur wenige Meter auseinanderliegen, 12 großzügig und geschmackvoll eingerichtete Ferienwohnungen zur Verfügung (Wohn- und Schlafräume, komplett eingerichtete Küche, Bad/WC, Diele, Balkon oder Terrasse). Preisliste bitte anfordern! Kleine Haustiere darf man auf Anfrage mitbringen, Personal verfügt über englische und französische Sprachkenntnisse; Vermietung ganzjährig, Kurzurlaub möglich.

Freizeitangebote am Haus:
Fernseh- und Aufenthaltsraum, Tischtennis, Spielzimmer für Kinder, Feuerstelle zum Grillen, Ponyreiten, Fahrradverleih, Kegeln.

Freizeitangebote in der Umgebung:
Angeln, Sportplatz 1 km, Hallen- und Thermalbad sowie Sauna 1,5 km, Freibad, Squash, Golf 4 km, See mit Bademöglichkeiten 25 km, Wassersport 30 km, Wintersportmöglichkeiten im Nordschwarzwald.

„Hoferpeterhof", Inh. Fridolin Huber,
Liftweg 3,
7605 Bad Peterstal-Griesbach (Baden-Württemberg),
Tel. (07806) 257

Baden-Württemberg

Der Linzgau ist fast schon ein Geheimtip zum Schwelgen in einer heiteren südlichen Landschaft im Hinterland des Bodensees, der 400 m überm Meeresspiegel wie in eine Mulde eingebettet liegt. Mit seinen 540 km² ist er der größte See Deutschlands. Im milden Klima gedeihen hier Obst und Wein vorzüglich.

Oberschwaben ist ein von der Eiszeit geprägtes, hügeliges Land mit Mooren und vielen kleinen Seen. Von den bis zu 700 m hohen Erhebungen aus erblickt der Besucher im Süden die Alpenkette, im Westen die ansteigende Vulkanlandschaft des Hegaus und im Osten einen Teil des Allgäus. Und der Hof Schweppenhäuser? Der liegt zwischen Owingen und Pfullendorf nördlich des Überlinger Sees. Der gepflegte, große Hof in Einzellage fügt sich gut in das Landschaftsgepräge ein. Die Weitläufigkeit der Natur setzt sich hier im Inneren fort. Ob Gästezimmer, Gasträume, Stallungen oder Reitanlage – alles ist großzügig angelegt, geschmackvoll gestaltet und vor allem sehr ge-

pflegt. Mensch und Tier werden bei Schweppenhäusers bestens umsorgt. Auf den Eßtisch kommt frisches Gemüse der Saison, möglichst aus biologischem Anbau. Die Gesundheit der Gäste ist oberstes Gebot. Der leistungsorientierte, intensive Dressur- und Springunterricht kann seinen Teil dazu beitragen.

Freizeitangebote in der Umgebung:
Freibad 8 km, Hallenbad, See zum Baden, Angeln, Wassersport, Tennis/Squash 14 km, Sauna u. Fintneßcenter 11 km, Golf 7 km, Sportplatz 4 km.

Empfehlenswerte Ausflugsziele:
Feuerwehrmuseum Schloß Salem, Inseln Mainau und Reichenau, Bodensee, Schweiz.

Anfahrt:

nächster Autobahnanschluß A 98 bzw. A 81 (Autobahnkreuz Singen), über Stockach auf Hauptstraße (Winterspüren, Billafingen) ans Ziel; nächste Bahnstation Überlingen (14 km), Bus hält im Ort (1 km), Gäste holt man auf Wunsch von Bus und Bahn ab.

Ausstattung der Reitanlage:

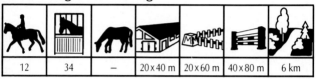

12	34	–	20×40 m	20×60 m	40×80 m	6 km

In ganz romantischer Einzellage in Bodensee-Nähe gelegener großer, gepflegter Hof, Weitläufigkeit der Natur setzt sich in Wohntrakt und Stallungen fort, Berufsreitlehrer FN, Bereiter und Pferdepfleger stehen zur Verfügung, intensiver leistungsorientierter Dressur- und Spring-unterricht. Zeitweise Prüfungen zum Reitabzeichen, Reit- und Spring-stunden 20,00 bis 40,00 DM, Ermäßigung für Jugendliche unter 18 Jah-ren, Longieren 15,00 bis 25,00 DM, Beritt Ihres Pferdes 20,00 DM/ Tag. Alle Schulpferde gut geritten, ausgebildet von Klasse A bis S. Tierarzt 6 km, Sattler 15 km, Hufschmied kommt regelmäßig.

Ausstattung der Pension:

Nach anstrengenden Reitstunden bieten die behaglichen Gästezim-mer Ruhe und Entspannung. 7 Einzel- und 6 Doppelzimmer, alle mit Dusche/WC, Telefon, Eisschrank, ÜmF 55,00 bis 85,00 DM, Kinderer-mäßigung nach Vereinbarung, Kurzurlaub möglich; im gesamten Haus dominieren natürliche Baustoffe, Hunde nach Vereinbarung 10,00 DM/Tag; engl. und französ. Sprachkenntnisse des Personals.

Freizeitangebote am Haus:

Gästeräume mit zeitgemäßem Komfort, Reiterstube mit Blick in die Reithalle, Liegewiese, Terrasse.

***Hof Schweppenhäuser, Erbratsweiler 55,
7796 Herdwangen-Schönach (Baden-Württemberg),
Tel. (0 75 57) 6 17***

Baden-Württemberg

Zwischen Kraichgau und Hochrhein befindet sich Deutschlands südwestlichstes Reisegebiet — der Schwarzwald. Das vielfältige Landschaftsbild weist im Westen einen steilen Abfall des Mittelgebirges zum Rheintal mit seinen reichen Weinlandschaften auf, im Osten hingegen gibt es einen allmählichen, sanften Übergang zu den schwäbischen Gäulandschaften. Während im Norden dichte Tannen- und Fichtenwälder überwiegen, ist der Süden eher von lichteren Mischwäldern und offenen baumlosen Hochflächen bestimmt. Die höchste Erhebung ist der Feldberg mit 1493 m, der sich unweit des Münstertals befindet. Für die Gäste des Oberen Itzenwaldhofes also bestens zu erreichen. Allerdings nicht unbedingt mit einem der 6 Pferde, die Frau Steinebrunner-Gutmann zur Verfügung stellt. Dafür wäre es etwas zu weit, aber die traumhafte Landschaft direkt um Münstertal hat ja auch genug zu bieten. In dem staatlich anerkannten Luftkurort ist man mit klarer, gesunder Luft bestens versorgt und findet auf ausgedehnten

Spaziergängen Ruhe und Entspannung. Eingebettet zwischen Wiesen und Wäldern, am Fuße des Belchen (1414 m) und des Schauinsland (1284 m) trägt dieser romantische Ort teilweise voralpinen Charakter. Sehenswürdigkeiten sowie Sport- und Kulturstätten mit reichem Veranstaltungsplan erwarten die Gäste.

Empfehlenswerte Ausflugsziele:
Besucherbergwerk, Bienenmuseum, Belchen und Feldberg (fast 1500 m hoch), viele Kurorte in der Umgebung, gut ausgebautes Wanderwegenetz.

Tip:
Schwarzwälder Speck, Schäufele, Forellen, Glasbläserei, Strohschuhe.

174

Anfahrt:

A 5 bei Freiburg, Abfahrt Bad Krozingen, auf Hauptstraße über Staufen ins Münstertal bis Wiedner-Eck; nächste Bahnstation in Münstertal (12 km), Bus hält am Wiedner-Eck (1,5 km) — Gäste holt man auf Wunsch von den Stationen ab.

Ausstattung der Reitanlage:

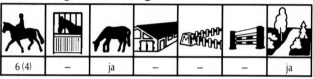

6 (4)	–	ja	–	–	–	ja

Die Reitmöglichkeiten auf dem herrlichen Schwarzwälder Bauernhof beschränken sich auf solche Gäste, die „sattelfest" sind und einfach die Natur vom Pferderücken aus genießen wollen. Hausgästen stellt man hier einen Haflinger, 1 Großpferd und 4 Ponys kostenlos zur Verfügung. Auf der Durchreise könnte man 1 bis 2 Pferde eventuell für 1 Nacht auf die Weide stellen (keine Boxen).

Ausstattung der Pension:

Sehr gepflegter, typischer Schwarzwälder Bauernhof in idyllischer Einzellage im Erholungsgebiet Münstertal (Süd-Schwarzwald). Besonders für Familien mit Kindern sehr geeignet. Modern, mit viel Holz ausgestattete Gästezimmer. 4 Doppel- und 3 Mehrbettzimmer, teilweise mit Dusche und Balkon, sonst Etagendusche/-WC. ÜmF 17,00 DM, HP 30,00 DM, 50 % Ermäßigung für Kinder bis 8 Jahre, Kurzurlaub und Einzelübernachtung möglich, Vermietung ganzjährig, Tiere dürfen auf Anfrage mitgebracht werden, Angebot selbsterzeugter Produkte, Selbstversorgung möglich.

Freizeitangebote am Haus:

Sauna, Kellerbar, Grill- und Kegelabende, Sonnenterrasse, Liegewiese mit Gartenmöbeln, Kinderspielplatz, Tischtennis, Aufenthaltsraum mit altem Schwarzwälder Kachelofen.

Freizeitangebote in der Umgebung:

Jagdmöglichkeiten 2 km; Tennis/Squash, Hallenbad 3 km; Freibad, Angeln 12 km; Thermalbad, Fitneßcenter 17 km, ringsum sichere Wintersportmöglichkeiten, See mit Bade- und Wassersportmöglichkeiten 30 km.

Oberer Itzenwaldhof,
Inh. Anni Steinebrunner-Gutmann,
Itzenwald 3, 7816 Münstertal (Baden-Württemberg),
Tel. (07636) 244

Baden-Württemberg

Als das meistbesuchte Mittelgebirge in Europa darf sich wohl ruhigen Gewissens der Schwarzwald bezeichnen, der den südwestlichen Eckpfeiler Deutschlands bildet. Dieser etwa 160 km lange Höhenzug besticht durch seine wasserreichen, romantischen Engtäler, die endlosen, dunklen Nadelwälder und seine aussichtsreichen, hellen Gipfel und Matten. Hier pflegt man noch viele Traditionen, die hübschen Fassaden der Wohnhäuser prägen das Bild der Landschaft sowie wiederum die Natur hier sehr die Menschen zu prägen scheint. Die Beziehung Mensch – Natur ist in dieser Region wohl besonders eng.

Als Pforte ins Gebirge wird die am nördlichen Zipfel liegende ehemalige großherzoglich badische Residenz Karlsruhe bezeichnet. Das Tor zum südwestlichen Schwarzwald bildet dann die Metropole Freiburg im Breisgau, die auch als „Stadt des Waldes, der Gotik und des Weines" bezeichnet wird. Das hört sich recht verträumt an, doch herrscht

hier ein reges Treiben (Universität, Hochschulen, viele Museen, Handels-, Verwaltungs- und Bischofsstadt).

Ein besonderer Anziehungspunkt dieser Region ist das wildromantische Höllental. Und dort wiederum lockt der „Scherzingerhof" der Familie Hofmeier. Sie haben sich hier ein Islandpferdegestüt mit Deckstation geschaffen, eine Pension eröffnet, die sich um ein neuerbautes Gästehaus erweitert hat. Alles im typisch malerischen Schwarzwaldstil. Auf den Islandpferden können die Gäste während gemeinsamer Ausritte über Stunden oder gar Tage die faszinierende, beschauliche Gegend erkunden. Diese Pferde sind als besonders zäh, gutmütig und genügsam bekannt, wenn sie auch keine typischen Bergpferde sind.

Empfehlenswerte Ausflugsziele:
Wanderungen durch das Höllental, Titisee-Neustadt, Donaueschingen, Freiburg im Breisgau, Glashütte mit Oswaldkapelle.

Tip:
Schwarwälder Schinken, Strieble in vielen gemütlichen Bauernwirtschaften.

Anfahrt:
Über A 5 (Freiburg) oder A 81 (Rottweil, Geisingen) auf B 31, vor bzw. hinter Titisee-Neustadt liegt Hinterzarten. Bus- und Bahnstation in Hinterzarten (2 km), Gäste empfängt man dort gern.

Ausstattung der Reitanlage:

(12)	3 (15 DM)	7 DM	–	20 x 40 m	–	ja

Mitten im wildromantischen Höllental einzeln gelegenes Anwesen; Islandpferdegestüt mit Deckstation, eigene Zucht. Urlauber reiten hier ausschließlich Islandpferde (Stockmaß 133 – 142 cm), die als sehr robust und zuverlässig bekannt sind; besonderes Reitvergnügen durch die den Tieren eigenen Gangarten Paß und Tölt. Einstündige, mehrstündige, Tages- und Mehrtagesausritte sind im Angebot, 15,00 bis 62,00 DM, unter ortskundiger Führung. Töltlehrgänge werden durchgeführt. Kinderrreiten an Sonn- und Feiertagen 14 bis 17 Uhr. Gastpferde sind willkommen.

Ausstattung der Pension:
Malerischer Schwarzwaldhof und neuerbautes Gästehaus dicht beieinander in ländlicher Abgeschiedenheit, mitten im romantischen Höllental neben dem Skizentrum Thoma (1000 – 1200 m Höhe), Zimmer werden in beiden Gebäuden vermietet. 1 Einzelzimmer mit Dusche, 3 Doppel-, 1 Mehrbettzimmer mit Dusche, teilweise mit Balkon, zentralbeheizt, Dusche, WC auf der Etage. ÜmF 25,00 DM, keine HP und VP. 1 Ferienwohnung für 2 bis 4 Personen mit Wohn- und Schlafraum, Schlafzimmer, Kochnische, Flur, Dusche/WC, Liegewiese, Kinderspielplatz. Für 2 Personen 50,00 DM/Tag, jede weitere Person 5,00 DM, 20,00 DM Endreinigung. Vermietung ganzjährig. Verkauf eigener landwirtschaftlicher Erzeugnisse.

Freizeitangebote am Haus:
Aufenthaltsraum, Liegewiese, Kinderspielplatz, Grillplatz.

Freizeitangebote in der Umgebung:
„Scherzingerhof" liegt direkt im Skizentrum Thoma, Sportplatz, Tennis 2 km, Frei- und Hallenbad sowie Sauna 6 km, Golf und Wassersport 15 km, Angeln 5 km.

Islandpferdegestüt „Scherzingerhof",
Herbert Hofmeier,
Windeck 15, 7824 Hinterzarten (Baden-Württemberg),
Tel. (0 76 52) 3 96

Baden-Württemberg

Wenn jemand eine Reise tut, so kann er was erzählen; drum nahm ich meinen Stock und Hut und tat das Reisen wählen.

(Matthias Claudius)

Und nach einer Reise zum Finstergrund gibt es gewiß viel zu erzählen. Dort, im herrlichen Südschwarzwald mit seinen dunklen Waldbergen und romantischen Tälern, ist Erholung und Entspannung garantiert. Der Schwarzwald ist das wohl besuchteste Mittelgebirge Europas, wobei seine südlichen Gefilde der stärkste Magnet sind. Wenn die Landschaft in wärmeren Jahreszeiten ein Paradies für Spaziergänger und Wanderer ist, so lockt sie im Winter Menschenschwärme auf ihre zahlreichen Loipen, Pisten und Rodelbahnen. Gerade der Feldberg (1493 m) nahe Utzenfeld ist mit seinen Ausläufern Belchen und Blauen das beliebteste Ziel für Wintersportler.

Aber dieses Freizeitvergnügen bildet zur Reiterei im Finstergrund keinerlei Konkurrenz, bietet höchstens noch eine willkommene Abwechslung für die Gäste. Zumal man es hier nicht mit einem herkömmlichen Reiterhof zu tun hat, sondern mit einem wahren Reiterhotel, in welchem aber auch andere Gäste unterkommen können.

Die modernen Reit- und Stallanlagen bieten viel Bewegungsfreiheit für Tier und Mensch. So läßt sich der Aufenthalt auch bei ungünstiger Witterung vorteilhaft gestalten. Es stehen zwei Reithallen zur Verfügung.

Auszeichnungen und Anerkennungen:
FN-Anerkennung für Reitstall A (Ausbildungsbetrieb)

Anfahrt:
Nächster Autobahnanschluß A 5 bei Freiburg (40 km), B 317 zwischen Titisee und Basel führt an Utzenfeld vorbei, Straßen zur Autobahn über Kirchzarten oder Staufen – Bad Krozingen. Nächste Bahnstation in Freiburg, nächste Busstation vorm Haus oder Busbahnhof Todtnau.

Ausstattung der Reitanlage:

ja	(16/20 DM)	–	2 Hallen à 20 x 40 m	–	60 x 80 m	ja

Solide reiterliche Ausbildung (ganzjährig qualifizierter Dressurunterricht, sonst Spring- und Dressurlehrgänge); Erhalt von Abzeichen und Paß möglich. Gute Schulpferde (Klasse A und L) stehen zur Verfügung sowie Haflingerpferde für Kinder. Reitstunde für Erwachsene 20,00 DM, Zehnerkarte 160,00 DM; Reitstunde für Jugendliche unter 18 Jahren 15,00 DM, Zehnerkarte 125,00 DM; 20 Minuten Longe oder Privatunterricht zu obigen Preisen. Abteilungsreiten mit eigenem Pferd 12,00 DM/Unterrichtsstunde, Zehnerkarte 130,00 DM. Spring- und Dressurunterricht — Preise nach Vereinbarung. Reiterferien für Kinder (9 bis 17 Jahre) mit Betreuung. Preise für Kurse zwischen 400,00 und 450,00 DM/Woche. Boxenmiete inklusive Einstreu, Misten, Futter und Hallenbenutzung 440,00 DM/Monat, Beritt 200,00 DM/Monat oder 20,00 DM/Tag.

Ausstattung der Pension:
Großes modernes Gästehaus verfügt über 10 gemütliche Ferienwohnungen für 1 bis 6 Personen mit 1 bis 3 Zimmern, Küche, Dusche, WC, Eßecke, zwischen 20,00 und 100,00 DM pro Tag, Nebenkosten für Endreinigung. Weiterhin 4 Einzel-, 9 Doppel- und 5 Mehrbettzimmer, alle mit Dusche und WC. 2 Mehrbettzimmer besitzen Balkon. Tagesmieten zwischen 25,00 und 45,00 DM. Preisliste kann angefordert werden. Vermietung ganzjährig, Einzelübernachtung sowie Kurzurlaub möglich. Personal verfügt über Fremdsprachenkenntnisse. Hunde und andere Haustiere können auf Anfrage mitgebracht werden.

Freizeitangebote am Haus:
Kinderzimmer, Kinderspielplatz, Tischtennis, Videoraum, Skiverleih, Landgasthof „Walliser Stuben", Klubraum mit Billard und Schach, Kegelbahn, Sauna mit Solarium, Tennisplatz, Sportplatz, Liegewiese.

„Reiterhof Finstergrund",
Finstergrund 1, 7861 Utzenfeld bei Schönau,
Südschwarzwald (Baden-Württemberg),
Tel. (07673) 10 13

Landesverband
bayerischer
Pferdezüchter e.V.

Landesverband der
Kleinpferdezüchter
Bayerns e.V.

In diesem Bundesland lag der Schwerpunkt der Warmblutzucht im Rottal, welches durch einen Nebenfluß des Inn gebildet wird. Die Einbettung in die begleitenden Höhenzüge, günstige Bodenverhältnisse und der Föhn, der hier für bayerische Verhältnisse ein zeitiges Frühjahr und einen lang andauernden, warmen Spätherbst bedingt, ließen dieses Tal zu einer großen Weidefläche werden. Schon zur Römerzeit war die Pferdezucht dort heimisch und wurde durch die Blutzufuhr von in Schlachten erbeuteten edlen Ungarnpferden maßgeblich beeinflußt.

Bestimmend für die Entwicklung der Rottaler waren auch englische Halbblüter, Clevelands und Normannen. Unter Einsatz entsprechender Vatertiere wurden die Pferde im Rottal dem Oldenburger Pferd sehr ähnlich.

Wie überall fanden auch in Bayern die schweren Kavallerie- und Arbeitspferde irgendwann keinen Verwendungszweck mehr. Neben den zur Veredlung eingesetzten Vollblütern und Trakehnern waren es vorwiegend Hannoveraner und Westfalen, die den Typ des heutigen Deutschen Reitpferdes in Bayern schafften. Im Jahre 1980 siedelte das traditionsreiche bayerische Landgestüt Landshut nach Schwaiganger um, wo der Freistaat ein Pferdezentrum einrichtete. Auf dem Olympiagelände im München-Riem werden die Hengstleistungsprüfungen sowie die Reitpferdeauktionen des Landes durchgeführt.

Bayern

Als Gast bei Roithers muß man schon etwas „sattelfest" sein, um an den täglichen Ausritten in die reizende oberbayerische Landschaft in der Nähe von Wasserburg teilnehmen zu können. Jeder Gast bekommt für die Dauer seines Aufenthalts ein passendes Pflegepferd zugewiesen, um welches er sich kümmert und auf dem er selbstverständlich auch reitet. Durch den Reitlehrer wird auch Unterricht im Voltigieren und Springen erteilt, so daß die Mädchen, welche hier ausschließlich zu Gast sind, ihre reiterlichen Fähigkeiten auch verbessern können. Am reizvollsten sind allerdings immer wieder die stunden- oder gar tagelangen Ausritte mit Übernachtung und Verpflegung außer Haus. Von solchen abenteuerartigen Erlebnissen braucht man dann nicht mehr nur zu träumen. Die Gegend um Schnaitsee ist natürlich überaus attraktiv und hat viel zu bieten, nicht nur was die Natur anbelangt.

Faszinierend, wie sich der Inn in den Moränenschutt des Voralpenlandes gegraben hat. Auf einer Halbinsel liegend, von Wasser umspült, liegt die Wasserburg mit ihrer südländischen Bauweise. Weiter südlich findet der Besucher so bekannte Orte wie Rott am Inn und Rosenheim. Nach Osten ist es dann nicht weit bis an den Chiemsee. Vielleicht finden die Eltern dort irgendwo ihren Urlaubsplatz, ganz in der Nähe ihrer reitbegeisterten, bei Familie Roither wohlbehüteten Töchter.

Freizeitangebote in der Umgebung:
See zum Baden 6 km, Frei- und Hallenbad 12 km, gute Wandermöglichkeiten.

Empfehlenswerte Ausflugsziele:
Wasserburg, Chiemsee, München.

Anfahrt:

A 99 bei München, Abfahrt Haar, auf 304 bis hinter Wasserburg, dann auf Hauptstraße nach Schnaitsee-Kirchstätt; nächste Bahnstation in Wasserburg (ca. 5 km).

Ausstattung der Reitanlage:

25 (22)	–	–	–	20 x 20 m (S)	75 x 30 m	ja

In der prachtvollen Landschaft Oberbayerns gelegener Ferienhof für Kinder und Jugendliche. Shetland-, Welsh-, New Forest- und deutsche Reitponys, Norweger, Pintos, Araber und deutsche Warmblutpferde sind hier zu reiten. Reitkenntnisse sind erforderlich, um an den täglichen Ausritten teilzunehmen. Jeder Gast erhält ein Pflegepferd für die Dauer seines Aufenthalts. Kleine Reitbahn im Innenhof auch zum Voltigieren, große Reitbahn auch zum Springen. Kutschfahrten im Angebot, ½ Stunde Springunterricht, Voltigieren 15,00 DM, 1 Stunde Ausritt 13,00 DM. Mehrstündige Ausritte, Halbtags- oder 2-Tages-Ritte mit Übernachtung und Verpflegung 45,00 bis 120,00 DM, 1 Woche Vollpension inkl. 1 Reitstunde 300,00 DM. Darüber hinaus werden weitere Reitstunden gesondert berechnet.

Ausstattung der Pension:

Typisch bayerischer Hof mit vielen großen und kleinen Tieren. 8 Mädchen im Mindestalter von 10 Jahren können in 3 Mehrbettzimmern untergebracht werden (Waschbecken mit Warmwasserfluß). Bad, Dusche und WC auf der Etage, 1 Woche VP inkl. 1 Reitstunde/Tag 300,00 DM, ganztägige Betreuung und gute Verpflegung der Kinder. Hausprospekt bitte anfordern.

Freizeitangebote am Haus:

Aufenthaltsraum, Liegewiese, Kinderspielplatz mit Schaukel, Tischtennis, Grillfeste am Fischweiher.

Ferienhof Roither, Inh. Alois Roither,
Kirchstätt 1, 8095 Schnaitsee (Bayern),
Tel. (0 86 28) 2 08

Bayern

Die Entstehungsgeschichte des Alpenvorlandes ist so interessant wie ihr Ergebnis. Man findet hier keinesfalls eine ausdruckslose Ebene vor. Die Mannigfaltigkeit der Bodenformen, der Wechsel zwischen Wäldern, Flüssen und Seen und die zum Landschaftsbild gehörigen behäbigen, kleinen Städtchen und Dörfer zeigen die Eigenart dieses Fleckens Erde. Am Rande der Sieben-Seen-Platte, nur 10 km vom Chiemsee entfernt, inmitten unverfälschter Natur in einem saftiggrünen Tal, taucht die Fassade des Gutes Kronberg auf. Hell, ausdrucksstark, anziehend — Aktivurlaub heißt die Überschrift. Die einfallsreich gestaltete Pension bietet eine große Anzahl von gemütlichen, hellen Zimmern, die alle mit Balkon, Dusche und WC ausgestattet sind. Jeden Morgen erwartet den ausgeruhten Gast ein appetitliches Frühstücksbüfett. Die Küche wird ausschließlich aus dem eigenen landwirtschaftlichen Betrieb mit Fleisch und Gemüse versorgt, damit die gutbürgerlichen Gerichte besonders frisch auf den Tisch kom-

men. Täglich wird hausgemachter, frischer Kuchen angeboten. Für Familienfeiern und Festlichkeiten empfiehlt sich die Küche mit ausgewählten Menüs und kalten Büfetts. Die Möglichkeiten zur sportlichen Betätigung sind hier ausgesprochen vielfältig. Es herrscht ein reger Reitbetrieb, wo Lehrer täglich Kurse für Anfänger und Fortgeschrittene abhalten, der neben dem Gut befindliche Golfplatz kann genutzt werden, in den dicht beieinanderliegenden Seen wird gebadet, man treibt dort verschiedene Wassersportarten, und im Winter werden die vielen Loipen von den Gästen des Hauses gern zum Skifahren genutzt. Natürlich ist diese Landschaft ebenso ein Paradies für Wanderer.

Freizeitangebote in der Umgebung:
Wintersport, Freibad und See mit Bademöglichkeit 4 km, Hallenbad 15 km, Thermalbad 7 km, Angeln 5 km, Wandern, Wassersport, Töpferkurse.

Empfehlenswerte Ausflugsziele:
Wasserburg, Rosenheim, Chiemsee mit Schloß Herrenchiemsee, Schloß Amerang, Bauernhausmuseum Amerang.

Anfahrt:

Von München aus auf B 304 nach Wasserburg, von dort auf Hauptstraßen über Halfing nach Höslwang; nächste Autobahn − 8 − über Rosenheim, von dort über Bad Endorf ans Ziel. Nächste Bahnstation in Bad Endorf, Bus hält in Kronberg.

Ausstattung der Reitanlage:

ja	25 (18 DM)	−	40 x 60 m	−	ja	ja

In saftig-grünem, weiträumigen Tal gelegener Hof, Ställe und Plätze direkt bei der Pension. Für Gastpferde sehr viel Platz, neben den Boxen noch 15 Anbindestände, pro Tag 18,00 DM. Reitlehrer halten täglich Kurse für Anfänger und Fortgeschrittene ab. Einzelstunde 35,00 DM, in der Gruppe Erwachsene 18,00 DM, Kinder 16,00 DM (Zehnerkarten 170,00/150,00 DM), lange Stunde 32,00 DM, Voltigieren pro Kind 5,00 DM, Reiten des eigenen Pferdes im Unterricht 8,00 DM/Stunde, Reitkurs für Kinder bis 14 Jahre: 5 Tage Vollpension und 10 Reitkarten 320,00 DM, Verlängerung pro Tag 35,00 DM. Tägliche Ausritte für interessierte Urlauber.
Tierarzt und Hufschmied 4 − 5 km.

Ausstattung der Pension:

Stattliches, großes Gebäude, alle Zimmer mit Balkon − Blick weit in die herrliche Alpenvorlandschaft. Rustikale Einrichtung, geräumig und komfortabel. Jeden Morgen langes Frühstücksbüfett mit frischen Erzeugnissen aus eigenem landwirtschaftlichen Betrieb, wie sie ausschließlich auch in der Küche verwendet werden. Täglich frischer, selbstgebackener Kuchen. 5 Einzelzimmer und 35 Doppelzimmer mit Dusche und Balkon. Preise für Vor- und Nachsaison: ÜmF 35,00/40,00 DM, HP 45,00/50,00 DM, Unterbringung der Kinder bei den Eltern 15,00 bis 25,00 DM, im eigenen Zimmer 25,00 bis 35,00 DM. Zu Silvester 6gängiges Menü bei Tanzmusik, pro 20,00 DM Aufschlag. Schonkost möglich. Vermietung ganzjährig, Kurzurlaub möglich, Hunde und Haustiere dürfen auf Anfrage mitgebracht werden. Geeignet für Seminare und Tagungen.

Freizeitangebote am Haus:

Vollautomatische Kegelbahn, Golfplatz, Aufenthaltsraum, Liegewiese, Kinderspielplatz, Ponyreiten für Kinder, Terrasse, Gasträume.

Gut Kronberg, Inh. Franz Hintermayer,
Kronberg 1, 8201 Höslwang (Bayern),
Tel. (0 80 75) 2 47

Bayern

Es wäre nicht verwunderlich, wenn den Besuchern von St. Margarethen spontan die Melodie des Liedes „Heidi" einfällt. Etwa 650 m
überm Meeresspiegel liegt unterhalb des Wendelsteins das idyllische
Anwesen der Familie Schacker. Jahraus, jahrein ist es Ferienparadies
für viele Kinder, aber auch für Familien oder Gruppen. Das Reiten
macht man hier nicht zur Pflicht, die Möglichkeit und die traumhafte
Landschaft verführen die Gäste meist ohnehin dazu. Wer will schon
daheimbleiben, wenn ein ganzer Troß Reiter-Pferd-Paare in die Berge
aufbricht, um diese zu erkunden. Auch die Reitanlage am Hof, umgeben von saftigen Bergwiesen und mächtigen Obstbäumen ist sehr
idyllisch. Der Obstbau wird in dieser Gegend übrigens mit großem Erfolg betrieben. Den Pferden stehen hier ausgedehnte Weideflächen
zur Verfügung, auf denen sie ordentlich herumtoben, wenn sie gerade keinen Reiter tragen brauchen. Die Island- und Fjordpferde sind
wegen ihres gutmütigen Temperaments sehr beliebt bei kleinen und
großen Gästen. In den Gemäuern des etwa 300 Jahre alten, denkmal-

geschützten Bauernhauses mit seinen dicken Wänden und handge-
beilten Holzbalken würde man vielleicht noch Petroleumlampen suchen, findet aber eine moderne Innenausstattung vor, die keine Ent-
behrungen verlangt.

Auszeichnungen und Anerkennungen:
FN-anerkannter Reitstall.

Freizeitangebote am Haus:
Streicheltiere, Aufenthaltsraum, Kinderspielplatz, Wandern und Berg-
steigen mit dem Hausherren.

Freizeitangebote in der Umgebung:
Freibad, See zum Baden und Angeln 3,5 km, Tennis 3 km, Sauna 8 km,
Hallenbad 10 km, Fitneßcenter 8 km.

Empfehlenswerte Ausflugsziele:
Wendelstein, Tatzelwurm, Kufstein, Tegernsee.

Anfahrt:

A 93 zwischen Autobahn-Dreieck Inntal und Kufstein nach Bayrisch-
zell abfahren; Bus- und Bahnstationen in Brannenburg (3 km), wo man
Gäste wunschgemäß abholt.

Ausstattung der Reitanlage:

(25)	5 (5 bis 16 DM)	ja	15 x 20 m	20 x 40 m (S)	–	ja

Denkmalgeschützter, uriger Bauernhof mit malerischer Kulisse im
bayerischen Voralpenland, vorwiegend Fjordpferde und Isländer, teilweise bis A-Dressur ausgebildet, Kinder-Reiterferien für 6- bis 16jähri-
ge, aber auch für Familien oder Gruppen, Reiten ist keine Pflicht, Reitstunde 16,00 DM, Zehnerkarte 140,00 DM, Voltigieren, Reiterspiele,
Theorie, Vorbereitungsunterricht und Ablegen der Reiterpaßprüfung
möglich, größere Ausritte und sogar Mehrtageswanderungen möglich; jeder reitet, soviel er möchte, eigene Ponys können nach Absprache mitgebracht, auch eingeritten oder korrigiert werden.
Tierarzt 5 km, Hufschmied 16 km, Sattler 2 km.

Ausstattung der Pension:

Bis zu 15 Kinder und Jugendliche finden auf dem Hof St. Margarethen
einen romantischen Ferienunterschlupf in 2- bis 6-Bett-Zimmern im
herrlichen alten Bauernhaus, Vollpension ohne Reiten 270,00 DM/
Woche, Zusatztag 40,00 DM. Weiterhin stehen 2 Ferien-Selbstversor-
ger-Wohnungen für 2 – 6 Personen zu 60,00 bis 70,00 DM/Tag zur
Verfügung (komfortabel ausgestattet). Die Kinder werden mit 4 kräfti-
gen Mahlzeiten/Tag gut versorgt, stehen stets unter Aufsicht, haben
aber alle denkbaren Freiheiten, um sich wohl zu fühlen. Hausprospekt
bitte anfordern, Kurzurlaub möglich, Vermietung ganzjährig.

Ponyreithof St. Margarethen, Inh. Fam. Schacker,
8204 Brannenburg/Wendelstein (Bayern),
Tel. (0 80 34) 29 09

Bayern

Wenn man das Glück hat, einen herrlichen, traditionsreichen Familienbesitz weiterführen zu dürfen, fällt einem schon etwas Besonderes ein. Jahrelang unterwegs auf Turnieren im In- und Ausland gewesen, Persönlichkeiten des Reitsports kennengelernt, renommierte Gestüte, Rennbahnen und Reitschulen besucht und auf großen Pferdemessen der Welt Ideen gesammelt — das alles hat der Inhaber des Gutes, Konstantin Magalow, hinter sich. Daraus resultiert die Idee, auf dem Gut alle Sparten des Pferdesports zu pflegen und dabei Spitzenleistungen zu bieten. Bei erwiesener großer Gastfreundschaft, wie sie auf diesem historischen Landsitz seit vielen Generationen selbstverständlich ist, sollen sich zielstrebige Dressur-, Spring- und Vielseitigkeitsreiter ebenso wohl fühlen wie begeisterte Freizeit- und Jagdreiter und passionierte Fahrer. Für alle wurden hier optimale Sportmöglichkeiten geschaffen, welche längst entsprechenden Zuspruch gefunden haben. Auf der herrlichen Anlage am Ostufer des Chiemsees mit einem faszinierenden Panorama finden regelmäßig Wochen- und Wo-

chenendkurse in allen möglichen Disziplinen des Reitsports statt. Der Unterricht wird von Fachpersonal durchgeführt und möglichst individuell gestaltet.

Gleiches, hohes Niveau besitzt natürlich auch das Wohnen, Speisen und Trinken. Die gepflegten, gut erhaltenen Räume des Hotels sind von typisch bayerischer Gemütlichkeit beherrscht, die sich auf das Publikum entsprechend niederschlägt. Ob in den noblen Hotelzimmern, in den Gaststuben oder des Abends in der Bar — überall ist der Gast König.

Freizeitangebote in der Umgebung:
Bäder in 14 km Entfernung, Wanderwege am Chiemsee und in den Alpen, Wintersport.

Empfehlenswerte Ausflugsziele:
Herren- und Frauenchiemsee, Orte ringsherum, Alpen.

Anfahrt:

A 8 München — Salzburg, Abfahrt Grabenstätt auf Hauptstraße am Ostufer des Chiemsees entlang Richtung Norden, von Norden kommend auf Bundesstraße über Trostberg Altenmarkt; nächste Bahnstation in Traunstein 14 km, Bus hält in Ising (1 km).

Ausstattung der Reitanlage:

ja	45 (20 DM)	ja	20 x 40 m 16 x 32 m	—	60 x 80 m	80 km

Traditionsreicher Gutshof am Ostufer des Chiemsees — faszinierendes Panorama, erfolgreiche Pferdezucht, alle Sparten des Pferdesports werden hier gepflegt und den Gästen angeboten, Freizeit-, Turnier- und Jagdreiter sowie Fahrer sind willkommen, reiten lernen auf gut ausgebildeten Schulpferden, Unterricht durch geschultes Personal, Trainingskurse mit bekannten, erfolgreichen Trainern (Reitern), Ausritte mit attraktiven Endzielen (alte Gasthöfe und Klöster, Forsthäuser, Pferdezüchter), Frühjahrs- und Herbstjagden; Wochen- und Wochenendkurse im Dressur-, Spring-, Jagd-, Vielseitigkeits- und Westernreiten, dabei Einteilung in Leistungsklassen, Abzeichenprüfungen, Reit- und Ausreitstunde 19,00 DM, Springstunde 38,00 DM. 20 Anbindeständer à 18,00 DM/Tag, Tierarzt und Sattler 3 km, Hufschmied 30 km.

Ausstattung der Pension:

Echt bayerische Gastlichkeit, gehobener Komfort und ländliche Ruhe zeichnen das Hotel Gut Ising aus. Frühstück im Bett, fürstliches Mittagsmahl und Longdrink in der urgemütlichen Bar am Abend, lustige Runde zur Brotzeit — all das bietet Familie Magalow. 4 Einbettzimmer mit Dusche/WC/Bad ab 112,00 DM, 84 Zweibettzimmer (37 mit Balkon), Dusche/WC/Bad ab 172,00 DM, HP 23,00 DM/Tag, VP 45,00 DM/Tag, Zusatzbett im Doppelzimmer möglich, Kinder bis 10 Jahre dann kostenlos, Kurzurlaub möglich, Vermietung ganzjährig, Angebot von Produkten aus eigener Produktion, Hunde auf Anfrage mitzubringen, geeignet für Seminare und Tagungen, engl. und französ. Sprachkenntnisse.

Freizeitangebote am Haus:

Prachtvolle Gasträume mit kostbaren Antiquitäten (Jäger-, Fischer- und Reiterstube), Bar, eigener Badestrand mit Badehaus am Chiemsee, hauseigenes Golfodrom, Liegewiese, Kinderspielplatz, Terrasse, Kegeln, Schießen, Tennis, Squash, Sauna, Fahrradverleih.

Hotel Gut Ising am Chiemsee,
Kirchberg 3, 8224 Ising am Chiemsee (Bayern),
Tel. (0 86 67) 7 90

Bayern

Bereits in der Schule wird gelehrt, daß der Chiemsee, der nicht zu unrecht den Ehrentitel „Bayerisches Meer" trägt, drei Inseln hat: Herreninsel, Fraueninsel und Krautinsel. Unweit davon gibt es für die Schüler eine „Ferieninsel" — nämlich den Brucktalerhof. Die kleinen Gäste haben sicher schon soviel geographisches Verständnis, daß sie den herrlichen Chiemgau, in dem der Ort Siegsdorf liegt, ganz bewußt als Ziel wählen. Diese vom Hochgebirge geprägte Landschaft, die üppige Natur und die ansehnlichen kleinen Ortschaften mit zwiebelhäuptigen Wallfahrtskirchen lassen alle Herzen höher schlagen. Und nichts ist dann für Kinder schöner, als unter Gleichgesinnten zu sein, die Zeit mit Spiel und Spaß zu vertreiben, Essen und Trinken nach Herzenslust und natürlich Reiten. Da ist der Brucktalerhof, von dem auch Väter und Mütter begeistert sind, einfach ideal. Mädchen im Alter ab 7 Jahre werden von Familie Pousette ganztägig betreut. Auf den 16 Groß- und Kleinpferden erhalten die Kinder qualifizierten

Unterricht, betreuen ihren „eigenen" Vierbeiner während der Zeit ihres Aufenthalts durch Pflege und Mithilfe bei der Fütterung. Mit der Spieltante macht die Gruppe schon mal Picknick am Bergsee oder eine Nachtwanderung, man geht zum Schwimmen ins geheizte Waldschwimmbad oder veranstaltet einen Grillabend im Garten. Auf dem „Brucki" gehört die Welt einfach den Kindern!

Auszeichnungen und Anerkennungen:
FN-anerkannter Reitstall.

Freizeitangebote in der Umgebung:
Hallenbad 4 km, See zum Baden 10 km, Wanderwege.

Empfehlenswerte Ausflugsziele:
Traunstein, Chiemsee, Salzburg, Ruhpolding.

Anfahrt:

A 8 Nähe Chiemsee, Abfahrt Traunstein/Siegsdorf, auf Hauptstraße nach Maria-Eck; nächste Bahnstation in Siegsdorf (4 km), wo man Gäste auf Wunsch gern abholt.

Ausstattung der Reitanlage:

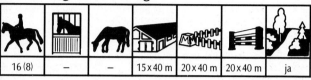

16 (8)	–	–	15 x 40 m	20 x 40 m	20 x 40 m	ja

In einer Höhe von 800 m liegt der urgemütliche Gutshof mitten im Chiemgau, einer der reizvollsten Berglandschaften Oberbayerns. Reiterferien nur für Mädchen ab 7 Jahre, max. 20 Kinder werden den ganzen Tag über familiär betreut, An- und Abreise möglichst samstags, Pferdebestand – Welsh- und Connemara-Ponys und Großpferde, Ausbildungsstand mindestens für das große Reitabzeichen, 1 Stunde Unterricht oder Ausritt 15,00 DM, Springstunde 20,00 DM, Unterricht durch geprüften Reitlehrer, Reiterpaß und -abzeichen können erworben werden, 30 Min. Longieren 25,00 DM, Zuschlag für Einzelunterricht, theoretischer Unterricht kostenlos, eigene Pferde können hierher nicht mitgebracht werden.

Ausstattung der Pension:

In dem reizvollen Bauernhaus, aus dessen Fenstern man weit ins Land der Berge blickt, stehen für die Mädchen 2 Zweibett- und 5 Vierbettzimmer jeweils mit Dusche/Bad bereit. Pauschalpreis 399,00 DM/Woche (ohne Reitstunden), 3 Mahlzeiten/Tag, Freizeitunternehmungen mit der Betreuerin, Unfall-Versicherung kann zusätzlich für 10,00 DM abgeschlossen werden.

Freizeitangebote am Haus:

Aufenthaltsraum, Kinderspielplatz, Liegewiese, gemeinsame Spiele und Unternehmungen wie Picknick am Bergsee, Schwimmen im geheizten Waldschwimmbad, Nachtwanderungen, Grillen im Garten.

Brucktalerhof, Inh. Familie Pousette,
Maria-Eck-Straße 44, 8227 Siegsdorf (Bayern),
Tel. (0 86 62) 72 85

Bayern

Der Weg dorthin kann mitunter lang sein, wenn man nicht gerade im südlichen Teil von Bayern wohnt, aber er lohnt sich gewiß. Der im oberbayerischen Raum gelegene, gern besuchte Luftkurort Siegsdorf hat mit der Zeit Schritt gehalten. Als Mittelpunkt des sich durch die Chiemgauer Berge schlängelnden Trauntales wird er seiner Aufgabe gerecht. Heimatabende, Almtänze und Lichtbildervorträge dienen zur Unterhaltung der Kurgäste und machen ein bewegtes Leben in diesem idyllisch gelegenen Örtchen aus. Daran kann man selbstverständlich auch als Gast auf dem „Göbelhof" Anteil haben. Doch auch dort herrscht ja ein lustiges Treiben, welches bei dieser großen Bewegungsfreiheit für die Ferienkinder hier nicht verwundert. Rund um die Uhr werden die jungen Gäste hier gut betreut und versorgt. Tagsüber dreht sich meist alles um den Pferdebestand, welcher sich aus deutschen Warmblutpferden aus verschiedenen Zuchtgebieten, Haflingern, New-Forest- und deutschen Reitponys zusammen-

setzt. Im Vordergrund steht natürlich der Reitunterricht unter Anleitung eines FN-Reitwarts, wo es vom Anfänger bis zum Fortgeschrittenen jedem gerecht gemacht wird. Aber auch alle anfallenden Arbeiten rund um die vierbeinigen Freunde werden von den jungen Reitern meist mit Begeisterung ausgeführt. Allein die tolle Landschaft und das Klima hier verleihen einem wohl das Gefühl von Unbefangenheit. Ringsherum liegen ja auch die faszinierendsten Ausflugsziele wie der Chiemsee und die prächtige Stadt Salzburg. Ja, so nahe wohnt man hier an der österreichischen Grenze. Und im Winter — keine Frage —, Schnee ist garantiert in der Nähe. Für Wintersportler und -wanderer ein ideales Terrain.

Freizeitangebote am Haus:
Aufenthaltsraum, Liegewiese, Terrasse.

Freizeitangebote in der Umgebung:
Freibad 0,7 km, Hallenbad 4 km, See mit Bademöglichkeit 7 km, Wassersport 11 km, Angeln 3 km, Golf 12 km.

Empfehlenswerte Ausflugsziele:
Salzburg, Chiemsee, Berchtesgadener, Salzunger und Tiroler Land.

Bayern

Anfahrt:

A 8 entlang dem Chiemsee Richtung Salzburg, Abfahrt Traunstein/
Siegsdorf, auf B 305 direkt ans Ziel. Bus- und Bahnstationen in Siegsdorf (2 km), wo man Gäste auf Wunsch abholt.

Ausstattung der Reitanlage:

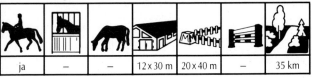

ja	–	–	12 x 30 m	20 x 40 m	–	35 km

Hübsches, einzeln gelegenes Anwesen mitten im Trauntal. Ein Panorama von bewaldeten Bergen und saftig grünen Wiesen; große Bewegungsfreiheit für die jungen Gäste (8 – 16 Jahre); zu jeder Jahreszeit ist
die Gegend attraktiv. Pferdebestand setzt sich aus Warmblutpferden
aus verschiedenen deutschen Zuchtgebieten, Haflingern, New-Forest-
und deutschen Reitponys zusammen. Qualifizierter Reitunterricht für
Anfänger und Fortgeschrittene durch FN-Reitwart. Einfache Reitstunde
14,00 DM, Springstunde, Ausritte oder Wanderritte je 17,00 DM.
Tierarzt 4 km, Hufschmied 5 km, Sattler 6 km.

Ausstattung der Pension:

Ansprechendes ländliches Haus im typvollen bayerischen Stil. Sehr
reizvolle Einzellage, umgeben von den Massiven der Chiemgauer Berge und den saftigen Wiesen des Trauntales. Im Winter ringsum beste
Wintersportmöglichkeiten. Zur Verfügung stehen 3 Mehrbettzimmer,
teilweise mit Balkon und Dusche oder Bad, ansonsten Bad, Dusche
und WC auf der Etage. 1 Woche Vollpension mit 4 Reitstunden für die
jungen Gäste im Alter von 8 – 16 Jahren kostet pauschal 460,00 DM.
Vermietung ganzjährig, Kurzurlaub möglich.

**„Göbelhof", Familie Daxenberger,
Oberscharam 3, 8227 Siegsdorf (Bayern),
Tel. (0 86 62) 78 03**

Bayern

Man findet die Pension „Waldblick" am Ortsende von St. Oswald in schöner Höhenlage, von wo aus das Auge weit ins Land schweifen kann. Hier hat man den herrlichen Ausblick zum Rachel, Lusen, Arber, zum Nationalparkgehege und nach Waldhäuser. Die vielen gut angelegten Wanderwege ermöglichen es, auf langen Spaziergängen die gesunde Waldluft zu inhalieren und die Schönheit des Bayerischen Waldes zu genießen, der in wenigen Kilometern Entfernung mit dem gewiß ebenso schönen Böhmerwald in der Tschechoslowakei ineinanderwächst. Jede Jahreszeit zeigt hier besondere Reize auf. St. Oswald ist ein ideales Wintersportgebiet mit zahlreichen Skiliften in verschiedenen Schwierigkeitsgraden, Gelände für herrliche Skiwanderungen und gepflegte Langlaufloipen. Aber auch in den anderen drei Jahreszeiten gibt es hier Naturschauspiele — so wird der Frühling mit voller Blütenpracht eingeleitet, saftige Bergwiesen und grüne Wälder erfreuen das Auge im Sommer, und der Herbst treibt

sein belebendes Spiel mit den herrlich bunten Blättern, bis daß die Bäume kahl werden und auf die weiße Hülle des Winters bedächtig warten. Natur in den vollsten Zügen genießen und sich im „Waldblick" verwöhnen lassen — das kann der Urlaub in St. Oswald sein. Die freundlichen, sonnigen Gästezimmer sind durchweg robust, im Bauernstil eingerichtet, wie auch alle übrigen Räume des Hauses. Auf Anfrage können hier die eigenen Pferde von zu Hause mitgebracht werden. Ansonsten gibt es die Möglichkeit, an Kutschfahrten durch die prachtvolle Umgebung teilzunehmen.

Empfehlenswerte Ausflugsziele:
Nationalpark Bayerischer Wald mit vielen Gehegen, Gipfel des Rachel, Lusen, Arber; Dreiburgenland mit Dreiburgensee, Dreisesselgebirge, Dreiflüssestadt Passau.

Anfahrt:

A 3 Regensburg — Passau. Abfahrt Hengersberg oder Deggendorf Richtung Grafenau, von dort auf Hauptstraße nach St. Oswald. Nächste Bahnstation in Spiegelau oder Grafenau (6 km), Busstation in St. Oswald, Gäste werden gern von den Stationen abgeholt.

Ausstattung der Reitanlage:

—	2 (20 DM)	5 DM	—	1 ha (G)	—	ja

Es handelt sich hier nicht um einen üblichen Reiterhof mit Reitpferdeverleih, sondern um eine Möglichkeit, Urlaub mit dem eigenen Pferd zu verbringen. Auf dem Grundstück der Familie Graup gibt es ausreichende Fläche zum Reiten, außerdem ist das Reitwegenetz ringsum gut ausgebaut. Vom Hof aus werden je nach Bedarf Kutschfahrten organisiert. Eine Ermäßigung gibt es für Kinder bis zum Alter von 14 Jahren.
Tierarzt, Hufschmied, Sattler 6 km.

Ausstattung der Pension:

Am Ortsende des Urlauberdomizils St. Oswald in schöner Höhenlage gelegene Pension. Von hier aus erfreut der Blick auf die umliegenden Höhenzüge des Nationalparks Bayerischer Wald. Haus und Anwesen in äußerst gpflegtem Zustand. Typisch bayerischer Stil, außen (Balkon mit Blumenkasten) wie innen. Überall wurde viel Holz verarbeitet.
1 Einzelzimmer mit Balkon und Dusche, 16 Doppelzimmer (davon 10 mit Balkon und Dusche), 2 Mehrbettzimmer mit Dusche (1 mit Balkon), alles zentralbeheizt, WC und sonstige Waschgelegenheiten auf den Etagen. ÜmF 34,00 bis 36,00 DM, HP 46,00 DM. Kinderermäßigung 25%, Ermäßigung in Vor- und Nachsaison 10%. Vermietung in der Zeit vom 26. 12. bis 30. 10. Einzelübernachtung und Kurzurlaub möglich. Angebot von Nahrungsmitteln aus eigener Produktion. Hunde und kleinere Haustiere dürfen auf Anfrage mitgebracht werden.

Freizeitangebote am Haus:

Wintergarten, Aufenthaltsraum, Kaminzimmer, Tischtennisplatte, Liegewiese, Hallenbad, Sauna, Solarium, Terrasse.

Freizeitangebote in der Umgebung:

Angeln 4 km, Golf 6 km, Wintersport überall ringsum, Hallenbäder und geheizte Freibäder in den umliegenden Orten, Wandern, Kutschfahrten, Heimatabende in St. Oswald.

Hotel-Pension „Waldblick", Familie Johann Graup,
Totenmann 57, 8351 St. Oswald (Bayern),
Tel. (08552) 1481

Bayern

Ferien mal so richtig bayerisch — die gibt es auf dem „Schmugglerhof" mitten im Bayerischen Wald. Da sitzt man abends gemütlich beisammen, meist vorm Kamin oder im Sommer im Innenhof. Jung und alt lassen sich hier das selbstgebackene Holzofen-Brot mit Rauchfleisch und einem Krug Most schmecken. Oftmals werden dann Karten- oder Würfelspiele hervorgekramt oder gar ein Liederbuch. Aber die Hauptsache sind natürlich auch auf diesem Reiterhof die Pferde — 8 Haflinger, 2 Ponys, und 1 Zwergmuli. Auf diesen Tieren kann man das Reiten unter Anleitung von geschultem Personal erlernen, bereits erworbenes Können vervollkommnen oder aber den Urlaub einfach nur auf dem Pferderücken genießen. Die Ausritte in dieser Gegend sind ein ganz besonderer Genuß, denn urwaldartig erhaltene Hochwälder mit einsamen Seen in den höchsten Gipfeln sind für den Bayerischen Wald charakteristisch. Er schließt sich direkt an den viel-

gerühmten Böhmerwald in der Tschechoslowakei und den Oberpfälzer Wald an. Somit ist die gesamte Umgebung von Grafenau bewaldet, und man wird auch bei längeren Ausflügen immer wieder die gesunde Luft einatmen und an Naturschauspielen teilhaben können. Jedoch um Wild zu beobachten, ja es sogar zu füttern, braucht man auf dem Schmugglerhof nur aus der Haustür zu fallen. Die abendliche Wild- und Fischfütterung ist bei den Gästen sehr beliebt. Die gesamte Innenausstattung der Pension ist sehr rustikal und geschmackvoll gebaut. Schwere Eichentische mit passendem Gestühl, dicke Holzbalken unter der Decke prägen das Kaminzimmer. Doch auch die Wohnräume strotzen vor Holz. Wer da schnarcht, muß morgens Späne fegen!

Freizeitangebote am Haus:
Kaminzimmer, Liegewiese, urige Hofschenke, Wildgehege, Tischtennis, Mithilfe beim Brotbacken, Sauna, Planwagenfahrten.

Anfahrt:

A 3 zwischen Deggendorf und Passau, Abfahrt Hengersberg; Bus- und Bahnstation in Grafenau (5 km), von wo Gäste wunschgemäß abgeholt werden.

Ausstattung der Reitanlage:

9 (4)	4 (10 DM)	−	10 x 20 m	20 x 40 m	−	ja (uneinge- schränkt)

Der Schmugglerhof − ein rustikales Prachtstück unter den gastlichen Bauernhöfen! Idyllische Lage mitten im Bayerischen Wald nahe der Grenze zur Tschechoslowakei, uneingeschränktes Reiten im Gelände; 8 Haflinger − als bewährte, zuverlässige Touristikpferde, 2 Ponys, kein Reit- und Fahrbetrieb im Winter, Gruppenunterricht 13,00 bis 14,00 DM/Stunde, Einzelunterricht 30 Minuten 17,00 bis 19,00 DM, 30 Minuten Ponyreiten 6,00 DM, 1½ Stunden Planwagenfahrt 10,00 DM, Kinder 5,00 DM; Box für mitgebrachte Pferde ohne Kraftfutter 10,00 DM, 9 Anbindestände stehen außerdem zur Verfügung, Tierarzt 5 km, Hufschmied 10 km, Sattler 15 km.

Ausstattung der Pension:

Typvoller bayerischer Bauernhof mit rustikaler Innenausstattung, liegt auf einer Anhöhe in beschaulicher Mittelgebirgslandschaft; man schläft in Betten mit Bauernmalerei und rot-weiß karierten Bezügen in gemütlichen Doppel- oder Mehrbettzimmern mit Dusche/WC und teilweise auch mit Balkon, ÜmF 27,00 bis 34,00 DM, HP 11,00 DM, 2 Ferienwohnungen beim Nachbarn (50,00 DM pro Tag) für 4 − 5 Personen, 2 Schlafräume, Eßküche, Bad, Ofenheizung, Vermietung ganzjährig, Kurzurlaub möglich, Endreinigung 30,00 DM. Für die Zimmer gilt: Vermietung ganzjährig, Einzelübernachtung und Kurzurlaub möglich, Einzelzimmerzuschlag 8,00 DM, Kinderermäßigung je nach Alter, Ermäßigung für Vor- und Nachsaison ca. 15%. Reiterferien für Kinder nur in Begleitung Erwachsener, Haustiere können auf Anfrage mitgebracht werden.

Freizeitangebote in der Umgebung:

Wandern im Bayerischen Wald, wo es noch urwaldartige Hochwälder mit einsamen, klaren Seen gibt, Freibad und Hallenbad 5 km, Fitneßcenter, Tennis, Sportplatz, Angeln 5 km, Wintersport ringsum.

Empfehlenswerte Ausflugsziele:

Nationalpark Bayerischer Wald, „Drei-Flüsse-Stadt" Passau.

„Schmugglerhof", Familie Butscher,
Harschetsreuth 18, 8352 Grafenau (Bayern),
Tel. (0 85 52) 49 37

Bayern

Hinter dem Begriff Urlaub sollte sich eigentlich verbürgen, eine Zeitlang das zu tun, was einen Ausgleich zum Alltag schafft, was Körper und Geist wieder ins Gleichgewicht bringt, falls dieses verlorengegangen ist. Man sollte einfach mal das tun, was man sich sonst nicht gönnt, wozu man zeitlich nicht kommt oder wovon man auf andere Art und Weise abgehalten wird.

Es ist erfreulich, zu sehen, für wie viele Menschen das Reiten da an erster Stelle steht. Das kann recht unterschiedliche Gesichtspunkte haben. Die einen möchten ihr bisheriges Können erweitern, um Leistungssport zu treiben, andere möchten es erlernen, dritte sehen darin den intensivsten Kontakt zur Natur und damit die beste Erholung für sich. Wieder andere suchen engen Kontakt zu der liebenswerten Kreatur Pferd oder wollen auch einfach ihrem eigenen Tier mal Urlaub gönnen, weil es das Jahr über doch oft vernachlässigt wird.

All diese und andere Erwartungen können in den meisten Fällen sicher auf dem Zollnerschen Reiterhof erfüllt werden. Die hier entstandene Reitschule ist ein staatlich anerkannter Ausbildungsbetrieb, der von einem Pferdewirtschaftsmeister geführt wird. Auf den Schulpferden können die Gäste eine Ausbildung bis zur mittelschweren Klasse erhalten. Neben dem ohnehin qualifizierten Unterricht, welcher erteilt wird, werden auch Lehrgänge organisiert. Gastpferde werden auf Wunsch unter die Lupe genommen, ausgebildet und auf Turniere vorbereitet. Mit ihrer idyllischen Lage zwischen Donau und Isar bietet die Reitschule auch ein ideales Gelände an. Auf dem Anwesen findet man im Reiterstüberl mit Blick in die Reithalle, im gemütlichen Biergarten oder an den umliegenden Badeseen Gelegenheit, miteinander zu plaudern. Unterkünfte werden in 10 km Entfernung vermittelt.

Auszeichnungen und Anerkennungen:
FN-anerkannte Reitschule

Anfahrt:
A 92 Deggendorf — München, Abfahrt Wallersdorf, Bahn- und Busstationen in Wallersdorf, von wo aus man Gäste auf Wunsch abholt.

Ausstattung der Reitanlage:

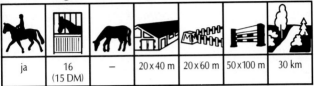

ja	16 (15 DM)	—	20 x 40 m	20 x 60 m	50 x 100 m	30 km

Großes Anwesen im flachen, aber doch abwechslungsreichen Land
zwischen Donau und Isar gelegen. Moderne Reitschule, die staatlich
anerkannter Ausbildungsbetrieb ist; Deckstelle des Staatsgestütes
Schwaiganger; Pferdewirtschaftsmeister; Ausbildungsstand der Schulpferde bis Klasse M; Gastpferde werden in Ausbildung integriert; Ver-
anstaltung von Lehrgängen; qualifizierter Unterricht; jede Reitstunde
20,00 DM. Ausritte mit ortskundiger Begleitung auf Anfrage, wie auch
die Prüfung zum Deutschen Reiterabzeichen; Reiterpaß kann erworben werden; für alle Pferde steht ein Paddock zur Verfügung sowie 20
Anbindestände für 15,00 DM/Tag.
Tierarzt im Ort, Tierklinik 40 km, Sattler im Ort, größere Reparaturen
10 km, Hufschmied kommt regelmäßig.

Ausstattung der Pension:
Übernachtungsmöglichkeiten in allen Preislagen werden in der Umgebung vermittelt.

Freizeitangebote am Haus:
Reiterstüberl mit Blick in die Reithalle, Aufenthaltsraum, Liegewiese,
Kinderspielplatz, Biergarten, Badesee, Tennisplatz, Angeln, Camping-
möglichkeiten.

Freizeitangebote in der Umgebung:
Freibad, Hallenbad und Sauna 10 km, Golfplatz 20 km, Thermalbad
40 km, Sportcenter, Tennis- und Squashhalle in Wallersdorf, Wandern
auch im Bayerischen Wald (20 Autominuten).

Empfehlenswerte Ausflugsziele:
Naturpark Bayerischer Wald, Agnes-Bernauer-Festspiele, Glasbläserei
und Tierpark, Landshut, Passau, München.

Reitschule Gudrun Zollner-Waar,
Moosfürther Straße 78b, 8357 Wallersdorf (Bayern),
Tel. (0 99 33) 86 60 und 80 08, Fax 82 00

Bayern

Landschaftlich wie auch verkehrsmäßig ist die Lage recht günstig. Man findet Schöllnach unweit der Autobahn zwischen Regensburg und Passau. Und doch herrscht hier kein unsympathischer Massentourismus bei der Beliebtheit dieser Gegend. Familie Habereder hat sich ein idyllisches Fleckchen Erde ausgesucht, um hier jährlich vielen reitbegeisterten Urlaubern Entspannung, Ruhe und allernächste Verbindung zur Natur zu bieten. Direkt am Waldrand entstanden in annehmbarer Hanglage eine Pension und ein Haus mit Ferienwohnungen. Aus den hellen, freundlichen Zimmern läßt es sich weit in die hügelige Umgebung blicken, auf Wälder, Felder, Wiesen und kleine Siedlungen. Man lebt in beschaulich-friedlicher Atmosphäre mitten im Bayerischen Wald. Da gibt es natürlich Ausflugsziele zur Genüge. Die nächste Umgebung kann man sehr gut auf dem Rücken der zur Verfügung stehenden oder gar der mitgebrachten eigenen Pferde erkunden. Das Reitwegenetz ist gut ausgebaut. Mit Auto oder Bus sind umliegende

Kulturstätten gut zu erreichen. Ein Ausbildungsprogramm ist hier nicht im Angebot, man verfügt auch nicht über eine Reithalle. Also sollte man sich als Urlauber in Schöllnach schon gut im Sattel halten können. Für die Erwachsenen stehen Warmblutpferde bereit, für die kleineren Gäste geländesichere Haflinger und Reitponys. Alle Pferde sind in einem neuerbauten, sehr geschmackvoll gestalteten Stall untergebracht und haben eine große Weidefläche vor der Tür. Diese Tiere sind also ausgeglichen, wie man es als Urlauber bei Familie Habereder auch werden sollte.

Freizeitangebote am Haus:
Liegewiese mit Grillplatz, Tischtennis, Kinderspielplatz. Aufenthaltsraum.

Anfahrt:

A 3 zwischen Regensburg und Passau, Abfahrt Iggensbach, auf Hauptstraße über Schöllnach, Taiding nach Riggerding. Nächste Bahnstation in Deggendorf (12 km), Bus hält in Schöllnach. Gäste holt man gern ab.

Ausstattung der Reitanlage:

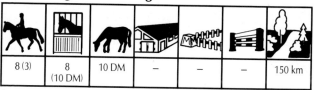

8 (3)	8 (10 DM)	10 DM	–	–	–	150 km

In ruhiger Hanglage befindlicher neuerbauter Stall mit Auslauf. Liegt direkt in Pensionsnähe. Auf dem Grundstück gibt es keine Möglichkeit zu reiten, man ist hier also ausschließlich auf das Geländereiten ohne ortskundige Begleitung eingestellt. Reitstunde auf Großpferden 10,00 DM, auf Reitponys 6,00 DM. Eigene Pferde können gern auf Anfrage mitgebracht werden, Stallmiete und Futtergeld 10,00 DM (darin ist kein Hafer enthalten!).
Tierarzt und Sattler 5 km, Hufschmied 4 km.

Ausstattung der Pension:

Pension und Gästehaus machen mit ihren hellen Fassaden sehr freundlichen, einladenden Eindruck. Idyllische Lage am Fuße des „Brotjacklriegel" mit Blick weit ins Land. Geschmackvolle Innenausstattung im Bauernstil. 10 Doppelzimmer mit Dusche (4 mit Balkon), 5 Mehrbettzimmer mit Dusche (2 mit Balkon), alles zentralbeheizt. ÜmF 17,00 DM. Weiterhin stehen 3 komfortabel ausgestattete Ferienwohnungen zur Verfügung mit Schlafraum, Küche, Bad, WC, Balkon, Terrasse, Liegewiese. Für 5 Personen 55,00 DM/Tag, für 7 Personen 70,00 DM/Tag. Kinderermäßigung nach Vereinbarung, Vermietung ganzjährig, Kurzurlaub möglich. Selbstversorgung gut möglich, am Ort Gasthaus mit Metzgerei.

Freizeitangebote in der Umgebung:

Beheiztes Freibad in Schöllnach, Badesee mit Bootsverleih in Eging (5 km), Hallenbad 5 km, Angeln 4 km, Golf 18 km, Wandern durch das umliegende Mittelgebirge.

Empfehlenswerte Ausflugsziele:

Wanderung zum „Brotjacklriegel" (1016 m), Aussichtsturm Büchlstein (882 m) mit Fernblick übers Donautal bis in österreichische und bayerische Alpen sowie ins Dreiburgenland. Regensburg und Passau für Autofahrer.

„Ferienhof Habereder", Inhaber Josef Habereder, Riggerding 36, 8359 Schöllnach, Bayer. Wald (Bayern), Tel. (0 99 03) 3 68

Bayern

Gneis und Granit sind die Bausteine des sehr alten Gebirges im Bayerischen Wald, welches sich vom Steinwald über den Oberpfälzer Wald etwa 300 km bis an die Grenze zu Österreich zieht. Und genau dort, nämlich im kleinen, unscheinbaren Ort Untergriesbach erwartet Frau Oberneder ihre Gäste. Man wohnt hier in ruhiger, waldreicher Landschaft über dem Donautal, welches an dieser Stelle noch Grenze zu Österreich ist. In der Drei-Flüsse-Stadt Passau bekommt die „Schöne Blaue" dann durch Inn und Ilz kräftige Verstärkung. Unternehmungslustige Gäste des Gutes Oberneder sollten nach dem täglichen Reitvergnügen unbedingt die Gelegenheit nutzen, die Umgebung zu erkunden. Untergriesbach ist wegen seiner äußerst günstigen Lage an der B 388, welche von Passau nach Österreich führt, ein beliebtes Fremdenverkehrszentrum im Sommer sowie auch im Winter. Das Gelände zum Skifahren ist nicht schwierig, auch stehen Übungshänge zur Verfügung. Allerdings vermietet Frau Oberneder nur von

Mai bis Oktober. Auf der Nibelungenstraße geht es direkt an der Donau entlang. Auch kann ein Tagesausflug in die Tschechoslowakei ein interessantes Urlaubserlebnis sein.

Auszeichnungen und Anerkennungen:
DLG-Gütezeichen.

Freizeitangebote in der Umgebung:
Tennis/Squash, Sportplatz 4 km, Hallenbad und Fluß mit Bademöglichkeiten 5 km, Freibad 7 km, See zum Baden und Wassersport 10 km, Angeln 12 km, Wanderlehrpfad.

Empfehlenswerte Ausflugsziele:
Nationalpark Bayerischer Wald, Drei-Flüsse-Stadt Passau, Graphitbergwerk, Schlösser und Burgen ringsum, Tagesausflüge in die ČSFR und nach Österreich.

Anfahrt:
A 3, bei Passau abfahren, auf Bundesstraße über Obernzell nach Untergriesbach; Bahnstation in Passau (22 km), Bus hält im Ort.

Ausstattung der Reitanlage:

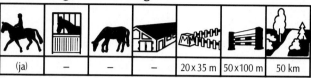

(ja)	–	–	–	20 x 35 m	50 x 100 m	50 km

Am Rande des Bayerischen Waldes gelegenes große Gut, welches seinen Gästen Vollblutaraber, Connemara- und deutsche Reitponys zum Reiten anbietet. Therapeutisches Reiten unter Anleitung einer Ärztin, Dressur und Springen bis Klasse L, Reit- und Springstunde 15,00 DM, Ausritt mit Begleitung 18,00 DM/Stunde, zum Mitbringen von Pferden telefonische Anfrage erforderlich, Pferdezucht auf dem Gutshof.

Ausstattung der Pension:
Den Gästen auf Gut Oberneder stehen 3 Zweibettzimmer mit Dusche/WC (1 mit Balkon) sowie ein Appartement zur Verfügung (2 Zimmer, Dusche/WC, Balkon, Aufenthaltsraum mit Teeküche), Ofenheizung, ÜmF ab 20,00 DM, Kosten für Ferienwohnung nach Absprache, bis 15% Ermäßigung für Kinder, Vermietung in der Zeit vom 1. 5. bis 1. 10.

Freizeitangebote am Haus:
Aufenthaltsraum, Liegewiese, Kinderspielplatz, Terrasse.

Tip:
Bayerische Brotzeit, Wildspezialitäten, geräucherte Forellen.

**Gut Oberneder, Inh. Frederike Oberneder,
Pfaffenreuth 9 und 10, 8391 Untergriesbach**

Bayern

Ihre große geschichtliche Bedeutung, ihr einzigartiges Stadtbild sowie ihr besonderes Flair machen sie zum Anziehungspunkt für Tausende und Abertausende Besucher — Passau — die Drei-Flüsse-Stadt, welche Alexander von Humboldt zu den sieben am schönsten gelegenen Städten der Erde zählte. Wollen wir der Aussage solch eines weitgereisten Mannes ruhig Glauben schenken. Am besten aber überzeuge man sich selber.

Ausgangspunkt einer Stippvisite in Passau könnte beispielsweise der im Bayerischen Wald romantisch gelegene „Simandlhof" in Neureichenau sein. Auf diesem, mit 300jähriger Geschichte behafteten Anwesen mit einer außerordentlich freundlichen Atmosphäre können Ferien und Urlaub einen großen Erholungseffekt erzielen. Gästezimmer werden in allernächster Umgebung vermittelt.

Auf dem Simandlhof werden ausschließlich Islandpferde gehalten, eine bekannte und beliebte Kleinpferderasse (Stockmaß 1,30 — 1,45 m), deren besondere Qualität es ist, fünf Gangarten zu beherrschen. Das sind neben den drei bekannten Grundgangarten der Paß und der Tölt, welche das Reiten dieser Tiere zu einem besonderen Vergnügen machen. Als Anfänger ist man hier außerdem in den besten Händen — die Inhaberin, Frau Hauptenbuchner, legt nicht nur Wert darauf, ihren Schülern die richtige Technik des Reitens zu vermitteln, sondern im selben Zuge auch die Achtung vor der Kreatur Pferd herbeizuführen.

Auf die Oberflächlichkeit, welche sich in unsere Gesellschaft eingeschlichen hat, bedingt durch Leistungsdruck und Egoismus, brauchen wir nicht stolz zu sein. Viele Menschen haben schon gemerkt, daß das Pferd mit seinem gütigen, zutraulichen Wesen ein sehr wertvoller Freund sein kann, wenn man es entsprechend behandelt. Diese Erkenntnis kann das schönste Urlaubserlebnis sein, welches auch viele weitere glückliche Stunden in Verbindung zum Pferd nach sich ziehen kann.

Anfahrt:

A 3 Abfahrt Passau-Nord oder -West, B 12 Richtung Freyung, auf Hauptstraße über Waldkirchen nach Neureichenau; nächste Bahnstation Passau (35 km), Busstation in Schimmelbach (0,5 km), auf Wunsch holt man Gäste gern ab.

Ausstattung der Reitanlage:

ja	–	15 DM	–	20 x 40 m (G)	–	ja

Sehr alter, im Bayerischen Wald gelegener Bauernhof mit freundlicher, vor allem kinderfreundlicher Atmosphäre. Ausschließlich Islandpferde stehen zur Verfügung, welche in leichter Reitweise (Bruns-Behr-Methode) ausgebildet sind; Unterricht gemäß individueller Wünsche und Möglichkeiten der Reiter; Reitstunde 15,00 DM, mehrstündige Ausritte, Nachtritte 15,00 DM/Stunde, auch Einspänner-Fahrstunden werden erteilt. Eigene Pferde dürfen auf Anfrage mitgebracht werden. Tierarzt 20 km, Hufschmied, Sattler 6 km.
Keine Pension auf dem „Simandlhof". Gästezimmer werden in nächster Umgebung vermittelt.

Freizeitangebote am Haus:

Eine Künstlerin gibt Kreativkurse in der Ölmalerei, Pastell- und Aquarellmalerei.

Freizeitangebote in der Umgebung:

Freibad und See mit Bademöglichkeiten 1 km, Hallenbad 2,5 km, Fitneßcenter 2,5 km, Tennis/Squash 5 km, Langlauf, Alpin, Skispringen, Wanderungen, Schiffsfahrten auf der Donau.

Empfehlenswerte Ausflugsziele:

Äußerst günstige Entfernung zur Drei-Flüsse-Stadt Passau; wenige Kilometer nur bis an die Grenze zur Tschechoslowakei – Besuch der Städte Pilsen und Prag besonders empfehlenswert; das von Smetana in seinem berühmten Werk erfaßte Rauschen der Moldau ist hier zu hören. Ebenfalls liegt die österreichische Grenze fast vor der Tür. Die einmalig schöne Landschaft lädt zu Wanderungen ein, soweit die Füße tragen.

Tip:

Forellenessen im Forellenwinkel!

Simandlhof, Karin Hauptenbuchner,
Schimmelbach 9, 8391 Neureichenau (Bayern),
Tel. (0 85 83) 25 56

Bayern

Die großflächige Waldlandschaft als Ganzes macht den Reiz des Oberpfälzer Waldes aus. Man könnte ihn als die „sanftere Ausgabe" des Bayerischen Waldes bezeichnen — seine Berge sind niedriger, die Täler lieblicher, und über allem regiert der Wald, in dem Fichten, Kiefern und Tannen dominieren, Laubbäume hingegen seltener sind. Geologisch bilden Oberpfälzer und Bayerischer Wald eine Einheit, auch mit dem Böhmerwald in der Tschechoslowakai. Das gesamte Gebiet war bereits in der Mittelsteinzeit besiedelt, jedoch gab es lange keine festen Siedlungen. Das trat erst etwa 500 Jahre nach Chr. ein. Von den jeweiligen Herrschern wurden im Mittalter zahlreiche Burgen und Schlösser errichtet, die nunmehr Ruinen und Zeugen ihrer Zeit sind. Für die Besucher gelten diese Stätten als interessante Ausflugsziele. Oft kann man von dort aus weit ins Land schauen, ohne Feinde zu erspähen, wie es seinerzeit gewesen sein muß. Im südlichen Teil des Naturparks Oberpfälzer Wald ist der Stausee Eixendorf ein begehrtes Ausflugsziel. Und ganz in seiner Nähe liegt der „Fuchsen-

hof" mit seiner großzügigen Anlage, in der das ganze Jahr über reges Treiben herrscht. Immerhin können hier gleichzeitig 80 Personen untergebracht werden. Für groß und klein sind passende Pferde da, auf denen hart trainiert, aber auch die Natur genossen werden kann.

Auszeichnungen und Anerkennungen:
FN-anerkannter Reitstall, DLG-Gütezeichen

Empfehlenswerte Ausflugsziele:
Naturpark Oberpfälzer Wald, Regensburg, Bayerischer Wald, ČSFR.

Anfahrt:

A 93 nördlich von Regensburg, Abfahrt Schwarzenfeld auf Hauptstraße Richtung Osten; nächste Bahnstation Bodenwöhr-Nord (10 km), wo man Gäste gern abholt, Bus hält am Hof.

Ausstattung der Reitanlage:

25 (inkl.)	10 (20 DM)	ja	20 x 40 m 15 x 30 m	20 x 40 m (S)	50 x 100 m	ja

Ganz nahe am Stausee Eixendorf im Naturpark Oberpfälzer Wald erwartet der „Fuchsenhof" das ganze Jahr über seine Feriengäste. Zum Reiten stehen Pferde jeden Stockmaßes mit dem Ausbildungsstand bis Klasse L (Dressur und Springen) bereit. Reitwegeangebot schier unbegrenzt, monatliche Abnahme der Prüfungen zu verschiedenen Abzeichen und zum Reiterpaß im Anschluß an Lehrgänge möglich (Programm bitte anfordern), Reitstunde 18,00 DM, Springstunde 30,00 DM, Tagesausritte 60,00 DM, Kutschfahrten, Fahrstunden, Ponyreiten für Kinder kostenlos.
Tierarzt und Sattler 5 km, Hufschmied 10 km.

Ausstattung der Pension:

Reichhaltiges Angebot an Wohnraum auf der Freizeitsportanlage „Fuchsenhof". 80 Personen können in 20 Ferienwohnungen (je 1 bis 2 Schlafzimmer, Wohnzimmer, Diele, Bad und Küche) untergebracht werden, Preis für jeweils 4 Personen 80,00 DM/Tag, Nebenkosten; weiterhin ein Einbett- und drei Zweitbettzimmer mit Dusche/WC; ÜmF 25,00 DM, HP 35,00 DM, Küchenbenutzung möglich, Ermäßigung in Vor- und Nachsaison 30%, geeignetes Objekt für Tagungen und Seminare, Hunde auf Anfrage gestattet, Reiterferien für Kinder, Kurzurlaub und Einzelübernachtung möglich, Vermietung ganzjährig.

Freizeitangebote am Haus:

Vom Reiter- oder Kaminstüberl blickt man in Tennis- und Reithalle, Terrasse, Liegewiese mit Möbeln, Kinderspielplatz, Grillecke, Tennisunterricht, Tischtennis innen und außen, Fisch- und Badeteich.

Freizeitangebote in der Umgebung:

Bade- und Wassersportmöglichkeiten 500 m, Hallenbad 5 km, Fitneßcenter 5 km, Golf 8 km, Wandern, Heimatabende.

„Fuchsenhof", Inh. Erich Vetter,
8462 Neunburg, v. W.-Seebarn (Bayern),
Tel. (0 96 72) 20 00, Telefax (0 96 72) 34 56

Bayern

Am Rande des Bayerischen Waldes, inmitten des Naturparks Oberpfälzer Wald, liegt das Gut Heimerlmühle. Die idyllische Einzellage am Hang, umgeben von hohen Fichten und Ententeichen, macht die naturnahe und friedliche Atmosphäre aus. Irgendwie kommt man sich vor wie um einige Jahre zurückversetzt. Es sind besondere Leute, die sich in diese Abgeschiedenheit zurückgezogen haben, nämlich Züchter von Islandpferden. Menschen, die noch ein enges Verhältnis zu Pferd und Natur haben, die die Gemeinschaft suchen und lieben, denen an großem, hochdotiertem Sport nichts liegt. Das Gut Heimerlmühle ist Zuchtstätte, Deckstation und Reiterhof zugleich. Alles dreht sich hier um das 5-Gangarten-Pferd — den Isländer. Und auf dessen Rücken kann man schon etwas erleben. Da gibt es Töltkurse für Anfänger und Fortgeschrittene, allgemeine Reitkurse für jung und alt, Mai-, Oster- und Pfingstausritte, wettkampfmäßige Wanderritte und vieles mehr. Da die Isländer als sehr zuverlässige, leistungsfähige und

willige sowie anspruchslose Tiere gelten, haben sie in den letzten Jahren eine sehr große Anzahl begeisterter Anhänger gefunden. Die Natur hat sie so vorteilhaft ausgestattet, daß sie jedem Wetter trotzen können und mit allen Bodenverhältnissen zurechtkommen. Die ihnen eigenen Gangarten, Tölt und Rennpaß, die vom geübten Reiter unheimlich bequem ausgesessen werden können, machen das Reiten dieser Tiere zum ganz besonderen Erlebnis. Auch vor Wagen und vor Schlitten sind sie zuverlässige, liebenswerte Partner für Erwachsene ebenso wie für Kinder. Und so finden sich auch jährlich immer wieder viele Freunde dieser Vierbeiner auf dem Gut Heimerlmühle ein, um hier einen romantischen, naturnahen Urlaub zu verbringen, recht weit ab vom Zivilisationsstreß. Die Unterbringungsmöglichkeiten sind recht vielgestaltig, womit man sich auf unterschiedliche Urlaubsvarianten einstellt. Neben den 80 bis 90 Islandpferden werden hier auch schottische Hochlandrinder gehalten sowie übliche Hoftiere wie Katze, Hund, Geflügel, Schweine und Tauben. Es gibt sie also noch, die Bauernhofidylle von damals, ohne industriemäßige Produktion und ständige Modernisierung.

Anfahrt:
A 93 von Weiden Richtung Regensburg, Abfahrt Schwarzenfeld auf die Hauptstraße nach Neunburg vorm Wald, nächste Bahnstation in Bodenwöhr (8 km), Busstation in Naumburg (3 km), auf Wunsch werden Gäste abgeholt.

Ausstattung der Reitanlage:

30	15 (22/15 DM)	15/11 DM	–	20 x 40 m	–	unbegrenzt

Als Übungsplatz wurde eine 200 m lange, ovale Reitbahn angelegt, sonstiges Training auf dem Sandviereck, zum großen Teil auch im freien Gelände. Lehrgangsprogramme und Terminpläne können angefordert werden, die Länge der Aufenthalte kann sehr unterschiedlich gestaltet werden, dementsprechend fallen die Kosten an. Mitgebrachte Pferde werden in die Ausbildungsprogramme aufgenommen, können hier auch vom Personal zugeritten werden. Auf den großzügigen Weideflächen wird auch Fohlenaufzucht für Pensionspferde betrieben. Kleinkinder können für die Dauer ihres Aufenthaltes ein Shetlandpony zur Verfügung gestellt bekommen. Jede Reitstunde 14,00 DM, Tagesritte 90,00 DM. Das Wanderabzeichen des IPZV kann abgelegt werden.

Ausstattung der Pension:
Sehr schöne Einzellage, ruhig und malerisch, 4 Ez. und 6 Dz. mit Balkon und Dusche, 4 Mz. mit Dusche, alles zentralbeheizt. ÜmF 39,50 DM, Halb- und Vollpension auf Anfrage, 5 Ferienwohnungen für 2 – 6 Personen, fast alles Einzimmerappartements mit Schlafempore, Bad, ZH. Zweipersonenappartements 60,00 DM/Tag, Vierpersonenappartements 95,00 DM/Tag, Vermietung ganzjährig, Einzelübernachtung und Kurzurlaub möglich. Alle Zimmer mit Teppichboden, jedes Appartement farblich in sich abgestimmt, von Geschirr bis Bettwäsche.

Freizeitangebote am Haus:
Aufenthaltsraum, Liegewiese, Arbeit und Vergnügen auf dem Bauernhof.

Freizeitangebote in der Umgebung:
Freibad, Hallenbad 3 km, See mit Bademöglichkeit 12 km, Fitneßcenter, Tennis, Squash, Sauna, Sportplatz 3 km, Golf 5 km, Paddeln, Surfen, Segeln 5 bis 18 km.

Island-Pferdehof Gut Heimerlmühle,
Lengfeld 11, 8462 Neunburg v. Wald (Bayern),
Tel. (0 96 72) 34 38, Telefax (0 96 72) 14 33

Bayern

Wo das plätschernde Gebirgsflüßchen Schwarzach den Oberpfälzer Wald verläßt und seinen Weg gen Naab nimmt, liegt der Ort Neunburg vorm Wald. Dicht bei, ca. 4 km südlich in Richtung Roding, findet man das kleine Poggersdorf mit sechs landwirtschaftlichen Betrieben. Einer davon ist der Kollerhof, ein Ausbildungsbetrieb für Land- und Hauswirtschaft. Dort bietet das Ehepaar Koller seit vielen Jahren die Möglichkeit für Urlauber, bei ihnen abwechslungsreiche, erholsame Tage zu verbringen. Der großzügig angelegte Hof bietet sehr viel Bewegungsfreiheit. Seine romantische Einzellage am See bietet es an, in alle Himmelsrichtungen über die umliegenden Wiesen zu spazieren bzw. zu reiten. Über nur kurze Entfernungen schon erreicht man dann Wälder. Wohnraum gibt es auf dem Hof genug, man wählt zwischen Einzel- oder Doppelzimmern, Appartements oder Ferienwohnungen in Bungalows. Weiterhin stehen gemütliche Gasträume zur Verfügung, in denen von Zeit zu Zeit gemeinsame Spanferkel-, Enten- oder Fischessen sowie bayerische Abende veranstaltet werden. Der Pferdebestand setzt sich auf dem Kollerhof aus verschiedenen

Kleinpferderassen sowie Warm- und Kaltblütern zusammen. Da findet sich für jeden reitinteressierten Gast schon das richtige.

Neunburg vorm Wald liegt übrigens mitten im Naturpark Oberpfälzer Wald, welcher auch das Naabgebiet einschließt. Dieses bildet eine zwischen Fränkischer Alb und ostbayerischem Randgebirge eingesenkte Fläche. Aus zwei Quellarmen wird dieser Fluß versorgt und fließt bald in engen, bald in weiten Tälern mit leichtem Gefälle zur Donau, welche er nördlich von Regensburg erreicht. Ein Ausflug an die Naab sowie zu den vielen Weihern nördlich von Schwandorf bieten Korrespondenz mit der Natur hautnah.

Anerkennungen und Auszeichnungen:
FN-Anerkennung, DLG-Gütezeichen

Anfahrt:

A 93 zwischen Regensburg und Weiden, auf Hauptstraße nach Neunburg vorm Wald; nächste Bahnstationen in Bodennöhr (8 km) und Schwandorf, Bus hält in Neunburg (4 km), Gäste holt man gern ab.

Ausstattung der Reitanlage:

28 (8)	5 (15/10 DM)	ja (inkl.)	20×40 m	40×60 m	40×60 m	100 km

Großer, stattlicher Hof in Einzellage am See, von Feldern und Wiesen umgeben, bietet sehr viel Bewegungsraum für Mensch und Tier. Fünf Anbindestände für 8,00 bis 13,00 DM/Tag; Pferdebestand setzt sich aus ca. 20 Großpferden verschiedener Rassen, drei Haflingern sowie fünf Ponys zusammen. Unterricht wird in der Dressur, im Springen, Voltigieren, Fahren und in der Theorie erteilt. Es ist möglich, hier Prüfungen für Reiterpaß und -abzeichen abzulegen. Kosten auf Klein- bzw. Großpferden: Reitstunde 10,00/13,00 DM, Springstunde 13,00/16,00 DM, einstündige Ausritte immer 15,00 DM, mehrstündige Wanderritte 30,00 bis 60,00 DM, Kutschfahrten 40,00 DM/Stunde für mehrere Teilnehmer. Für Hausgäste Ponyreiten kostenlos.
Tierarzt und Sattler 4 km, Hufschmied 15 km.

Ausstattung der Pension:

Viele Unterbringungsmöglichkeiten auf dem Hofgelände. Einzel-, Doppel- oder Mehrbettzimmer mit unterschiedlicher Ausstattung, Appartements, Bungalows, die gut ausgestattet sind. Preisliste bitte anfordern! Kinder/Erwachsene ÜmF 20,00/25,00 DM, HP 30,00/35,00 DM, VP 35,00/45,00 DM. Außerhalb der Ferienzeiten 20 bis 30% Ermäßigung. Familie Koller ist vorwiegend auf Familien mit Kindern eingestellt, deswegen werden in erster Linie Ferienwohnungen angeboten. Für Einzelübernachtung und Kurzurlaub Aufpreis, Vermietung ganzjährig, Gruppenermäßigung außerhalb der Ferienzeiten; Angebot selbsterzeugter landwirtschaftlicher Produkte; Hunde u. a. kleine Haustiere sind statthaft.

Freizeitangebote am Haus:

Ponyreiten, Grillhütte, Tischtennis, Schwimmen, Bootfahren, Angeln, Schlittschuhfahren im Winter. Liegewiese, Aufenthaltsräume, Sauna, gemeinsame bayerische Abende, Zelten.

Kollerhof, Inh. Familie Koller,
Poggersdorf — Kollerhof 4,
8462 Neunburg v. Wald (Bayern),
Tel. (0 96 72) 22 24

Bayern

Erlebnisferien auf einem typisch fränkischen Bauernhof kann man bei Familie Escherich verbringen. Am Rande eines kleinen, idyllischen Dorfes nahe des Fremdenverkehrszentrums Betzenstein ist ein Anziehungspunkt für Urlauber entstanden. Hier weckt noch der Hahn auf dem Mist, es quieken die Schweine, die Rinder brüllen, und das Kleinvieh macht sich auf seine Art und Weise bemerkbar. Wer solche Bauernhofidylle liebt, ist hier richtig aufgehoben. Keine Angst, die Arbeit betrifft Sie nicht, Ihre Erholung soll anders aussehen. Da stehen beispielsweise 10 reitbare Pferde unterschiedlichsten Stockmaßes bereit, mit denen man die Umgebung erkunden kann. Und da gibt es gewiß nicht wenig zu sehen, denn Sie halten sich mitten in der Fränkischen Alb auf, einer teilweise etwas kargen Landschaft, deren Schönheiten tief eingeschnittene Flußtäler sind. Am fruchtbarsten sind hier zahlreiche Becken, wo der typische Kalkboden Lehmablagerungen aufgenommen hat. Alles in allem eine sehr bizarre Landschaft mit vielen Überraschungen.

Wenn der Wunsch mehrerer Gäste besteht, eine mehrstündige Kutschfahrt durchzuführen, ist Herr Escherich gern bereit, anzuspannen und Sie durch den Veldensteiner Forst zu fahren. Auch sind mehrstündige Ausritte Bestandteil des Ferienprogramms. Spezialität des Hauses sind die fränkischen Brotzeiten mit frischer Kuhmilch, Eiern, Geräuchertem aus eigener Schlachtung und dem guten bayerischen Bier. Auch Grillpartys, Hausschlachtungen und Abende im Partykeller steigern das Urlaubsvergnügen.

Bei besonders unternehmungslustigen Gästen liegt ein Ausflug in die altberühmte Reichsstadt Nürnberg nahe.

Freizeitangebote am Haus:
Reiterferien für Kinder, Fahrradverleih, fränkische Brotzeiten, Hausschlachtungen, Grillpartys, Partykeller, Liegewiese, Kinderspielplatz, Aufenthaltsraum für Jugendliche, Terrasse, Tagungsraum für 35 Personen.

Freizeitangebote in der Umgebung:
Freibad 6 km, Hallenbad 1 km, Tennis 6 km, Sauna am Hof, Wandern im Veldensteiner Forst und in der Fränkischen Schweiz, Radtouren, Skilift und Langlaufloipen am Ort.

Anfahrt:

Günstige Lage an der A 9 zwischen Bayreuth und Nürnberg, Abfahrt Hormersdorf; nächste Bahnstation 8 km, Busstation vor Ort, Gäste holt man dort gern ab.

Ausstattung der Reitanlage:

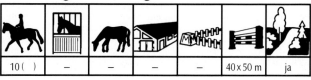

10 ( )	–	–	–	–	40 x 50 m	ja

Romantische Lage am Rande eines kleinen Dorfes mitten in der Fränkischen Alb; funktionstüchtiger Bauernhof mit viel Vieh. Das Reiten wird hier nur als Freizeitspaß auf dem zum Hof gehörigen Außenplatz und auf den Reitwegen im Veldensteiner Forst betrieben; keine Reitausbildung, Reitstunde kostet 15,00 DM, vierstündige Ausritte 50,00 DM, mehrstündige Planwagenfahrten insgesamt 200,00 DM, Kinderreitferien möglich.

Ausstattung der Pension:

Alle Zimmer und Wohnungen im rustikalen, bäuerlichen Stil eingerichtet. Von 10 Doppelzimmern 5 mit Balkon und Dusche, 5 Mehrbettzimmer mit Dusche, 3 davon mit Balkon, ÜmF 22,00 DM, HP 30,00 DM, VP 38,00 DM, Küchenbenutzung und Schonkostverpflegung möglich, Ermäßigung in Vor- und Nachsaison 10 %; 4 Ferienwohnungen für 4 – 6 Personen, komplett ausgestattet und abgeschlossen, alle Zimmer zentralbeheizt (2 Schlafräume, Wohnküche, WC, Dusche), sowie Balkon, Terrasse, Liegewiese, Sauna, Solarium, Kinderspielplatz. Wohnung pro Person ca. 11,00 DM/Tag, Bettwäsche und Handtücher werden gestellt, Vermietung ganzjährig, Einzelübernachtung und Kurzurlaub möglich; geeignet für Seminare und Tagungen, Haustiere können auf Anfrage mitgebracht werden, Nahrungsmittel aus eigener Produktion am und ab Hof.

Empfehlenswerte Ausflugsziele:

Wunderland Plech, alte Reichsstadt und Frankens Hauptstadt Nürnberg, Erlangen, Fränkische Schweiz, Burgen.

Tip:

Selbsterzeugte Produkte vom Hof, Hausgeschlachtetes, Fisch.

Familie Hans Escherich,
Spies 8, 8571 Betzenstein (Bayern),
Tel. (0 92 44) 3 63

Bayern

Aus dem altdeutschen „Spechteshart" (Spechtswald) machte man den „Spessart". So weiß heute sicher kaum jemand, was dieses Wort bedeuten soll, doch wer den Spessart einmal besucht hat, wird der Bezeichnung sicher beipflichten. Das kleine Mittelgebirge ist bekannt und begehrt durch seine gesunden, eindrucksvollen Laubwälder, welche eine reiche Fauna beherbergen. Zu jeder Jahreszeit ist es ein besonderes Vergnügen, auf den Spaziergängen durch die Wälder den Vogelstimmenkonzerten zu lauschen. Dabei wird man auch häufig auf das Hämmern der Spechte aufmerksam. Interessierten und geduldigen Urlaubern gelingt es, diese prachtvollen Tiere auf der ihre Art kennzeichnenden Futtersuche zu beobachten. Der Spessart ist als wellige Hochfläche zu bezeichnen (ca. 500 m Höhe), welche durch bis zu 200 m tiefe Täler mit schmaler Wiesensohle gegliedert wird. Das Gebiet wird zum großen Teil vom Maintal umzogen, wobei sehr reizvolle, altertümliche Städtchen gestreift werden.

Das Städtchen Rieneck liegt im Tal des Sinn, heute eines der ökologisch intaktesten Flußtäler Bayerns. Etwas abseits wartet Familie Münch mit vielen Überraschungen auf ihre Gäste. Das „Gut Dürnhof", welches heute ein modernes Sporthotel ist, war ehemals Königsgut und Erblehenshof der Vögte von Rieneck. Heute lassen sich dort die Urlauber so richtig verwöhnen mit jeglichem Komfort und persönlicher Betreuung durch die Inhaber. Überall im Haus wurde heimisches Eichenholz verarbeitet. Es gibt Zimmer aller Kategorien, sehr abwechslungsreiche Speisekarten mit Fisch aus eigenen Gewässern und Wild aus den heimischen Wäldern. Das Sportangebot ist riesengroß, wobei die Hauptattraktion auf dem Dürnhof die Pferde sind. Die Mehrzahl von ihnen ist selbst gezogen und ausgebildet. Alle sind gut geritten und zuverlässig, auch die Ponys für die kleinen Gäste!

Anfahrt:

Von den Autobahnen A 3, Nähe Aschaffenburg, A 7, Nähe Schweinfurt, A 86, Nähe Schluchtern, aus jeweils über Bundesstraßen zu erreichen (ähnliche Entfernungen); nächste Bahnstation in Rieneck (3 km), Bus hält am Haus.

Ausstattung der Reitanlage:

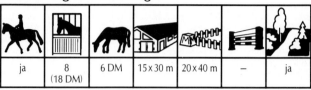

ja	8 (18 DM)	6 DM	15 x 30 m	20 x 40 m	—	ja

Die Mehrzahl der hier gehaltenen Warmblutpferde ist selbst gezogen und ausgebildet (teilweise bis Klasse L). Die Tiere sind sehr rittig und zuverlässig. Das Reiten im Gelände ist fast unbegrenzt möglich. Gastpferden stehen Ständer für 12,00 DM/Tag, Außen- sowie Innenboxen zur Verfügung. Pauschalangebot für 1 Woche „Reiterspaß" mit HP, 10 Reitstunden, Tagesausflug mit Mittagsrast, Kutschfahrt usw. Reitstunde 18,00 DM, Fahrstunden möglich. Kutschfahrten und Wanderritte nach Wunsch.
Tierarzt 18 km, Hufschmied und Sattler 1 km.

Ausstattung der Pension:

Modernes Sporthotel mit allem Komfort, Zimmer aller Kategorien bis hin zum gehobenen Komfort mit Bad/Dusche, WC, Telefon, Balkon. Im ganzen ist heimisches Eichenholz verarbeitet worden, die diesem ein unverwechselbares Ambiente geben. Von allen Zimmern aus blickt man in den herrlichen Naturpark „Bayerischer Spessart". Sehr persönliche Atmosphäre, reichhaltige Speisekarten von morgens bis abends, abendlicher Treffpunkt ist die Hotelbar. 13 Einzel- und 26 Doppelzimmer, teilweise mit Balkon, Dusche, Bad, sonst auf den Etagen. Preise für Zimmer mit unterschiedlichem Komfort und jeweils Frühstücksbüfett: EZ 49,00 bis 85,00 DM, DZ 78,00 bis 130,00 DM, Appartement für 4 bis 5 Personen pro Person 49,00 DM, Halbpension 24,00 DM, Zusatzbett 25,00 DM, Vollpension 32,00 DM, Schonkost möglich, viele frische Wild- und Fischgerichte. Kinderermäßigung bis 50%, Vermietung ganzjährig, Kurzurlaub möglich, Ermäßigung in Vor- und Nachsaison auf Anfrage bis 30%. Schnuppertage und Erlebniswoche sind besondere Angebote des Hauses!

Freizeitangebote am Haus:

Hoteleigener See zum Angeln, Schwimmbecken (6 x 12,5 m) mit Liegeraum, Fitneßraum, „Bayerische Schanz" — ein Ort zur Einkehr auf der Wanderung (liegt einige Kilometer entfernt), Hotelbar, Freischwimmbad, Räume für Festlichkeiten und Tagungen, Liegewiesen.

Spessarthotel Gut Dürnhof, Inh. Familie Münch,
Burgsinner Straße 3, 8786 Rieneck (Bayern),
Tel. (0 93 54) 10 01

Bayern

Wasser zum Schwimmen und Tauchen, zum Segeln und Surfen, Bootfahren und Angeln — das bietet das neue fränkische Seenland, welches das größte wasserwirtschaftliche Unternehmen in der Bundesrepublik Deutschland ist. Brombach-, Altmühl- und Rothsee sind als Fremdenverkehrsmagneten Nebenprodukte wasserwirtschaftlicher Projekte zur Überleitung von Wasser in das Regnitz-Main-Gebiet. Trotz dieser technischen, gut eingepaßten Projekte konnte die abwechslungsreiche und liebliche fränkische Landschaft erhalten werden. Reiche Nadel- und Mischwaldbestände, schier endlose Wiesen, leuchtend gelbe Ginsterbüsche im Sommer, Kirschbäume und Hopfen bedecken das Land, welches gleichzeitig alte Kulturlandschaft ist. Nur wenige Meter südlich verläuft der römische Limes, aus der Karolingerzeit bis zum Barock blieben zahlreiche Kirchen, Klöster, Burgen, Residenzen und prachtvolle Reichsstädte erhalten. Die dem gleichnamigen See entspringende Altmühl nimmt ihren Lauf gen Süden, wobei sie tief in das Juragebirge einschneidet. Dem von ihr durchkreuzten

Gebiet gab man den Namen Altmühltal — es ist Deutschlands größter Naturpark. Ein Besuch bei Familie Schwarz lohnt allein schon wegen dieser vielfältigen Urlaubslandschaft. Das Ausbildungsangebot auf dem Reiterhof ist sehr umfangreich, die Pension verführt zum Bleiben. Eben ein Urlaub zum Faulenzen und Genießen, viele Möglichkeiten, aber kein Zwang.

Auszeichnungen und Anerkennungen:
FN-anerkannter Reitstall, DLG-Gütezeichen

Freizeitangebote in der Umgebung:
See zum Baden und Wassersport 400 m, Freibad, Hallenbad, Tennis/ Squash 6 km, Fitneßcenter 5 km.

Empfehlenswerte Ausflugsziele:
Naturpark Altmühltal, Altmühlsee.

Anfahrt:

A 6 Abfahrt Ansbach auf B 13, Richtung München, vor Gunzenhausen auf Nebenstraße durch Muhr a. See, abbiegen nach Mooskorb; nächste Bus- und Bahnstation in Gunzenhausen (5 km), wo man Gäste gern abholt.

Ausstattung der Reitanlage:

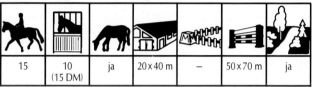

15	10 (15 DM)	ja	20 x 40 m	–	50 x 70 m	ja

Der gutgehende Landwirtschaftsbetrieb mit vielen Tieren bietet seinen Gästen Entspannung oder auch Ausspannung im Sattel – ganz nach Wunsch. Auf den geschulten Ponys und Großpferden sind alle Disziplinen zu reiten bzw. mit ihnen auch zu fahren. Abschlüsse für Abzeichen und Pässe im Anschluß an Lehrgänge möglich, Ausbildung auch in der Jagdreiterei, uneingeschränkte Ausreitmöglichkeiten in die herrliche Umgebung. Reitstunde 13,00 bis 18,00 DM; von Hochterrasse und Gasträumen aus Blick in die Reithalle; 6 Anbindestände à 12,00 DM/Tag, Gastpferde können am Unterricht teilnehmen. Tierarzt 6 km, Hufschmied 1 km, Sattler 3 km.

Ausstattung der Pension:

Großes Zimmer- und Wohnungsangebot; rustikale Ausstattung, alle Zimmer Dusche/WC, fast alle mit Balkon, Fernsehanschluß und Telefon; 8 Einbett-, 10 Doppelbettzimmer; ÜmF 55,00 DM, HP 70,00 DM, VP 80,00 DM, Kinderermäßigung 20 – 50%, Ermäßigung in Vor- und Nachsaison jeweils 10,00 DM; weiterhin 11 Appartements in 2 Ferienhäusern, Unterkunft bis zu jeweils 6 Personen, 2 bis 3 Wohn- und Schlafräume, Küche mit Eßecke, Bad/WC, Balkon, Liegewiese, 60,00 bis 130,00 DM/Tag, keine Nebenkosten, Ermäßigung außerhalb d. Hauptsaison jeweils 15,00 DM, Einzelübernachtung und Kurzurlaub möglich, Vermietung ganzjährig, geeignet für Seminare und Tagungen, Reiterferien für Kinder, kleine Haustiere auf Anfrage gestattet, Pauschalangebote, gute bodenständige Küche.

Freizeitangebote am Haus:

Gemütliche Gästeräume (Bauernstube, Kaminzimmer, Aufenthaltsraum), Liegewiese, Kinderspielplatz, Terrasse, Fahrradverleih, Hallenbad mit Gegenstromanlage, Sauna mit Solarium, Tischtennisraum, Kutschfahrten, Angeln.

Reiterhof Altmühlsee, Inh. Horst Schwarz,
Mooskorb 16, 8820 Gunzenhausen-Wald (Bayern),
Tel. (0 98 31) 40 61

Bayern

Reiten drinnen und draußen, Schwimmen, Sonnen, Spielen, Klönen, gemeinsame Ausflüge unternehmen — all das und mehr bietet Gut Minihof seinen Gästen. Auf dem Anwesen selbst hat man sehr viel Bewegungsfreiheit, und das Freizeitangebot ist riesig. So ist es kaum erforderlich, von hier aus wiederum Ausflüge zu machen. Aber da locken natürlich auf der einen Seite der Ammersee mit seinen vielseitigen Möglichkeiten, auf der anderen Seite die hübschen Orte ringsum. So kann man sich in Entraching mit Sport, Spiel, Spaß und Spannung verwöhnen. Familie Rubey hat langjährige Erfahrung mit der Betreuung von Gästen und sorgt entsprechend für deren Wohl. So sind alle Zimmer sehr komfortabel und modern ausgestattet, die Verpflegung ist gut und reichhaltig und das Freizeitangebot hervorragend. Auf dem Gut stehen über 20 Pferde bereit, um Reitstunden zu nehmen oder ins Gelände zu reiten. Kinder ab 8 Jahren können hier auch schon ohne Eltern Urlaub machen. Sie werden dann mit anderen Kindern in einer Gruppe integriert und ganztags gut versorgt und betreut. Der Unterricht wird von fachkundigem Personal durchgeführt.

Freizeitangebote in der Umgebung:
Schwimmen im Windachstausee und im Ammersee, Hallenbad 10 km, Fitneßcenter 6 km, Tennis/Squash 3 km, Angeln 10 km, Golf 20 km.

Empfehlenswerte Ausflugsziele:
Königsschlösser, bayerische Seen, Augsburg, München, Alpen.

Anfahrt:

Von München A 96 (B 12) bei Windach oder Schöffelding hinter dem Ammersee auf Hauptstraße in südlicher Richtung fahren (etwa 10 km bis Entraching).

Ausstattung der Reitanlage:

23 (8)	5 / (15 DM)	–	17 x 40 m	25 x 60 m	–	ja

Außerhalb des Ortes Entraching liegt Gut Minihof direkt am Waldrand. Jung und alt wird hier ein vielseitiges Programm geboten. U. a. Reiterferien für Kinder in familiärer Atmosphäre möglich (ab 8. Lebensjahr), Reitstunde 15,00 DM, Springstunde 20,00 DM, Geländereiten, auch Ganztagsritte, Kutschfahrten. Hufschmied auf dem Hof, Tierarzt 10 km.

Ausstattung der Pension:

Das große, gepflegte Anwesen abseits von jeglicher Hektik bietet Ruhe und Entspannung. Familie Rubey hat langjährige Erfahrung in der Beherbung und Betreuung von Gästen. 20 Doppelzimmer mit Balkon und Dusche/WC sowie 5 Mehrbettzimmer mit Dusche/WC stehen in dem ansprechenden Gästehaus zur Verfügung. Übernachtung mit Frühstück ab 40,00 DM, Kinderermäßigung 25 %, für Seminare und Tagungen geeignet, Hunde auf Anfrage mitzubringen, Kurzurlaub und Einzelübernachtung möglich, Vermietung ganzjährig.

Freizeitangebote am Haus:

Hauseigenes Schwimmbad, 7 x 4 m, gemütlicher Frühstücksraum, Fernsehraum und weitere Aufenthaltsräume, Liegewiese, Kinderspielplatz, Terrasse, vom Gastgeber organisierte gemeinsame Ausflugsfahrten, Kutschfahrten, Tennis, Tischtennis.

Gut Minihof, Inh. Familie Rubey,
8911 Entraching (Bayern),
Tel. (0 88 06) 74 00

Bayern

Iller, Lech, Isar, Inn fließen in die Donau rin!" — eine recht gebräuchliche Eselsbrücke aus dem Geographieunterricht. Rin fließt der Lech in die Donau in der Nähe von Donauwörth. Doch interessanter ist eigentlich, woher er kommt und welchen Verlauf er hat. Seine Quelle liegt in den österreichischen Alpen, aus seiner größten Aufstauung bildete sich der Forggensee bei Füssen, der Lech läuft fast parallel der Romantischen Straße von Füssen bis Augsburg. Auf diesem Abschnitt, welcher von alten, mit Mauern und Türmen bewehrten Reichsstädten, hübschen Weindörfern und barocken Putten in Schloßgärten gekennzeichnet ist, liegt auch der Terrassenort Kinsau am Lech. Der Fluß hat in seinem Verlauf eine große Anzahl von Staustufen, die zu einem markanten Bild der hiesigen Alpenvorlandschaft führen.

Den Ferienhof der Familie Erhard findet man am Ortsrand des Oberdorfes von Kinsau, von wo aus man einen phantastischen Blick ins Lechtal hat. Der Hof „Zum Jaisbauer" ist ein Grünlandbetrieb mit

Milchviehhaltung und Islandponyzucht. Für die Urlauber hat man hier ein gemütliches, neues Ferienhaus mit komfortablen, ruhigen Ferienwohnungen gebaut. Alle Zimmer sind zentralbeheizt, man wohnt geräumig und verfügt über Balkon, herrlichen Ausblick, Liegewiese am Haus und natürlich über die Möglichkeit, die reizvolle Landschaft vom Rücken der zuverlässigen, dickmähnigen Islandpferde aus kennenzulernen. Dafür stehen den Gästen etwa 10 Pferde aus der eigenen Zucht der Familie Erhard zur Verfügung.

Empfehlenswerte Ausflugsziele:
Viele Reichsstädte an der Romantischen Straße, Königsschlösser, Kirchen, Klöster, Landsberg, Schongau, Kempten, München, Füssen.

Anfahrt:

Nächste Autobahn A 7 bei Kempten, auf B 12 und B 472 über Schongau nach Kinsau, sonst von A 96 ab München auf B 12 (E 54), ab Landsberg auf B 17 nach Kinsau. Nächste Bahnstation in Schongau (8 km), Bus hält im Ort (500 m), Gäste holt man gern ab.

Ausstattung der Reitanlage:

(10)	—	—	—	—	30 x 40 m	ja

Am Rande des Terrassenortes Kinsau am Lech im Alpenvorland gelegener Grünlandbetrieb mit Milchviehhaltung und Islandponyzucht. Reitunterricht wird hier erteilt, Kinder dürfen die Pferde auf dem Gelände des Hofes im Schritt reiten, um das Vertrauen zu erlangen. Geübte, sichere Reiter haben täglich die Möglichkeit, mit ortskundiger Begleitung auf den Islandpferden die Gegend zu durchstreifen. Reitstunde 15,00 DM.

Ausstattung der Pension:

Sehr ansprechendes, neuerbautes Ferienhaus mit 3 Ferienwohnungen ähnlicher Ausstattung und unterschiedlicher Größe. Alle beinhalten eine Wohnküche im Landhausstil mit Kühlschrank und Elektroherd, 2 Doppelzimmer mit fließend w. u. k. Wasser, Bad und WC sowie Balkon bzw. Terrasse. Die Größenunterschiede sind durch weitere Zimmer bedingt (70 bis 100 m² Wohnfläche), Preise von 80,00 bis 100,00 DM/Tag, auch beeinflußt durch Personenzahl. Bettwäsche wird gestellt, Gebühr für Endreinigung; gemütlicher Aufenthaltsraum mit Farb-TV steht allen gemeinsam zur Verfügung. Ermäßigung in Vor- und Nachsaison 15%; Vermietung ganzjährig, Einzelübernachtung und Kurzurlaub möglich; Angebot hofeigener Produkte.

Freizeitangebote am Haus:

Fahrradverleih, Liegewiese, Terrasse, Aufenthaltsraum mit TV, Sauna, Solarium, Ruheraum.

Freizeitangebote in der Umgebung:

See und Fluß mit Bademöglichkeiten, Wassersport, Tennis/Squash, Sportplatz 1 km, Wintersportmöglichkeiten ringsum, Angeln 4 km, Hallen- und Freibad sowie Fitneßcenter 8 km.

Ferienhof Zum Jaisbauer, Inh. Ignaz Erhard,
Herzogstraße 19 – 20, 8921 Kinsau (Bayern),
Tel. (0 88 69) 2 54

Bayern

Wer kennt sie nicht, die Silhouette des „Märchenschlosses" Neu-schwanstein — ein Anziehungspunkt für viele Tausende Besucher jährlich. Und kaum weniger begehrt der Nachbar — das Königs-schloß Hohenschwangau. Bei diesem Anblick kommen manch einem die Kindheitsträume sicher wieder ins Gedächtnis.

Mit einem Schloß kann Familie Fischer leider nicht aufwarten, doch besteht Gelegenheit, sich auf ihrem Ponyhof in Schwangau königlich zu fühlen. Jedenfalls ist man dort bemüht, alles dafür zu tun. Allein die einzigartige Lage dieses Hofes ganz nahe dem Forggensee, an dessen Ufern sich begehrte Urlaubsdomizile gebildet haben, bietet dem Ponyhof-Besucher ungeahnte Möglichkeiten. Auch sollte man sich einen Besuch der bergumrahmten Stadt Füssen am Lech nicht entgehen lassen — Schwefelquelle, Kneipp- und Moorbäder ließen hier ein Heilbad erster Güte entstehen.

Wer die überaus freundliche Atmosphäre des zum Voralpenland gehörigen Allgäus mag, dem ist ohnehin ein hoher Erholungswert garantiert. Mit etwas Phantasie ist es nicht schwer, sich in einem Ganghofer-Film als Grete oder Hans zu sehen. Die Natur ist frisch und belebend — satte Bergwiesen und saubere Bergdörfer vor einer imposanten Hochgebirgskulisse, prächtige Seen, stille Weiher und Moore sowie ausgedehnte Wälder — das Echo der Berge ruft. Und diese Landschaft ist schier unendlich.

Für längere Ausflüge ist es geradezu ideal, auf dem Rücken eines Friesenpferdes, Haflingers oder Ponys zu sitzen, welche Familie Fischer ihren Gästen zur Verfügung stellen.

Empfehlenswerte Ausflugsziele:
Königsschlösser Neuschwanstein und Hohenschwangau, einige Burgen in der Umgebung, Füssen, Österreich.

Anfahrt:

A 7 aus Richtung Norden über Kempten auf B 309, B 310 nach Füssen, dort auf B 17 nach Schwangau. Nächste Bahnstation in Füssen (6 km), Busstation in Schwangau (2,5 km), Gäste werden von dort gern abgeholt.

Ausstattung der Reitanlage:

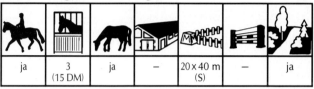

ja	3 (15 DM)	ja	–	20 x 40 m (S)	–	ja

Ganz idyllisch, mitten im Allgäu gelegener Hof mit Reitgelegenheit und Pensionsstall. Nächste Nähe zum Forggensee (Wassersport), sehr abwechslungsreiche Landschaft. Auf den hier zur Verfügung stehenden Friesenpferden, Haflingern und Ponys können die Urlauber während gemeinsamer Ausritte die Gegend erkunden. Auch Kutschfahrten werden durchgeführt. Bezahlung wird in jedem Fall individuell vereinbart. Eigene Pferde dürfen auf Anfrage mitgebracht werden. Tierarzt 6 km, Hufschmied 7 km.

Ausstattung der Pension:

Gemütliches Bauernhaus, Hof in Einzellage mitten im Grünen. 1 Einzelzimmer, 2 Doppelzimmer mit Dusche, 1 Mehrbettzimmer mit Dusche; sonst Dusche und WC auf der Etage. Alle Zimmer mit Ofenheizung. Hausprospekt anfordern.

Freizeitangebote am Haus:

Aufenthaltsraum für Gäste, Liegewiese, Terrasse. Mithilfe bei allen anfallenden Arbeiten auf dem Hof möglich.

Freizeitangebote in der Umgebung:

See mit Bademöglichkeiten und Wassersport 500 m, nächstes Freibad 2 km, Hallenbad 6 km, Fitneßcenter 5 km, Angeln 500 m, Sauna 0,7 km, Tennis/Squash 3 km; Wandern, Segeln, Ski, Rodeln, Drachenflug vom Tegelberg.

Ponyhof Markus Fischer,
Seestraße 37, 8959 Schwangau (Bayern),
Tel. (08362) 8281

Reservierungsformular

Ich bin durch das Verzeichnis „Reiten im Urlaub"
auf Ihren Betrieb aufmerksam geworden.

○ Reservieren Sie bitte für mich verbindlich

für die Zeit vom _____
Anreisetag

bis zum _____
Abreisetag

○ _____ Einbettzimmer ○ _____ Zweibettzimmer

○ Zustellbett erforderlich ○ _____ Ferienwohnung

○ _____ Mehrbettzimmer

Wir sind _____ Erwachsene und _____ Kinder

im Alter von _____ Jahren

b. w.

Wir wünschen:

○ Übernachtung mit Frühstück
○ Halbpension
○ Vollpension

Unter uns befinden sich _____ Reiter.
Anzahl

Wir benötigen _____ Leih-/Schulpferd(e).
Anzahl

Wir reisen mit _____ Pferd(en) an.
Anzahl

Wir möchten an folgendem Unterricht/Lehrgang o. ä.

teilnehmen: _____

_____
(Rechtsverbindliche Unterschrift)

Heraustrennen, beide Seiten ausfüllen
und im Fensterumschlag absenden.

Hier Anschrift des ausgewählten Reiterhofes
einsetzen:

_____

_____

_____

_____

Meine Anschrift:

_____
Name, Vorname

_____
Straße, Hausnummer

_____
PLZ, Ort

_____
Telefonnummer

O Bitte senden Sie mir unverbindlich
Informationsmaterial.

Absender

Name

Straße

PLZ/Ort

herausnehmen und im Fensterumschlag
absenden

An die
Zentrale für den Landurlaub
Heerstraße 73

5300 Bonn 1

Quartierbeurteilung

Vorname, Name des Vermieters

Straße

Postleitzahl, Ort

Hat der Aufenthalt Ihren Erwartungen entsprochen?	Ja ☐	Nein ☐
Haben Sie Kontakt zu Ihren Gastgebern bekommen?	Ja ☐	Nein ☐
Waren Sie mit dem Preis-Leistungs-Verhältnis zufrieden?	Ja ☐	Nein ☐
Haben Sie sich erholt?	Ja ☐	Nein ☐
Waren Sie mit der Ausstattung zufrieden?	Ja ☐	Nein ☐
Waren Sie mit dem Freizeitangebot zufrieden?	Ja ☐	Nein ☐
Bestand Übereinstimmung mit den Aussagen in diesem Buch?	Ja ☐	Nein ☐
Würden Sie noch einmal Urlaub auf einem Reiterhof machen?	Ja ☐	Nein ☐

Sonstiges (Was hat Sie besonders gefreut/gestört, Verbesserungsvor-
schläge):

Hiermit bestelle ich

- ○ **Ferien auf dem Lande.** Erster gesamtdeutscher, farbig bebilderter Wegweiser zu über 5000 Bauernhöfen und ländlichen Quartieren. 950 Seiten, 3000 Abbildungen, Schnellsuchsystem. DM 16,00

- ○ **Urlaub auf dem Bauernhof in Italien.** Deutschsprachiges Handbuch über 700 Bauernhöfe und Landvillen von Südtirol bis Sizilien. 264 Seiten, 597 farb. Abb. DM 16,90

- ○ **Zu Gast beim Winzer.** 120 Winzer in den sonnigsten Regionen Deutschlands und Österreichs vom „Wein-Papst" Dr. Hans Ambrosi aufgespürt und vorgestellt. 296 Seiten, 140 Federzeichnungen. DM 16,80

Literatur von Dr. Reiner Klimke:

- ○ **Grundausbildung des jungen Reitpferdes.** Vorbildliche Anleitung zur Ausbildung junger Pferde. 184 Seiten, 57 Farbfotos, 55 Zeichnungen. DM 49,80

- ○ **Cavaletti.** Standardwerk für die Ausbildung von Pferden über Bodenricks. 112 Seiten, 30 Fotos, 48 Zeichnungen. DM 29,80

- ○ **Military.** Geschichte, Training, Wettkampf, hippologische Handbibliothek. 230 Seiten, 43 Zeichnungen, 84 Fotos, 40 Tafeln. DM 49,80

Weitere Fachliteratur:

- ○ **Das Reiterabzeichen leicht gemacht.** Autor: Heinz Pollay. Vorbereitung auf das Reiterabzeichen. 183 Seiten. DM 22,00

- ○ **Besser Reiten.** Autorin: Selma Brandl. Ratschläge zur Verbesserung von Stil und Sicherheit. 127 Seiten. DM 12,80

- ○ **Mit Pferden durchs Jahr.** Neuerscheinung. Autor: Jürgen Kemmler – profunder Kenner der regionalen und internationalen Pferdeszene. Wie die Welt des Pferdes heute aussieht, dokumentiert dieser Farbbildband, welcher mit knappen, einfühlsamen und kritischen Texten versehen ist. 128 Seiten, ca. 100 Farbfotos. DM 49,80

_____ _____
Datum   Unterschrift

Bitte vergessen Sie den Absender auf der Rückseite nicht.